经济学学术前沿书系

QINGHAISHENG XINXING CHENGZHENHUA JIANSHE YANJIU

青海省新型城镇化建设研究

李毅 冯琳琳 孙凌宇 著

经济日报出版社

图书在版编目（CIP）数据

青海省新型城镇化建设研究/ 李毅著. -- 北京：经济日报出版社，2018. 8

ISBN 978 - 7 - 5196 - 0416 - 5

Ⅰ. ①青… Ⅱ. ①李… Ⅲ. ①城市化 - 建设 - 研究 - 青海 Ⅳ. ①F299. 274. 4

中国版本图书馆 CIP 数据核字（2018）第 193748 号

青海省新型城镇化建设研究

作　者	李　毅　冯琳琳　孙凌宇　著
责任编辑	杨保华　陈莎莎
责任校对	李艳春
出版发行	经济日报出版社
社　址	北京市西城区白纸坊东街 2 号 A 座综合楼 710
邮政编码	100054
电　话	010 - 63584556（编辑部）
	010 - 63538621　63567692（发行部）
网　址	www. edpbook. com. cn
E - mail	edpbook@ sina. com
经　销	全国新华书店
印　刷	北京九州迅驰传媒文化有限公司
开　本	710 × 1000 mm　1/16
印　张	14. 25
字　数	240 千字
版　次	2018 年 9 月第一版
印　次	2018 年 9 月第一次印刷
书　号	ISBN 978 - 7 - 5196 - 0416 - 5
定　价	52. 00 元

内容提要

一、项目研究的目的和意义

美国经济学家、诺贝尔经济学奖获得者斯蒂格利茨断言21世纪对世界影响最大的事有两件：一是美国高科技产业，二是中国的城镇化。城镇是人们从事社会、经济、政治、文化活动的主要载体，城镇化是人类发展必然要经历的阶段，是现代化的重要内容和标志。积极稳妥地推进中国城镇化，是全面建设小康社会，解决中国特有的“三农”问题、发展中国特色社会主义事业的基本途径和主要战略之一。2010年10月党的十七届五中全会把“积极稳妥推进城镇化”放在重要的战略位置，提出“坚持走中国特色城镇化道路，科学制定城镇化发展规划，促进城镇化健康发展”。“科学规划城市群内各城市功能定位和产业布局，缓解特大城市中心城区压力，强化中小城市产业功能，增强小城镇公共服务和居住功能，推进大中小城市交通、通信、供电、供排水等基础设施一体化建设和网络化发展”。以及“加强城镇化管理，要把符合落户条件的农业转移人口逐步转为城镇居民作为推进城镇化的重要任务”。城镇化在未来的经济发展和结构调整中将扮演拓展发展空间的重要角色。①

我国的“十二五”规划《纲要》明确提出要加快转变经济发展方式。经济发展方式转变在城镇化领域中的体现就是城镇化发展模式的转变，促进城镇化发展从片面看重数量、规模的增长转向数量与质量并重的城镇化的可持续发展是加快转变经济发展方式的要求。科学合理地全面反映城镇化的发展状况是引导城镇化走上健康稳固发展道路的重要手段之一。以往的城镇化指标体系偏重于反映城市发展的数量型指标，如城镇化率、城市基础设施建设等，而从目前

① 张杰．新疆特色城镇化动力机制研究[D]．新疆石河子大学博士学位论文，2011. 1.

中国城镇化过程暴露出的问题来看，仅仅衡量城镇化发展的增长数量的指标体系是远远不够的。衡量城镇化发展状况的指标体系不仅要能反映出城镇化发展的“快和慢”，更要能反映出城镇化发展的“优与劣”，以满足促进城镇化发展模式转变的要求。[①] 因此，应将城镇化指标体系作为一种重要的辅助工具，从国家的城镇化发展的目标出发，在考察城镇化量化程度的同时，更加注重评估城镇化与城市发展的可持续水平，以促进城镇化发展模式的转变[②] 。

十八大报告提出了“积极稳妥推进城镇化，着力提高城镇化质量”的工作要求，从一个新的高度来规划建设中国新型城镇化。中共中央为了促进我国未来城镇化建设的顺利推进，于 2014 年 3 月出台了 2014—2020 年新型城镇化规划纲要。纲要明确指出“新型城镇化是指坚持以人为中心，工业化为动力，统筹兼顾为原则，推动城镇现代化、生态化，全面提高城镇化质量和水平，走健康发展、集约经营、功能全面、友好和谐、城乡一体、大中小城市和谐发展的城镇化建设途径。”因此，各级政府需要严格按规划纲要来规划和构建科学的城镇体系。这就需要地方政府，一方面要在中央的统一部署下坚决执行中央的决定，另一方面要结合当地的实际情况，科学有效地推进新型城镇化的进程，实现新型城镇化的可持续发展。

十九大报告又明确提出“实施乡村振兴战略”，建立健全城乡融合的发展体制机制和政策体系，同时强调实施区域协调发展战略，“以城市群为主体构建大中小城市和小城镇协调发展的城镇格局”。因此，新型城镇化必须强调坚持新发展理念，必须坚定不移贯彻创新、协调、绿色、开发、共享的发展理念，推动新型城镇化建设。

李克强总理在 2014 年《政府工作报告》中提出，“加大对中西部地区新型城镇化的支持”，为新型城镇化的空间合理布局指明了方向。2015 年 11 月 27 日，国家发展改革委官方网站发布消息，经发展改革委等 11 个部门联合评审，同意将西宁市列入第二批新型城镇化综合试点入围城市之一。这意味着西宁市将享受国家新型城镇化相关政策。在此背景下，我们开展青海新型城镇化模式研究就更为迫切和更具有现实意义。

国际城镇化发展经验表明，城镇化不仅与经济发展息息相关，而且特定的制度背景和自然背景也会对城镇化产生深刻的影响。青海省雄踞世界屋脊青

① 城市中国计划 . 国家新型城镇化指标体系及若干问题研究 [M]. 北京：人民日报出版社，2016: 1.

② 城市中国计划 . 国家新型城镇化指标体系及若干问题研究 [M]. 北京：人民日报出版社，2016: 1.

藏高原东北部，是衔接新疆和西藏的重要省份，青海省境内山脉高耸，地形多样，河流纵横，湖泊棋布，同时还是长江、黄河、澜沧江三大水源的发源地，有“三江源”“江河之源”“中华水塔”的美誉，由此可以看出其生态地位极其特殊。青海省兼有独特的自然生态环境、汉、藏、回、蒙多民族聚居、社会经济发展极其不平衡于一体，在我国西北地区尤其是青藏高原少数民族地区中极具有典型性，因而围绕青海省城镇化经济、城镇化建设的可持续发展等相关研究一直备受关注。但是对于城镇化进程中的青海省各地区生态环境、经济协调发展之间的内在协调性并无系统的、重点的分析，因此对于该地区新型城镇化与城乡一体化缺乏系统的理论基础。由于历史、区位及发展基础等原因，青海省新型城镇化发展水平严重滞后于东部发达地区，影响了青海经济社会的快速发展和人民生活水平的提高。受青海独特的自然地理环境和新中国成立以来工业化模式的影响，青海城镇在城镇体系的构成、城镇空间布局及城镇产业结构方面都有着不同于其他地区的特点。通过对青海省新型城镇化发展背景的分析和城镇化现实水平的全面考察，本研究指出青海新型城镇化存在的问题和解决问题的关键，尝试探寻出一种符合青海省情的新型城镇化发展模式，对于青海的经济发展、农牧区剩余劳动力的转移、青海生态环境的改善与经济的可持续发展、开拓青海市场、扩大内需、突破青海城乡（牧区）“三元结构”①②，缩小城乡差距等诸多方面，都具有非常重要的理论与实践意义。

研究青海的新型城镇化问题，至少有三大战略意义：一是中国已经进入新型城镇化建设的新时期，构筑区域协调发展的城镇化空间格局是中国特色新型城镇化道路的必然要求；二是青海新型城镇化建设对于生态环境治理、扶持贫困地区发展、促进民族融合、维护边疆安全等意义重大；三是青海地理生态环境特殊，因地制宜探索新型城镇化发展新路径，对于国家城镇化发展转型具有重要创新实践意义。

---

① 详见李毅、孙爱存著作《青海省城乡居民收入差距问题研究》中关于青海“三元结构”的论述，经济日报社出版社 2016 年版。

② 翟岁显教授主持的国家社科基金课题结题出版的著作《青藏高原资源环境约束下区域工业发展研究》中也提出青海是典型的三元经济结构，详细论述请参看其著作第 7 章，青海民族出版社 2014 年 10 月版。

二、研究成果的主要内容和重要观点或对策建议

本课题首先对青海建设城镇化的基础条件和发展历史进行了梳理分析。青海建设城镇化基础条件表现在自然条件优劣共存和人文环境错综复杂，青海城镇化发展历史分为三个阶段：发展徘徊不前时期、新中国成立后发展跌宕起伏时期和改革开放后发展步入正轨时期。其次对青海新型城镇化建设现实进行了具体分析，包括其发展中存在的主要问题，以及城镇化建设存在的制约因素，并提出了新时期青海新型城镇化建设的发展机遇。最后提出了青海建设新型城镇化如何进行政府规制的建议，以及如何建设青海特色的城镇化模式及其相关体系的构建。

本研究首先提出了青海新型城镇化模式建设的战略构想，具体包括总体发展思路、战略原则、战略目标与重点、发展道路与重点。认为青海新型城镇化建设的总体发展思路是走多元化道路和进行局部跨越发展；遵循四大战略原则：生态保护为首、城乡一体化、城市化与经济发展相适应、兼顾地区差异；实现三大战略目标：关注城镇化协调发展、优势特色经济的培养与发展和社会保障、保险服务体系进一步完善；坚持八大发展道路：严肃规划意识推动新城镇化建设档次、加快新农村建设促进城镇人口集聚和资源共享、坚持典型示范带动加快城镇建设步伐、强化产业支撑为城镇建设提供有力支撑、不断完善城镇社会保障为新型城镇化保驾护航、关注制度建设与创新推进公众对新型城镇化建设的支持与理解、加强中心城镇化的发展实现区域可持续发展、资源节约与环境保护相结合推进新型城镇化发展。

其次在关于青海新型城镇化建设进程中的政府规制问题研究中，主要研究了政府角色定位和行为选择，并采用制度创新促进青海省新型城镇化的建设。关于青海新型特色城镇化的模式，本研究提出九种发展模式。

主要观点与内容、研究的创新点及建树总结如下：

（一）主要观点与内容

1. 对于适合我国生态脆弱区，主要是西部欠发达地区的城镇化模式和发展道路研究也将成为今后研究的一个重点。青海城镇化发展特征的集中表现：一是地貌格局对城镇化的影响作用明显；二是人口及社会资源分布不均衡；三是受政策性影响较大；四是城镇化地区差异较大；五是城市首位度高；六是小城

镇数量增加迅速。这些特征决定了青海的城镇化不可能采用统一模式，必须因地制宜，采取多元城镇化模式。因此，需要深入系统研究探索出适合青海的新型城镇化模式。

2. 从现有的关于青海省新型城镇化的研究来看，大多为侧重某一方面而论述。对于从自然资源、生态环境、经济、社会、人口等方面全方位论述青海省新型城镇化的发展，以及从历史发展过程、现状分析及未来发展全程透视青海省新型城镇化发展脉络与趋势的相关论述比较缺乏，或深度不够。因此，本研究提出应该从自然资源、生态环境、经济、社会、人口等方面全方位论述青海省新型城镇化发展的观点，将城市化理论与系统论、生态学、生态经济学、环境经济学、资源经济学、工业生态学、地理学、社会学等理论相融合，构建青海新型城镇化建设的理论框架体系。

3. 单向思维研究比较常见，双向思维研究则比较少见。对于青海省新型城镇化，从劣势方面进行的相关研究比较常见；而从有利条件、优势方面考虑较少，如青海丰富的矿产、能源资源对于发展资源性城镇的优势、人口稀少对于国家政府行为集中施力的优势等，以及青海省新型城镇化的发展取得的成就等方面的论述比较缺乏。运用定量分析与定性分析相结合的方法，对青海省自然、生态、社会经济系统的基本特征进行深入剖析，为青海新型城镇化发展模式的构建提供依据。

4. 在区域划分的基础上，对青海省区域城镇化建设的相关模式进行研究，提出要因地制宜推进青海特色城镇化的观点。

5. 按照循环经济理论和工业生态学原理对青海省新型城镇化建设模式进行研究，提出构建青海特色城镇化体系的观点。

6. 借鉴美国、巴西、意大利、日本、韩国、以色列、西班牙、加拿大等国对欠发达地区的开发经验和教训，对青海省新型城镇化建设模式进行系统探索，提出了青海省新型城镇化建设的战略构想。

7. 系统研究青海省新型城镇化建设中政府的功能、城镇化的发展机制与保障体系。

（二）主要创新点

1. 研究视角上的创新

鲜有学者深入剖析城镇化基础条件、发展历史及现状，运用双向的思维逻辑进行新型城镇化模式研究，因此，本课题针对青海省新型城镇化进行研究，因此，本课题针对青海省新型城镇化进行研究着重分析了青海省新型城镇化建设的基础条件、政府规制等，进而提出加速青海新型城镇化建设的战略对策。

2. 相关理论的补充

青海省自然情况特殊，地广人稀，少数民族多以地域性聚集方式生活。本课题结合青海实际情况，来研究其新型城镇化模式选择，提出加速青海省新型城镇化的战略对策，因此研究的结果在一定程度上可以补充国内民族地区和欠发达地区城镇化的相关理论。

3. 战略构想的创新

在总结国内外城镇化建设的基础上，提出了构建青海特色新型城镇化体系的观点。同时对青海新型城镇化建设模式进行系统探索，提出了青海新型城镇化建设的战略构想。相关研究结果将成为我国西部欠发达地区的新型城镇化模式和发展道路选择的参考范本，具有十分重要的理论借鉴意义和现实指导意义。

（三）突出特色和主要建树

1. 梳理回顾了青海省新型城镇化建设的背景环境

本课题第 2 章到第 4 章，从自然资源、生态环境、经济、社会、人口等全方位论述青海省新型城镇化发展的观点，将城市化理论与系统论、生态学、生态经济学、环境经济学、资源经济学、工业生态学、地理学、社会学等理论相融合，梳理回顾了青海省新型城镇化建设的现实背景。

2. 首次提出了青海新型城镇化建设的战略构想

第 5 章中提出了青海新型城镇化模式建设的战略构想，包括总体发展思路、战略原则、战略目标与重点、发展道路与重点及实施保障措施。青海新型城镇化建设的总体发展思路是走多元化道路和进行局部跨越发展。十大战略原则主要是，生态保护为首、城乡一体化、城市化与经济发展相适应、注重以人为本、注重分类指导、注重城镇化质量、遵循自然规律、遵循市场规律、发挥政府作用、注重文化传承。三大战略目标与重点分别是关注城镇化协调发展、优势特色经济的培养与发展和社会保障、保险服务体系进一步完善。八大发展道路与重点分别是严肃规划意识，推动新城镇化建设档次；加快新农村建设，促进城镇人口集聚和资源共享；坚持典型示范，带动加快城镇建设步伐；强化产业支撑，为城镇建设提供有力支撑；不断完善城镇社会保障体制，为新型城镇化建设保驾护航；关注制度建设与创新，推进公众对新型城镇化建设的支持与理解；加强中心城镇的发展，实现区域间可持续发展；资源节约与环境保护相结合，以生态文明理念推进新型城镇化。

3. 结合理论与实际提出了建设青海新型特色城镇化的模式及构建方式

本课题第 6 章中提出，青海新型特色城镇化的模式主要有九类，分别是依托资源优势发展资源型城镇模式、生态移民与城镇化结合模式、依托交通干线和黄河干流建设城镇带模式、因地制宜发展旅游型城镇模式、发展特色产业集群推进城镇化建设模式、提升城镇化“质量和效益”模式、创建“特色小镇”模式、“互联网 +”与社会治理模式创新及和谐型城镇化模式。而青海新型特色城镇模式体系构建，主要分三步进行，一是确立各等级城镇合理均衡的规模结构，二是建立分工合理的城镇职能结构，三是全面确立“点轴面”立体布局的城镇空间结构。

4. 根据青海城镇化建设的特点，提出了政府在新型城镇化建设中规制建议

本课题第 7 章提出了青海新型城镇化建设进程中的政府规制的建议，包括政府角色定位和行为选择，并采用制度创新促进青海省新型城镇化的建设。政府角色定位主要通过四个方面进行，一是转变观念，构建服务型政府；二是完善基础设施建设，提供良好投资环境；三是强化城市规划，形成有序发展，四是在资源配置中让市场起决定性作用，政府仅弥补市场机制不足。政府行为选择从五个方面着手，一是先构建城镇化建设的发展战略，再细化城市的发展规划；二是提升公共服务水平；三是营造良好的制度环境；四是多元化筹措新型城镇化的建设资金；五是完善政府宏观调控，并适时开征生态资源税。以制度创新促进青海省新型城镇化建设，主要包括五方面：一是深化户籍制度改革，引导人口合理流动；二是完善农村土地流转机制，实现土地集约化利用；三是健全社会保障制度，实现城乡社保一体化；四是改革就业制度，实现城乡统一就业制度；五是建立多元可持续的资金保障机制。

三、成果的学术价值、应用价值，以及社会影响和效益

本课题学术价值体现在两个方面。一方面，本课题研究丰富了我国民族地区城镇化理论。本课题研究以青海省新型城镇化现实问题出发，以实现青海省城镇健康、快速、可持续发展为目标，对散见的诸多理论点进行了梳理，并

在大量实证研究的基础上，揭示城镇化与区域经济发展的内在联系，提出符合青海省情的新型城镇化发展模式。另一方面，本课题研究体现了多学科交叉的性质，本课题研究从自然资源、生态环境、经济、社会、人口等方面全方位论述青海省新型城镇化发展的观点，将城市化理论与系统论、生态学、生态经济学、环境经济学、资源经济学、工业生态学、地理学、社会学等理论相融合，提出构建青海特色新型城镇化体系的观点，构建了青海新型城镇化建设的理论框架体系。

本课题的应用价值表现在，通过对青海省新型城镇化发展背景的分析和城镇化现实水平的全面考察，指出存在的问题和解决问题的关键，探寻一条符合青海省情的新型城镇化发展道路，对于青海经济的可持续发展、生态环境的改善、突破青海城乡（牧区）“三元结构”，缩小城乡差距等诸多方面，都具有非常重要的实践意义。

因此，本课题研究提出的青海省新型城镇化建设中政府规制的建议、新型城镇化建设模式与构建模式，以及青海省新型城镇化建设的战略构想，有助于促进青海省新型城镇化的建设。

四、存在的不足或欠缺，尚需深入研究的问题

（一）不足之处

本研究鉴于时间、经费、作者能力等方面的原因，也存在着相应的不足之处，希望有关专家和学者们能在本课题的基础上进行更加深入、细致的研究，并提出相关的宝贵建议和意见。

其一，本课题研究青海省新型城镇化模式，其涉及的面较广，需要从自生态、民族、经济、社会、人口等全方位论述城镇化的发展，以及从历史发展过程、现状分析及未来发展进行全面把握，故研究难以对其进行全面准确地把握，因此本研究难免有疏漏和不足。

其二，本课题研究涉及实地调研与专家论证，毕竟存在主观的成分。故本研究会有部分偏差或与实际情况的部分出入，这也是本研究的不足之处。

其三，本课题仅是研究青海新型城镇化发展模式，研究结论对于西部民族地区新型城镇化有一定的借鉴意义，但本研究尚未综合其他省份进行比较分析，这也是今后需要完善的一个方面。

（二）尚需深入研究的问题

本课题研究青海省新型城镇化模式建设的相关结论，对青海省新型城镇化建设具有一定的理论价值和现实指导意义。全文分析了青海省新型城镇化建设的基础条件、发展历史和现实状况，最终形成了青海新型城镇化模式建设的战略构想，提出了新型城镇化建设进程中的政府规制的建议，青海新型特色城镇化的模式及体系构建。但本研究仍存在一定的局限性，未来相关研究可从以下方面着手。

其一，本课题研究青海省新型城镇化模式，其涉及的面较广，但本研究仅从青海省基础条件，发展历史和现实条件进行分析，未能对青海全面的情况进行把握，故后续研究可以从自然、生态、民族、经济、社会、历史发展过程、人口、资源现状分析、生态承载力及未来发展趋势等方面进行全面把握，进一步深入研究青海省新型城镇化的建设。

其二，本课题仅是研究青海省新型城镇化发展模式，研究结论对于西部民族地区新型城镇化有一定的借鉴意义，但是否具有普适性，还需要结合实证研究进行大范围的调查和建模，进行数量分析，还需要综合其他民族地区进行比较分析，后续研究可进行其他民族地区和欠发达地区的比较分析和计量模型分析，提高研究结论的信度、效度和普适性。

目 录

第 1 章　导 论

城镇化是扩大内需的重要载体；是调整结构，发展现代服务业的关键选择；是稳增长、促发展的重要途径。推进新型城镇化，对于实现公平与可持续发展意义重大。[①] 对于青海来说，对于维护生态安全、维护民族地区稳定、实施精准扶贫等均有重大战略意义。

1.1 选题背景

党的十八大强调，要坚持走中国特色新型城镇化道路，推动工业化和城镇化良性互动、城镇化和农业现代化相互协调，促进工业化、信息化、城镇化、农业现代化同步发展。《国家新型城镇化规划（2014—2020 年）》提出走以人为本、四化同步、优化布局、生态文明、文化传承的中国特色新型城镇化、促进经济转型升级和社会和谐进步，为全面建成小康社会、加快推进社会主义现代化、实现中华民族伟大复兴的中国梦奠定坚实基础。新时代背景下，加快推进青海新型城镇化进程是摆在我们面前的一项重大任务。

城镇化是人类社会经济发展的必然产物，是当今世界上重要的社会、经济现象之一，它推动着一个国家或地区经济社会结构、城乡空间布局和居民生产、生活方式的质变，并在不同的国家或地区以及不同的历史时期内形成不同的推进特点和发展特色。由于城镇化的推进过程实际上就是区域内社会经济发展与进步的演变过程，因此城镇化水平的高低就成为衡量一个国家和地区社会、经济、文化、科技发展水平以及国家和地区社会组织程度和管理水平的重要标志。

城镇化是每个国家在工业化、现代化进程中必经的过程，也是工业化、现代化的重要标志。改革开放以来，中国经济的高速增长也伴随着城镇化的加速

① 中国（海南）改革发展研究院 . 人的城镇化［M］. 北京：中国经济出版社，2013: 10.

发展，城镇化模式由计划经济体制下的“自上而下”型，逐步演变为社会主义市场经济体制下多元并行的发展格局。2010 年，中央经济工作会议明确指出，“城镇化是我国现代化建设的历史任务，也是扩大内需的最大潜力所在”；2013 年，李克强总理在国务院常务会议中也强调，城镇化是我国经济增长的巨大引擎，是政府工作的重点，要以人为本，走新型城镇化道路。随着中国城镇化发展战略的提出，城镇化进程呈现加速增长的势头，城镇化水平不断提高。①

城镇是产业和消费的集中地，是生产要素的聚集点，是经济、政治、科技、文化、教育的中心，是人流、物流、信息流、资金流的枢纽，也是城乡融合的载体与平台。城镇化是一个国家或地区社会、经济发展水平的重要标志，也是经济发展和社会现代化水平的综合标志，是一个国家工业化和现代化的必然趋势和必经过程。而本课题选择研究青海省新型城镇化模式，其背景源于两个方面。具体如下：

其一，我国城镇化建设的大背景。一方面，我国城镇化建设进入了加速发展阶段。自改革开放以来，随着市场经济体制的确立与逐步完善，我国的经济发展突飞猛进，经济实力显著增强，城镇化水平有了很大的提升，其城镇化率从 1978 年的 17.92%，上升到 2013 年的 53.73%。与此同时，我国人均实际收入水平已达到了 1000 美元，按照世界银行统计研究的结论，当一个国家或地区人均国民收入达到 1000 美元左右城镇化将会加速发展。这就表明，我国的城镇化建设已经进入了加速发展阶段。另一方面，从总体上来看，我国的城镇化水平依然相对较低。第一，从城镇化与产业结构的关系来看，我国的城镇化水平滞后于工业化发展水平，与第三产业呈低水平相适应，二者的落后互为因果。第二，从城镇化与经济发展水平关系来看，通过对以往文献的分析，普遍认为我国的城镇化水平滞后于经济发展水平。而由此带来了我国城镇化的滞后，进而导致了一系列的问题，如产业结构调整困难，市场扩展能力弱；限制乡镇企业素质提高，从而限制产业素质提高；限制了农业规模化与现代化进程；不利于我国教育、文化等社会事业的发展，限制了人的现代化进程；不利于我国的可持续发展。②

由此可见，我国传统城镇化以经济发展为中心目标、以外向型工业化为中

① 宁波市镇海区发改局 全域城市化课题组 . 引领新型城镇化——镇海模式解读［M］. 杭州：浙江工商大学出版社，2016: 1.

② 叶裕民 . 中国城市化之路［M］. 北京：商务印书馆，2005: 3-50.

心动力、以地方政府为主导、以土地为主要内容、以规模扩张为发展方式、以物质资本大量投入为驱动要素的城镇化模式已经不可持续，而以促进城乡一体化为目标、致力于资源节约型可持续发展的新型城镇化成为发展的趋势。在此情境下，中共十八大报告提出了我国新型城镇化的战略重点，“坚持走中国特色新型工业化、信息化、城镇化、农业现代化道路，推动信息化和工业化深度融合、工业化和城镇化良性互动、城镇化和农业现代化相互协调，促进工业化、信息化、城镇化、农业现代化同步发展”。同时进一步强调了新型城镇化的全国“一盘棋”行动，“加快实施主体功能区战略，推动各地区严格按照主体功能定位发展，构建科学合理的城市化格局、农业发展格局、生态安全格局”。推进新型城镇化战略，必须构建“科学合理的城市化格局”，使大中小城市、小城镇形成一个有机的网络体系，从而推进大行政区域内、经济区域内的城乡一体、产城互动、节约集约、生态宜居、和谐发展。

其二，西部民族地区青海省新型城镇化建设特殊性的小背景。改革开放以来，我国城镇化水平不断提高，截止于2013年，我国城镇化率达到了53.73%，而青海省自改革开放西部大开发以来，形成具有青海特色的城镇化格局，城镇化速度不断加快。2013年，其城镇化率达到了48.51%，在西北五省中位列第三，青海城镇化水平分别高于新疆4.04个百分点，甘肃7.21个百分点；且分别低于宁夏3.5个百分点，陕西2.8个百分点（见表1-1）。但其低于全国平均水平5.22个百分点，其城镇化水平总体上仍然较低。

表1-1　2013年西北五省区城镇化率　　单位：%

时间	宁夏	陕西	青海	新疆	甘肃
2013	52.01	51.31	48.51	44.47	41.3

资料来源：根据国家统计局网站资料整理。

青海脆弱的生态环境、多民族聚居、多宗教并存，多文化、多生态、多资源、多体制共生成为青海显著的人文社会特点，这一特征决定了解决青海省发展，需要走新型城镇化的路子，实现青海省经济的健康可持续的发展。在此条件下，青海省根据中国共产党第十八次全国代表大会报告、十八届二中、三中全会、中央城镇化工作会议的精神、《国家新型城镇化规划（2014—2020年）》和青海省委十二届五次全委会、青海省十二届人大三次会议的精神、《青海省“四区两带一线”发展规划纲要》《青海省主体功能区规划》等，制定了《青海省新型城镇化规划（2014—2030 年）》。在此背景下，研究青海省新型城镇化模式的建设，就具有了非常重要的理论与实践意义。

因此，无论在我国城镇化建设的大背景下，还是在西部民族地区青海省新型城镇化建设特殊性的小背景下，本课题研究青海省新型城镇化模式都具有非常重要的意义。

1.2 研究目的和意义

1.2.1 研究目的

首先，利用双向思维逻辑，分析青海省新型城镇化的基础条件和发展历史。并在区域划分的基础上，按照循环经济理论和工业生态学原理对青海省区域城镇化建设的相关模式进行研究，提出要因地制宜推进青海特色城镇化体系的观点，为青海省新型城镇化发展模式的构建提供依据。

其次，借鉴美国、巴西、意大利、日本、韩国、以色列、西班牙、加拿大等国对欠发达地区的开发经验和教训，研究青海省新型城镇化建设中政府的功能、城镇化的发展机制与保障体系，对青海省新型城镇化建设模式进行系统探索，提出青海省新型城镇化建设的战略构想。

最后，探索出一条适合我国生态脆弱区，主要是西部欠发达地区的城镇化发展模式，加快西部地区城镇化进程，给予青海省新型城镇化模式建设的相关建议，以此缩小城乡差距，缩小区域差距，促进和谐社会的共建，实现全面建设小康社会的宏伟目标。

1.2.2 研究意义

青藏高原地区城镇化是我国城镇发展体系的重要组成部分，是国家城镇化推进战略中的重要方面，直接影响着国家的城镇化进程、城镇化水平以及城镇体系结构，影响着青藏高原地区社会经济的向前发展，是我们进行中国藏区经济发展战略研究必须重视的大问题。实际上，尽管我国人民生活总体上已经实现了由温饱到小康的历史性跨越，但是东西部之间发展的不平衡性依然存在，而且巨大的发展差距仍在加大；青藏高原地区的城乡三元性结构问题日益突出，滞后的城镇化已经成为藏区经济发展的“瓶颈”，这已经为众多有识之士广泛关注。因此，从研究民族经济发展战略、推进民族经济加速发展、全面建设小康社会的理论高度出发，构建藏区城镇经济和新型城镇化推进的发展模式与发展战略，具有重要的现实意义。

一是研究的理论意义。其主要体现在两个方面，一方面是本课题研究丰富了我国城镇化理论。本课题研究以青海省新型城镇化现实问题出发，以实现青海省城镇健康、快速、可持续发展为目标，对散见的诸多理论点进行了梳理，并在大量实证研究的基础上，揭示城镇化与区域经济发展的内在联系，提出符合青海省的新型城镇化的发展模式。另一方面是本课题研究体现了多学科交叉的性质。本课题研究从自然资源、生态环境、经济、社会、人口等全方位论述青海省新型城镇化发展的观点，将城市化理论与系统论、生态学、生态经济学、环境经济学、资源经济学、工业生态学、地理学、社会学等理论相融合，提出构建青海特色城镇化体系的观点，构建了青海新型城镇化建设的理论框架体系。

二是研究的实践意义。城镇化作为当代经济发展的核心增长极，是促进欠发达地区经济发展的主要手段，已得到世界各国的普遍认可。城镇化水平的高低，体现一个国家和地区经济社会发展水平和现代化文明程度，是加快经济社会发展的必要条件。研究青海的新型城镇化问题，至少有三大战略意义：一是中国已经进入新型城镇化建设的新时期，构筑区域协调发展的城镇化空间格局是中国特色新型城镇化道路的必然要求；二是青海新型城镇化建设对于生态环境治理、扶持贫困地区发展、促进民族融合、维护边疆安全等意义重大；三是青海环境特殊，因地制宜探索新型城镇化发展新路径，对于国家城镇化发展转型具有重要创新实践意义。

2012 年青海城镇率为 47.44%，2014 年达到 49.78%，2015 年达到 50.30%，2017 年达到 53.10%①，按照城镇化发展过程 S 形曲线分析，青海省城镇化水平已处于 30%—70% 的快速发展阶段，进入了快速发展阶段。但青海省城镇化的发展层次和速度均低于全国城镇化发展水平，仍处于艰难的“爬坡”阶段，与全国的平均水平显现出不断拉大的趋势。国际城镇化发展经验表明，城镇化不仅与经济发展息息相关，而且特定的制度背景和自然背景也会对城镇化产生深刻的影响。由于青海独特的自然地理环境和新中国成立后工业化模式的影响，青海城镇在城镇体系的构成、城镇空间布局及城镇产业结构方面都有着不同于

① 尽管 2017 年年末达到 53.10%，但仍低于全国平均水平，与东部地区差距较大。

其他地区的特点。

本课题研究通过对青海省新型城镇化发展背景的分析和城镇化现实水平的全面考察，指出存在的问题和解决问题的关键，探寻一条符合青海省情的新型城镇化发展道路，对于青海经济的可持续发展、生态环境的改善、突破青海城乡"三元结构"，缩小城乡差距等诸多方面，都具有非常重要的理论与实践意义。

1.3 国内外研究动态

1.3.1 国内研究动态

国内关于城镇化的研究成果十分丰富，但专门针对青海省新型城镇化的研究尚不多。在此，为了更好地呈现国内学者们的研究成果，笔者通过阅读大量科研论文、著作和报告，对国内城镇化研究成果作了如下归纳和整理。

1. 城镇化的内涵与外延

城镇化（Urbanization），也称作城市化，是当今世界上重要的社会、经济现象之一。国内外学者对于城镇化的研究已有数十年的历史，但不同学科对城镇化的理解不一、研究的侧重点不同。迄今为止，关于城镇化的概念还没有一个完整统一的解释。如：人类学研究城市以社会规范为中心，城镇化意味着人类生活方式的转变过程，即由乡村生活方式转变为城市生活方式；经济学认为城市是人类从事非农业生产活动的中心，城镇化是不同等级地区的经济结构转换过程；地理学主要研究地域与人类活动之间的关系，非常注重经济、社会、政治和文化等人文因素在地域上的分布状况，其研究具有综合性。此外不同学者，对此也有不同的看法，其中具有代表性的观点有这样几种：一是"城镇化是指农业人口转化为城镇人口的过程，这个过程表现为城镇人口的增加，城镇数量的增多和城镇地理界限调整过程的综合"。① 二是"城镇化是社会生产力的变革所引起的人类生产方式、生活方式和居住方式改变的过程"。② 三是"城镇化进程，就是一个经济发展、经济结构和产业结构演变的过程，又是一个社会进步、社会制度变迁以及观念形态变革的持续发展过程"。③

① 朱林兴. 中国社会主义城市经济学［M］. 上海：上海社会科学院出版社，1996.

② 谢文惠，邓卫. 城市经济学［M］. 北京：清华大学出版社，1996.

③ 侯蕊玲. 城市化的历史回顾与未来发展［J］. 云南社会科学，1999（2）: 78-84.

2. 西部地区城镇化道路选择

西部城镇化道路选择一直是学术界争论的焦点，它所涉及的问题是，在农村人口向城镇人口转化的过程中，是以发展大城市为主进行转化还是以发展中小城市为主进行转化，或者是重点发展小城镇，实现农村人口的就地转化。其研究集中体现在：大城市论、中等城市论、小城镇重点论、多元化城镇发展道路。

大城市论认为，西部城镇化应走大中城市扩容为主的道路。大中城市会产生明显的聚集效应，从而带来更高的规模收益、更多的就业机会、更强的科技进步动力和更大的经济扩散效应。从西部目前生产力水平低下，城镇化发展滞后，大城市发展严重不足这一实际出发，西部应走以大中城市为重点的城镇化道路，确立“优先发展现有大城市，充分发挥其优势，强化中小城市功能，有条件的农村鼓励发展小城镇”的指导思想，以健全和完善城市体系。①

中等城市论主张，中等城市是集中与分散相统一的社会结构实体，机动灵活，容量大，而且是沟通大城市和小城市的桥梁。中等城市在规模效益上优于小城市、小城镇，在避免和减少“城市病”上优于大城市。在城镇化发展的过程中，应按照市场经济发展的需要，坚持大中小城市和小城镇协调发展，要将因时制宜与因地制宜结合起来。②

小城镇重点论，强调小城镇在我国西部工业化、城镇化过程中的突出作用，主张在西部城镇化发展中，应以小城镇为重点，加速实现西部城镇化。在实现西部城镇化过程中，应该本着实事求是、一切从实际出发的精神，坚持中央提出的循序渐进的原则。③ 同时制定优惠政策，把当地已经发展起来的布局较为分散的乡镇企业和地方工业从农村适度向县城和条件具备的小城镇集中，形成规模经济和集聚效益。④

多元化城镇发展道路认为，西部城镇化没有固定的模式可循，必须根据实际情况，宜大则大、宜中则中、宜小则小，走大中小城市与小城镇协调发展的多元化城镇道路。目前，我国西部地区社会经济发展落后，城镇化水平低；

---

① 李琳. 大中城市：西部城市化发展的战略选择［J］. 财经理论与实践，2000，21（108）：91-93.

② 吴尚民. 关于中国特色城镇化道路的若干思考［EB/OL］.［2003-09-16］. 人民网 http://www.people.com.cn/GB/jingji/1046/2091570.html.

③ 黄海，李炎谛. 西部地区城镇化模式选择［J］. 商场现代化，2005（453）：213.

④ 聂华林，王宇辉. 西部地区农村城镇化道路的思考［J］. 社科纵横，2005，20（5）：1-2.

城镇分布的空间非均衡性明显；城镇量的扩张与质的提高不太相称；[①] 城镇体系结构不完善，城乡二元结构明显，而且内部自然条件和社会经济条件差异很大。[②] 因此在发展城市时，应宜大则大，宜小则小，不能笼统地用一个标准来判断，更不宜抑大崇小，或崇大抑小，[③] 也不能单纯强调发展“大”或“小”。[④] 而是应以促进经济、社会、环境协调发展为中心，以国家政府投资“自上而下”的城镇化与地方集资“自下而上”的城镇化为手段，形成大、中、小城市并举，数量和质量并重的符合实际情况的多元复合型的城镇化发展战略，因地制宜地走有西部特色的多元化城镇化道路。

3. 西部城镇化与区域经济发展

随着西部大开发战略的深入实施，学术界对于城镇化与西部地区经济发展的研究具有突破性的是将西部大开发的定位提升到城镇化的层面上来论述，指出城镇是西部大开发的重点，城镇化是西部大开发的突破口，并分别从西部城镇体系、经济环境建设、产业开发、城镇土地资源开发、城镇人力资源开发及城镇生态环境建设等方面进行了详细论述。[⑤]

4. 西部城镇化与“三农”问题

最有代表性的研究是2005年全国政协委员、中国科学院首席科学家牛文元教授领衔完成的《中国可持续发展战略报告》，报告指出：城镇化是中国解决“三农”问题的根本出路，尤其是在西部地区，三农问题的破解必须依靠城镇化途径才能完成。当农村人口数量降到全国人口的25%以下时，农村土地即达到市场化要求，此时土地的集约化、规模化和专业化生产才达到一定程度，农业的科技含量、服务水平和生产成本才有大幅度改善，农民收入水平和整体素质才有明显进步，这样，“三农”的一系列根本问题才能得以彻底解决。

5. 西部局部省区的城镇化

西部城镇化的研究成果也是颇丰的，如夏显力所著的《陕西关中城镇体系协调发展研究》，对关中地区城镇体系进行了系统研究[⑥]；申振东、周其华合著

① 张仁开，张洛锋，邓立丽．从城市发展新趋势看西部地区城市化的战略选择［J］．中国城市化网，2007-01-27.

② 颜如春．中国西部多元城镇化道路探析［J］．中国行政管理，2004，231（9）：70-74.

③ 刘福垣．推进城市化战略的主要切入点［N］．光明日报，2000-12-05.

④ 朱铁臻．城市化是新世纪中国经济高增长的强大动力［J］．经济观察，2000，（1）.

⑤ 牛凤瑞，宋迎昌，盛广耀等．西部大开发聚焦在城镇［M］．北京：社会科学文献出版社，2002.

⑥ 夏显力．陕西关中城镇体系协调发展研究［M］．北京：中国农业出版社，2005.

的《城镇化透析》，以西南地区的贵州省为例，分析其城镇化进程[①]；宋建钢所著的《宁夏现代城市化研究》[②]、陈利丹的《21世纪广西城镇化论析》[③]、李涛的《走出香巴拉：西藏“一江两河”流域乡村城镇化研究》[④]等都对某个省区的城镇化或城镇化相关方面进行了系统梳理。

6. 新型城镇化[⑤]

党的十八大报告提出，要推动信息化和工业化深度融合、工业化和城镇化良性互动、城镇化和农业现代化相互协调，促进工业化、信息化、城镇化、农业现代化同步发展。强调推进城镇化是推进经济结构战略性调整的重点之一，必须更加自觉地把全面、协调、可持续作为深入贯彻落实科学发展观的基本要求，全面落实经济建设、政治建设、文化建设、社会建设和生态文明建设五位一体总体布局，促进现代化建设各方面相协调，促进生产关系与生产力、上层建筑与经济基础相协调，不断开拓城乡统筹、生产发展、生活富裕、生态良好的文明发展的城镇化道路。

目前学术界对新型城镇化理论的探索和研究，主要集中在新型城镇化内涵、模式、路径与对策的研究。对于新型城镇化的内涵分析，有学者认为，新型城镇化具有多方面的内涵，“从价值取向上看，‘以人为本’为发展目的，以社会公正为价值导向，以全面、协调、可持续、和谐发展和促进人的全面发展为发展目标；从发展状态和表征上看，新型城镇化是民生得到保障和改善、人民幸福指数不断提升、能够安居乐业的城镇化；从运作的科学性来看，是在遵循客观规律的前提下，有领导、有规划、有计划，将政府的自觉能动性与市场机制有机结合的城镇化；从本质上看，新型城镇化是在实现现代化的进程中，以新型工业化和信息化为引擎，在工业化的推动下，城乡两个系统在经济、科技、社会、人口、资源、环境、空间等诸多基本要素协调发展优化组合的过程”。[⑥]新型城镇化的核心是人口城镇化；新型城镇化是走以人为本的城镇化道

① 申振东，周其华 . 城镇化透析［M］. 北京：中国经济出版社，2004.

② 宋建钢 . 宁夏现代城市化研究［M］. 银川：宁夏人民出版社，2006.

③ 陈利丹 .21 世纪广西城镇化论析［M］. 北京：中国经济出版社，2005.

④ 李涛 . 走出香巴拉：西藏“一江两河”流域乡村城镇化研究［M］. 拉萨：西藏人民出版社，1999.

⑤ 王平 . 民族地区新型城镇化的路径与模式探——以甘肃省临夏回族自治州临夏市为个案［J］. 民族研究，2014（1）.

⑥ 刘海平 . 新型城镇化内涵探析［J］. 决策探索，2012（7）.

路。[①] 对于新型城镇化基本模式、具体路径和推进对策的研究，有学者认为，新型城镇化的基本模式应该是以科学发展观为指导方针，坚持“全面、协调、可持续推进”的原则，以人口城镇化为核心内容，以信息化、农业产业化和新型工业化为动力，以“内涵增长”为发展方式，以“政府引导、市场运作”为机制保障，走可持续发展道路，建设城乡一体的城市中国。[②] 此外，也有学者通过表述城镇化与经济、空间等方面的内在关系，立足国情现状，明确我国新型城镇化的总体思路，展望我国未来城镇化的基本趋势及战略构想[③]，或通过生态文明的角度探索新型城镇化。[④] 还有学者对具体城区的新型城镇化发展思路和对策进行了探索。[⑤]

学术界对于民族地区新型城镇化从理论与实践的角度进行了探索。钟海燕从城镇体系空间理论视角出发，对民族地区城镇化发展趋势、民族地区城镇空间格局和民族地区构建新型城镇化的战略格局进行分析，并探究了四川民族地区构建新型城镇化战略格局的具体途径。[⑥] 孟航从文化实践的角度探索民族地区新型城镇化道路，认为“在民族特色城镇建设中更进一步融入民族文化发展的问题显得更为迫切，如何把城镇化和发展民族文化结合起来，需要通过各族人民的文化实践来解决”。[⑦]李优树[⑧]、居来提・热合买提[⑨]、龙兴昌[⑩]等人分别对藏区、南疆、湘西的新型城镇化路径、模式和内涵做了分析和研究。

马玉英、马维胜对青藏高原城市化模式做了研究，从中华民族生态安全和青藏高原可持续发展的学术视野，探索了一条既能保证区域发展，又能保障中华民族生态安全的城市路径，提出了青藏高原生态城市化模式构想，提出了生态城市化的概念，并对其含义、特点、目标、指标、实现路径等进行了深入研

① 中国（海南）改革发展研究院．人的城镇化：40余位经济学家把脉新型城镇化［M］．北京：中国经济出版社，2013: 63-69.

② 倪鹏飞．新型城镇化的基本模式与具体路径［J］．理论参考，2013（5）.

③ 新玉言．新型城镇化：理论发展与前景透析［M］．北京：国家行政学院出版社，2013.

④ 沈清基．论基于生态文明的新型城镇化［J］．城市规划学刊，2013（1）.

⑤ 王志云．加快首都西南区域新型城镇化发展思路与对策［J］．科技创新与生产力，2011（9）.

⑥ 钟海燕．中国少数民族地区构建新型城镇化战略格局的研究［M］．北京：中国经济出版社，2013.

⑦ 孟航．文化实践与民族地区的新塑城镇化道路［J］．中国民族，2013（6）.

⑧ 李优树、苗书迪、陈丹、谢弈林．藏区新型城镇化的发展路径探讨——以康定县为例［J］．经济地理，2013（5）.

⑨ 居来提・热合买提、李文君、月尔妮莎・喀斯木．南疆三地州新型城镇译建设的模式选择［J］．喀什师范学院学报，2012（5）.

⑩ 龙兴昌．湘西自治州新型城镇化建设的问题与对策思考［J］．三峡论坛，2011（4）.

究。[①]

纵观学术界对新型城镇化和民族地区新型城镇化的研究成果，对新型城镇化和民族地区新型城镇化的实证个案研究还较少。

1.3.2 国外研究动态

国外学者对于青海省新型城镇化方面的研究尚不多见，搜集资料时尚未查到。但是研究中却发现，国外一些国家对其落后地区的开发与青海省新型城镇化建设有着许多的相似之处，其成功经验可供我们借鉴，其失败教训可让我们少走弯路，对于本研究中诸多方面均有重要的借鉴意义和参考价值。在此对于国外研究成果及相关研究的理论进行简要介绍如下：

1. 以美国西部开发为典型的研究

以美国西部开发为典型的研究，国内厦门大学王旭教授对此研究最早、最为成熟。其研究，从城镇化的角度对美国的城市发展规律、城市发展的典型特征，城市化与美国的区域经济发展，城市化的中美比较研究，市政体制及市政管理，美国城市史研究等方面对美国的整个城市化进程进行了系统研究。[②]与此同时，也有学者系统探讨中外城市化过程的经验与教训。[③]分别论述了发达国家城市化的规律与特点、发展中国家城市化的经验与教训、[④]中国城镇化的进程与特点、中外城市群发展比较等，并对中国城镇化模式选择做了专门论述。

2. 对发展中国家城镇化建设的研究

在发展中国家城镇化建设研究方面，李瑞林、李正升的《巴西城市化模式的分析及启示》总结了巴西城镇化进程中的教训，从反面为我国西部城镇化进程提供借鉴。[⑤]巴西是世界上经济较为发达的发展中国家，城市化水平相当高，但它的城市化属于过度城市化，城市贫民窟问题严重。20 世纪 30 年代之前，巴西主要依靠外来移民推动其城市化进程，属于无工业化的城市化，之后，工业化起步，进一步加速了城市化的发展。但是，由于历史、政策等多方面原因，巴西在城市化过程中出现了区域不平衡和过度城市化、贫民窟等严重的城

---

① 马玉英，马维胜 . 青藏高原城市化模式研究［M］. 北京：北京大学出版社，2013: 83–104.

② 王旭 . 美国城市化的历史解读［M］. 长沙：岳麓出版社，2003.

③ 林广 . 成功与代价：中外城市化比较新论［M］. 南京：东南大学出版社，2001.

④ Gould W T S. Rural–urban Interaction in the Third World［M］.University of Liverpool，mimeo，1985:23–46.

⑤ 李瑞林，李正升 . 巴西城市化模式的分析及启示［J］. 城市问题，2006，132（4）: 93–98.

市问题。[①] 文章得出的结论是，我国西部城镇化进程中要注意城乡统筹发展，合理把握城市化进度；坚持大中小城市和小城镇协调发展，加快制度创新；促进农村人口向城镇转移，加快第三产业发展，吸纳农村剩余劳动力；城镇化应走生态之路。

3. 对国外欠发达地区开发的研究

针对国外欠发达地区开发的研究，李昌新先生对美国西部开发论述中指出，美国西部开发所走的是一条通过地区非均衡发展道路而最终达到了地区间基本均衡的效果。[②] 其采用的“点轴开发”模式是希望通过对区域有扩散作用的中心城市和交通干线所组成的点轴网络来构建地区经济开发的总体框架，利用中心城市和交通干线的辐射功能，由点及线再到面进行开发。由于各“增长极”的生产力发展水平存在差异，相应地会形成不同等级的点轴系统，其“扩散效应”会按“增长极”的等级呈从高到低、由近及远的顺序渗透。[③] 其市场主导、大力发展交通和城镇建设、加快城镇化进程、多渠道获得资金支持、加大教育投入力度以及向落后地区倾斜的政策，对中国当前的西部开发有重要的借鉴作用。

4. 相关理论研究

二元经济理论，是指经济是由农业和工业两个部门构成的。工业部门的比重在这两个部门中的增大过程就是经济发展的过程，工业化引起人均国民收入的变化。二元理论把马尔萨斯均衡论中的部门称作不发达部门、传统部门和最低生存费部门，而把新古典学派的均衡原理中的现代工业部门叫作发达部门、先进部门，在实际运用过程中则称为农业部门和工业部门。

点—轴开发理论，“点—轴”系统中的“点”指一定地域范围内的各级结点（即各级城镇），这些结点都有各自的吸引范围，是一定区域内人口和产业的集中地，有较强的吸引力和凝聚力。“轴”是联结各节点的线状基础设施束，包括交通干线、高压输电线、通信设施线路、供水线路等工程线路。

区位理论认为，城镇是一种社会生产方式，它以社会生产的各种物质要素

---

① Ronald Inglehart.R.Modernization and postmodernization：cultural，economic，and political change in 43 societies［M］: Princeton University Press，1997.

② 李昌新 . 论美国西部点轴开发及其对中国西部开发的启示［J］. 江西师范大学学报（哲学社会科版），2002，35（1）: 38–43.

③ The Ministry of Economic Affairs of Holland White Paper on Spatial Economic Policy in the Netherland［A］. Dynamics and Networks，2000.

和物质过程在空间上的集聚为特征；社会经济系统由不同的城镇个体及子系统组成，城镇之间及系统之间相互作用；城镇的集聚性创造出大于分散系统的社会经济效益，这是城镇化的基本动力。区位理论的贡献在于分析了城镇效益的根源，确定了城镇分布状态和分布形式①。

增长极理论，首先由法国经济学者费朗索瓦·佩鲁于20世纪50年代提出，后经赫希曼、鲍得威尔、汉森等美英学者进一步发展和扩充成熟起来的。佩鲁认为，经济增长不是在每个地区以同样的速度进行，相反，在一定时期，增长的势头往往集中在某些主导经济部门和有创新能力的行业，而这些行业和部门由于追求外部经济效果，往往集中于区位较好的地点，通常是地区的大中城市，这些城市就成为地区经济增长极核。

1.4 研究思路和方法

1.4.1 研究思路

本课题研究以全国及西部城镇化建设为契机，以探索青海新型特色城镇化发展模式和体系构建为研究对象，通过参考文献与理论，实地调查，实证分析及比较分析等研究方法，在了解青海建设新型城镇化的基础条件和发展历史上，分析了目前青海省新型城镇化发展的现状，同时结合政府在青海新型城镇化建设进程中的规制作用，以此探索出适合青海省自身的城镇化发展模式和体系构建，并相应的提出了青海新型城镇化模式建设的战略构想。

1.4.2 研究方法

本研究采用定性分析与定量分析相结合的综合集成方法进行分析。

定性方法主要是通过文献分析法，来分析青海省新型城镇化建设的基础条件、发展历史等，包括实地调查法，专家论证法。首先，本研究深入青海省有关厅局、行业协会进行专题调研，获取城市化的发展状况的第一手资料；在此基础上，使用综合性研究的方法，运用发展经济学、区域经济学、城市地理学、城市经济学和社会学的一些理论来研究青海问题；同时在撰写过程中，广泛征求专家意见；最后，利用实证分析法，根据青海省新型城镇化的发展规

① 张明霞．甘肃省城镇化道路的正确选择分析［J］．甘肃省经济管理干部学院学报，2006（3）．

律，以科学理论为指导，进行规范分析，提出加速青海省新型城镇化的战略对策，并用比较分析法，在城镇化的基础条件、发展历史、发展现状及存在问题、发展模式、发展道路等方面与其他区域的比较分析，进而提出最适合青海的发展方案。

定量方法主要包括描述性统计分析和比较分析等。主要使用 SPSS19.0 或是 Stata 统计软件包。

1.5 创新之处

1.5.1 创新之处

本研究创新点主要来自研究视角、相关理论的补充和战略构想等方面。

其一，研究视角上的创新。鲜有学者深入剖析城镇化基础条件、发展历史及现状，运用双向的思维逻辑进行新型城镇化模式研究。本研究针对青海省新型城镇化模式进行研究，着重分析了青海省新型城镇化建设的基础条件、政府规制等，进而提出加速青海省新型城镇化的战略对策。

其二，相关理论的补充。青海省自然情况特殊，地广人稀，少数民族多以地域性聚集方式生活。本课题结合青海实际情况，来研究其新型城镇化模式选择，提出加速青海新型城镇化的战略对策，因此研究的结果在一定程度上可以补充国内相关理论。

其三，战略构想的创新。本课题研究在总结国内外城镇化建设的基础上，提出了构建青海特色城镇化体系的观点，同时对青海新型城镇化建设模式进行系统探索，提出了青海新型城镇化建设的战略构想。相关研究结果将成为我国西部民族地区，尤其是青藏高原地区的新型城镇化模式和发展道路选择的参考范本，具有十分重要的现实意义。

1.5.2 不足之处

本研究鉴于时间、经费、作者能力等方面的原因，也存在着相应的不足之处，希望有关专家和学者们能在本课题的基础上进行更加深入、细致的研究，并提出相关的宝贵建议和意见。

其一，本课题研究青海省新型城镇化模式，其涉及的面较广，需要从自然、生态、经济、社会、人口等全方位论述城镇化的发展，以及从历史发展过程、现状分析及未来发展进行全面把握，故研究难以对其进行全面准确地把握，因此本研究难免有疏漏和不足。

其二，本课题研究涉及实地调研与专家论证，毕竟存在主观的成分。故本研究会有部分偏差或与实际的部分出入，这也是本研究不足之处。

其三，本课题仅是研究青海新型城镇化发展模式，研究结论对于西部民族地区新型城镇化有一定的借鉴意义，但本研究尚未综合其他省份进行比较分析，这也是今后需要完善的一个方面。

第 2 章　新型城镇化概念及主要模式

2.1 主要概念界定

2.1.1 城镇化含义

从英文术语角度去理解，“urban”不但包含有城市（city）还有镇（town）的意思。在文献资料中，关于“urbanization”翻译大致分为两种，一种翻译为“城市化”，还有一种翻译成“城镇化”，但总的意思是指农村人口向城镇（city）转移的一个过程。在当今世界，许多国家镇的人口规模比较小，中国西部省份如青海的州县城镇人口也比较少，如德令哈市人口为10万人（2012年统计），甚至有的国家没有镇的建制，所以在国际上，将“urbanization”译为“城市化”的较为常见。在中国的城镇化进程中，普遍存在典型的城乡二元结构现象，这种现象使农村人口不断向城市（city）转移集聚，更是我国城镇化人口进程中的一大特殊性，所以根据我国现实情况，通常将“urbanization”译为“城镇化”。“urbanization”虽可翻译为“城市化”和“城镇化”，从字面上就可以看出两种翻译的侧重点不同。

“城市化”首次提出时间为第一次工业革命前，“城镇化”是我国著名地理学家吴友仁先生在20世纪70年代中期将“城市化”理论引入社会主义城镇化建设的问题中，“城镇化”由此而来，同时城镇化也是我国学术界讨论的热点问题，根据中国的“城市化”问题，更多的中国学者人主张使用“城镇化”，如1991年中国“城镇化”进入高速发展阶段，大量农村人口涌入城市当中，根据这一情况，辜胜阻先生在《非农化与城镇化研究》再次拓展了“城镇化”的概念，在此理论基础之上，辜胜阻先生多次使用中国的城镇化一词，并得到中国学界多数学者的赞同。

关于“城镇化”概念一词，出现了与“城市化”概念类似的情况，至今仍未有统一的情况。就“城镇化”概念数量来分析，对“城镇化”概念的解释明显少于“城市化”。据统计资料显示，在 2015 年以前，关于城镇化的概念，有 25 种以上解释。其中符合中国西部地区现实观点的是中国由农业人口占绝对比重的传统农业大国向非农业人口占多数的城镇化新兴国家的转变进程，是衡量我国城镇化进程的重要标志。

“城市化”更加突出强调大城市的发展，其概念更加接近韩国和马来西亚所说的“大都市化”。在过去的 30 年时间里，全球的大城市得到了迅猛的发展，全球多地出现了如人口急速增长、交通拥堵、住房紧张等“大城市病”，但由于城市产业结构、城乡二元结构的原因，但城市的快速扩张并未为将“城市建设者”融入其中。

“城镇化”与“城市化”概念相近，但二者也存在差异。关于城镇化一词，李克强总理在 2015 年政府工作报告中指出，当前进城务工的农村人口其最大的心愿是过上和城里人一样的生活，享受同样的住房、医疗、教育等基本民生待遇。一部分人进入城市谋取职业并定居其中是有可能的，但所有进城务工的农民都进入大城市是不大现实的，如何让他们实现这个目标呢？这需要小城镇的建设发展，其中包括现有小城镇城市功能进一步完善，也包括要因地制宜建设更多的特色小镇。

根据概念材料分析归类，主要有“大城市”和“小城镇”两种观点。从细致的角度分析，则有六种不同的观点，从大到小观点依次为：一是“大都市圈战略”，这种观点源于对东亚日韩和拉美巴西、阿根廷等国的城市化经验的借鉴。二是“大城市道路”。通往城市的各个地区，供城市内交通运输和行人使用，便于城市居民的日常活动，并与市外道路连接负担着对外交通的道路，相关模型分析证明，城市人口数量在 150 万到 350 万之间，其成本收益最合理。三是“优先发展人口低于 30 万的中小城市”。因为人口少于 30 万的城市基础设施投入产出比不合理，我国中小城市面临的两大问题分别是旧城改造和新城建设。四是“优先发展县级城关镇”。因县级城关镇是链接城市和农村重要枢纽，同时也是农村人口进行社会活动的中心，县级城关镇有利于带动周围农村地区发展。五是“小城镇，大战略”。改革开放以来，县以下建制城镇受旧体制的约束最少，其中民营经济占比高，城镇数量加快发展，应该合理引导规范管理，而不能抑制其发展。其他观点主要有“集中的大中城市资源与建设卫星城”之争及“城关镇与建制镇”之争；大、中、小城市多元模式发展的主张。需要指出的是，在我国人口众多，是全球第二大经济体，中国城镇的数量较多，分布广泛，包括城关镇、建制镇、集镇等非农业生产区划，主要分布在东部沿海、中部地区，而西北地区分布较少。其中由于城市的不断扩张，许多城关镇建有县级人民政府，建制镇是经省或自治区、直辖市审议考核通过而批准设立的镇，与县城关镇有明显的区别。对城与镇进行解释，其特点大致如下：城区数量的存量大，镇区数量增速快。2015 年，在国家统计局的定义中，“城区”是指在市辖区和不设区的市，区、市政府驻地的实际建设连接到的居民委员会和其他区域；“镇区”是指在城区以外的县人民政府驻地和其他镇，政府驻地的实际建设连接到的居民委员会和其他区域。另一方面，我国镇的发展极为不平衡，我国许多镇的规模比其他很多国家的中小城市规模还要大，中国东部沿海地区小城镇的人口密度、经济活跃度已经远高于中西部的州县城市，如江阴市、昆山市的人口密度、经济活跃度远远高于西北地区的城市。

从以上资料可知，近年来越来越多的中国学者开始用“城镇化”代替“城市化”这一概念，尽管有学者讨论过“城镇化”与“城市化”的区别，但在实际应用过程中，大多数人都认为两者含义相同。因此，本研究也将“城镇化”与“城市化”等同，并统一采用“城镇化”这一概念。

城镇在人类的发展史中已有数千年的历史，而城镇化进程是伴随全球范围的工业革命才开始，反映的是人类社会经济发展过程中的结构变迁与转换，自 18 世纪 60 年代算起，仅有 200 多年的历史。1858 年，马克思在《政治经济学批判》中首次使用了“城镇化”的概念，他提出“现代的历史是乡村城镇化，不像古代是城镇乡村化”①。归纳学术界对于“城镇化”的具体界定，不同学科从本学科的角度出发进行了不同的表述。人口学家认为城镇化即是农村人口向城镇人口转化并在城镇聚集的过程；社会学家倾向于将城镇化定义为农村社区向城镇社区集聚与转化的过程；经济学家从经济与产业发展的视角，提出城镇化是各种非农业经济要素向城镇聚集的过程；地理学家侧重于人口居住空间的转移，认为城镇化是生产力提升引发的农村人口向城镇人口、农村居民点向城镇居民点转移的过程，不仅涵盖城镇人口数量的增加，而且包括城镇用地的扩张、农村居民生活方式的转变等；历史学家提出狭义的城镇化是指在工业化过程中，城镇数量不断增加、城镇人口迅速集中、城镇功能不断完善、城镇在经济社会发展中的作用逐步强化的过程，广义的城镇化则是指落后的、传统的农

① 马克思，恩格斯．马克思恩格斯全集（中译本）[M]．北京：人民出版社，1980.

村社会逐步向先进的、现代的城镇社会转变的过程。《中华人民共和国国家标准：城市规划术语标准》将城镇化定义为，人类生产与生活方式由农村型向城镇型转化的历史过程，具体表现为农村人口向城镇人口转化以及城镇不断发展与完善的过程。①

城镇化简言之即是农民转为城镇居民、城镇向农村区域扩展、传统乡村观念被现代城市价值观念所取代的动态发展过程。

本研究将城镇化界定为：**城镇化是农村人口转化为城镇人口，以农村人口不断向城镇转移，城镇第二、三产业发展，城镇数量增加、城镇规模扩大、地域景观改变等为主要标志。**在城镇化发展的过程中，伴随着农村生活方式向城市生活方式的转变，城市文明和城市意识的扩散与传播。城镇化是一把双刃剑，过度城镇化或不合理的城镇化，造成资源能源消耗的增长、乡村文明的毁灭以及社会矛盾的加剧，负面影响不容忽视。②

2.1.2 新型城镇化含义、特点和意义

1. 新型城镇化的含义

十六大报告提出，要逐步提高城镇化水平，坚持大中小城市和小城镇协调发展，走中国特色的城镇化道路。中共十七大报告提出，走中国特色城镇化道路，按照统筹城乡、布局合理、节约土地、功能完善、以大带小的原则，促进大中小城市和小城镇协调发展。以增强综合承载能力为重点，以特大城市为依托，形成辐射作用大的城市群，培育新的经济增长极。2006 年 8 月，浙江省委省政府出台了《关于进一步加强城市工作，走新型城市化道路的意见》，提出要创新发展机制，走资源节约、环境友好、经济高效、社会和谐、大中小城市和小城镇协调发展、城乡互促共进的新型城市化道路③。2006 年 11 月，中共广西壮族自治区第九次代表大会提出走新型城镇化道路的构想。"围绕统筹城乡经济社会发展，坚持高起点规划、高质量建设、高效能管理，走布局科学、结构合理、功能完善、资源节约、集约发展、以人为本理念得到充分体现的多样化有特色的城镇化道路"。2007 年 5 月，温家宝总理在关于长江三角洲地区进一步加快改革开放和经济社会发展的座谈会上，明确提出"不仅要坚持走新型工

① 王本兵．我国城镇化发展的制度创新研究［D］．中国海洋大学博士学位论文，2011.

② 周干峙．中国特色新型城镇化发展战略研究［M］．北京：中国建筑工业出版社，2013: 16.

③ 吴晓勤 等．西北地区推进新型城市化发展的启示［J］．安徽建筑，2009（21）: 1–4.

业化道路，而且要走新型城镇化道路”，充分显示中央高层对“走新型城镇化道路”的肯定。2007 年，《江西省新型城镇化“十一五”专项规划》中提出，按照产业集聚、功能完善，节约土地、集约发展，合理布局、各具特色的原则，积极稳妥地推进城镇化进程。2007 年 10 月，河南省召开全省城市发展与管理工作会议提出，全面做好新时期城市发展与管理工作，走出一条符合河南实际的新型城镇化道路。河南新型城镇化道路可以概括为：科学发展、建管并重、城乡一体、集约节约、统筹协调。2009 年 10 月，山东省委省政府出台《关于大力推进新型城镇化的意见》，指出走资源节约、环境友好、经济高效、文化繁荣、社会和谐、以城市群为主体，大中小城市和小城镇科学布局，城乡互促共进、区域协调发展的新型城镇化道路。[①]2009 年 1 2 月，中央经济工作会议对以城镇化建设促进经济发展提出了新要求。特别值得注意的是，放宽户籍限制，推进城镇化改革的内容，在 2010 年的中央一号文件中从篇幅到政策的力度上都是空前的。从这个意义上讲，该文件是进一步推进城镇化的总纲领。吴江等认为，新型城镇化主要是指以科学发展观为统领，以新型产业以及信息化为动力，追求人口、经济、社会、资源、环境等协调发展的城乡一体化的城镇化发展道路。杨重光认为，新型城镇化是在科学发展观指导下，以新型工业化和现代服务业为产业基础，以现代交通通信网络为物质技术手段，形成大中小城市和城镇合理的结构和空间体系，充分发挥各自的特点和功能，并以城乡和谐发展为目的，城市带领农村发展，从而形成国民经济全面、和谐和可持续发展的城市化道路[②]。张占仓认为，新型城镇化是相对传统城镇化而言，是指资源节约、环境友好、经济高效、文化繁荣、社会和谐、城乡互促共进、大中小城市和小城镇协调发展、个性鲜明的城镇化。[③]

十九大报告提出“实施乡村振兴战略”，建立健全城乡融合的发展体制机制和政策体系，同时强调实施区域协调发展战略，“以城市群为主体构建大中小城市和小城镇协调发展的城镇格局”。新型城镇化必须强调坚持新发展理念，必须坚定不移地贯彻创新、协调、绿色、开发、共享的发展理念，推动新型城镇化建设。

新型城镇化是相对于传统城镇化而言的，其实质是通过国家宏观调控向农

---

① 孙东辉，周鑫．山东全力推动新型城镇化发展［N］．中国经济时报，2009-11-09.

② 杨重光．新型城镇化是必由之路［J］．中国城市经济，2009（11）：38-43.

③ 张占仓．河南省新型城镇化战略研究［J］．经济地理，2010（9）：1463-1467.

村投入更多的资源，促进城乡协调发展，避免传统城镇化导致的城乡二元结构，实现城市生态化、农村集中化和农民居民化，更加有效地促进农民向城镇有序转移。新型城镇化的突破口是新型农村社区建设，但是新型城镇化绝不等于新型农村社 区建设。新型农村社区建设是新型城镇化建设切入点和结合点，是破解土地资源节约集约利用的战略举措，能够为“四化”（新型城镇化、新型工业化、新型信息化、新型农业现代化）①协调发展腾出广阔的发展空间。在政策取向上，新型农村社区建设能够为社会弱势群体——农民（牧民）提供更加直接而且具有长远意义的支持或扶持，所以应该是有利于社会进步的制度探索②。耿明斋认为，新型城镇化是有规划的、开放的、集约的城镇化③。王永苏和耿明斋均认为，应该从居民的居住方式和生产方式结合的角度，深入探讨什么样的城镇体系才是科学合理的，特别是整个城镇体系层次合理的人口规模结构，整个城镇体系空间分布的理想模式是什么，每一个城市组团内部结构是什么样的，农民有多少应该进入城市，有多少应该就近进入新型农村社区。④

新型城镇化模式的基本内涵是，以科学发展观为指导方针，坚持“全面、协调、可持续推进”的原则，以人口城镇化为核心内容，以信息化、农业产业化和新型工业化为动力，以“内涵增长”为发展方式，以“政府引导、市场运作”为机制保障，走可持续发展道路，建设城乡一体的城市中国。政府应通过制定战略与规划、提供基础设施和公共服务、完善制度与政策、加强监督与管理，积极推进新型城镇化进程。⑤

本研究认同张占仓的观点，认为新型城镇化是相对传统城镇化而言，是指资源节约、环境友好、经济高效、文化繁荣、社会和谐、城乡互促共进、大中小城市和小城镇协调发展、个性鲜明的城镇化。⑥

未来的新型城镇化特征有 10 个方面，一是以人为本；二是集约增长，内涵发展；三是产城互动，三业并举；四是空间一体，适度聚集；五是协调发展，以城市群来带动；六是城乡一体化，互补双赢；七是绿色发展，环境友好；八

---

① 十九大报告提出了“四化”：新型城镇化、新型工业化、新型信息化、新型农业现代化。与之前的“三化”（新型城镇化、新型工业化、新型农业现代化）要求新提出了一个“新型信息化”。

② 张占仓 . 河南省建设中原经济区战略研究［J］. 河南工业大学学报，2010（4）.

③ 耿明斋 . 对新型城镇化引领“三化”协调发展的几点认识［J］. 河南工业大学学报，2011（4）.

④ 张占仓等 . 河南省新型城镇化实践与对策研究综述［J］. 管理学刊，2012（4）.

⑤ 倪鹏飞 . 新型城镇化的基本模式、具体路径与推进对策［J］. 江淮学刊，2013（1）: 87–94.

⑥ 张占仓 . 河南省新型城镇化战略研究［J］. 经济地理，2010（9）: 1463–1467.

是和谐参与，多元包容；九是创新驱动；十是内外需牵引。[①]

青海省新型城镇化的具体内涵至少包括：一是以实现“三区”建设为目标的城镇化；二是以生态环境承载力为前提，实现生态文明与经济社会协调发展；三是实现不同区域之间差异化协同发展，保持相对均衡，不断缩小区域差距；四是实现城乡统筹发展，实现城乡一体化，不断城乡差距；五是以生态文化为引领，实现多民族、多元化繁荣发展[②]；六是新型工业化、新型城镇化、新型信息化、新型农业现代化、城乡智慧化、环境生态化的绿色协调发展。具体内涵可以从以下6个方面概括：

（1）以人为本，以推进人的城镇化为核心。促进以“要素”和“空间”为核心的城镇化向以“人”为核心的城镇化转变，有序推进西宁、海东、格尔木等城市的农业转移人口市民化，逐步推进城镇基本公共服务常住人口全覆盖，促进人的全面发展和社会公平正义。（2）协调发展，以优化城镇化形态为重点。根据资源环境承载能力因地制宜地选择城镇化推进模式，促进海东、西宁、格尔木三大区域协调发展；以海东城市群为主体形态，以城镇化重发展区为重点，推动大中小城市和小城镇协调发展。（3）产城融合，以强化城镇化动力为基础。以大中小城市、县城和重点示范镇为依托，以产业园区为载体，引导产业集中布局和集群发展，以产业聚集带动人口聚集，强化城镇化的产业支撑，促进城镇发展与产业支撑、人口集聚相统一。（4）统筹城乡，以城乡一体化发展为目标。充分发挥工业对农业的支持与反哺、城市对农村的辐射和带动作用，建立“以工促农、以城带乡、工农互惠、城乡一体”的长效机制，统筹城乡发展；优化农村居民点体系，推进城乡基本公共服务均等化，规范城乡资源和空间利用秩序。（5）生态文明，以城镇可持续发展为方向。把生态文明理念全面融入城镇化进程，以资源环境容量为基础，合理控制三大区域不同城镇开发强度、发展规模和增长边界，坚持走资源节约、环境友好以及城镇布局集中、紧凑发展的生态低碳城镇化道路，创造宜居、宜业的人居环境。（6）传承文化，以彰显地方性特色为标志。历史文化遗产是城镇化过程中的文明积淀，是城镇竞争力的重要来源，城镇化发展应根据不同地区的自然历史文化禀赋，体现区域差异性，提倡形态多样性，保护好历史文化遗产，加强对传统民居和古村落的保护，保留城镇历史记忆，彰显地方文化特色，发展具有地域特色的

① 中国（海南）改革发展研究院．人的城镇化［M］．北京：中国经济出版社，2013: 15.

② 马德君．西部地区城镇化协调发展研究［M］．北京：经济日报出版社，2016: 109.

美丽城镇。

2. 新型城镇化的特点[①]

《中共中央关于全面深化改革若干重大问题的决定》（以下简称《决定》）明确提出，要完善城镇化健康发展体制机制，坚持走中国特色新型城镇化道路。综合来看，新型城镇化体现出六个新特点。

（1）根本目的：农村居民的市民化。让更多农民到城镇定居并享受现代物质文明和精神文明是新型城镇化的根本目的。实现人的城镇化有两个突出标志：一是将农村居民户籍调整为城市居民。《决定》要求创新人口管理，加快户籍制度改革，并有针对性地提出了不同规模城市的人口调控政策。当然，从改革的长远要求来看，最终目标是要取消城乡户籍制度，彻底破除附着在城乡居民身上的外在标签。二是让转变了身份的农村居民能够真正享受到平等的市民待遇，这是促使农民变为市民的本质要求。为此，新型城镇化一定要突出以人为本的理念，抓紧细化落实相关政策，积极完善体制机制，真正让更多的农民能够在城市里落得下、生活好、有尊严。

（2）基本要求：发展模式的集约化。改革开放以来，我国城镇化加快发展，各地区城市建设取得显著成效，但建成区膨胀过快、新城新区设置过多过滥、资源消耗过大、生态环境压力过重等问题也越来越凸显。2000—2010 年，全国城市建成区面积增长 78.5%，而同期城镇人口只增长 45.9%，“土地城镇化”特征十分明显。作为土地、水等战略资源人均占有量十分匮乏的国家，我国的新型城镇化必须摒弃既有路径，切实在内涵增长上狠下功夫。要进一步突出城市规划、土地规划的法律地位，抓紧出台国家新型城镇化规划，切实提高规划制定的科学性、调整的严肃性、实施的稳定性、监督的规范性。提高城市发展质量，严格控制新城新区建设和城市发展规模，提升城市国土开发强度和建设管理水平，切实体现高效集约发展的要求。

（3）基础动力：产业支撑的高效化。城市发展不是无本之木、无源之水，需要各类产业的强有力支撑。工业化是城镇化的动力源泉，只有依靠产业支撑推进的城镇化才是真正的城镇化。在实施新型城镇化战略中，各地应围绕市场需求，立足比较优势，注重提升经济功能。城市主导产业的选择培育，既要考虑与周边城市产业的联动衔接，又要坚持错位发展、特色发展。中西部地区的

① 杨荫凯 . 新型城镇化的六个新特点［EB/OL］. http：//news.dichan.sina.com.cn/2014/02/10/1029625.html#，贵阳日报，2014-2-10.

城市可适当发展一些劳动密集型产业，努力提升城市的集聚效应和人口规模；东部地区则在新型工业化方面率先突破，大力发展科技研发、现代物流等产业，积极探索“四化同步”和绿色发展新路径，重点提升城市的辐射带动作用。

（4）重要任务：城乡发展的一体化。建立以工促农、以城带乡、工农互惠、城乡一体的新型工农城乡关系，是新型城镇化的重要任务。所谓城乡一体化，就是要改变过去城乡发展在生产、生活方式上的巨大差距，转而强调城乡发展规划、基础设施、资源配置、产业布局、生态建设、社会管理、公共服务等领域的一体化。要改革创新人口、户籍、土地等城乡管理体制，重点促进教育、卫生、医疗、就业、社保等基本公共服务水平的均等化，使城乡居民都能够安居乐业、幸福和谐，公平地享受发展改革的成果。与此同时，要按照《决定》精神，积极优化城镇体系，统筹解决大城市交通拥堵、环境污染、人口膨胀等突出问题。

（5）支撑条件：发展环境的生态化。推进新型城镇化，要高度重视城市生态环境的保护与建设。在战略层面上，要依据《决定》要求，抓紧“建立国土空间开发保护制度”，科学优化全国城镇化布局和总体框架。在城市建设上，要鼓励各个城市科学利用山、水、林、园的独特生态功能，创建山水相依、林园共秀的生态型城市。充分尊重广大群众对生态文明的向往，积极完善生态系统和环境设施，大力优化美化生产生活环境。充分利用宝贵的生态资源，积极发展生态观光、养老休闲、旅游度假、文化创意等高端服务业，努力促进人与自然的和谐共融，实现生态效益与经济效益的互利双赢。积极推进绿色建筑、绿色交通和绿色行政，创建生态、高效、安全的城市环境，为全面推进生态文明建设奠定坚实基础。

（6）必备要素：地域文化的品牌化。文化是城市建设发展的魂魄，是凝聚人、吸引人的重要载体，也是提升城市软实力和独特魅力的有效催化剂。城市文化品牌的确立要充分尊重历史沿革与时代要求，充分发挥全体人民的聪明智慧。城市文化也不能仅停留在理念和口号层面，而应体现在城市建设发展的各个方面和细节，大到城市发展战略定位和总体规划的制定，小到基础设施、一砖一瓦的技术标准和风格样式。注重城市文化的挖掘和培育，有力促进形成独特的、富有魅力的城市品牌和地域标识，迅速提高城市的知名度，促进消除“千城一面”的痼疾。与此同时，进一步提高文化开放水平，积极培育文化产业，也可以让文化产生实实在在的经济效益，为城镇化健康发展提供新的动力。

3. 新型城镇化的意义[①]

中国正在进行的新型城镇化，是国家现代化的必然要求，不但是解决已经进城的几亿农民工及其家属享受公平待遇问题，而且对于扩大消费、拉动经济增长具有重要的现实意义，更是对世界历史有影响的大事。

（1）影响世界的重大意义

诺贝尔经济学奖得主、美国经济学家约瑟夫·斯蒂格利茨曾说，21 世纪初期对世界影响最大的两件事，一个是新技术革命，另一个是中国的城市化。中国这场预计未来 20 年内由 3 亿农民移居城市的新型城镇化带来的变革，将为中国转向以消费为主导的经济增长、提振世界需求释放巨大动能。

对世界的重大意义主要体现在三方面：一是我国的城镇化能够使地球上十几亿人迈入现代化行列，这本身就是对人类历史发展的巨大贡献；二是中国坚持走新型城市化道路，为发展中国家的发展提供了可以借鉴的经验；三是中国新型城市化道路中创造的一系列发展理论和发展理念是对人类发展理论的新贡献。

（2）对我国发展的重大意义

新型城镇化是我国现代化建设进程中的大战略和历史性任务，是扩大内需的长期动力和推动我国经济持续健康发展的“火车头”，是我国全面建成小康社会和从经济大国向经济强国迈进的“王牌”引擎。努力推进具有中国特色的新型城镇化道路，将为我国赢得比较优势和后发优势发挥的巨大空间。要看到，在十几亿人口的大国推进城镇化，进而实现现代化，在人类历史上没有先例可循。有序引导这个宏伟进程，也是对我们党执政能力和政府行政能力的重大考验。我们必须按照科学发展观的要求，从基本国情出发，借鉴国际经验，稳步推进这一历史进程。

对我国的重大意义主要体现在九方面：一是推进新型城镇化是顺应世界各国实现现代化的普遍规律，加快实现我国现代化的理性选择；二是推进新型城镇化是自觉遵循城镇化发展规律，建设经济强国的必之路；三是新型城镇化将成为国家经济发展的新动力；四是新型城镇化有助于推动国民经济健康持续发展，跨越中等收入陷阱；五是新型城镇化是统筹城乡发展、消除城乡社会经济“二元结构”的根本出路；六是以推进新型城镇化带动区域协调发展；七是新型城镇化是扩大内需、转变经济发展方式的重要条件；八是推进新型城镇化既是

---

① 杜志弘 . 建设城镇化的重大意义［EB/OL］. http：//www.pincai.com/group/683444.htm，2016-01-29.

解决城镇化自身问题的基本途径，也是解决经济社会问题的重要出路；九是城市基础设施建设是经济发展的重要增长点。

（3）对青海的重要意义

对于青海省来说，目前已经到了不仅需要快速提升城市水平的阶段，而且到了城乡协调发展的阶段。新型城镇化对青海的重要意义体现以下几个方面：

①与全国同步实现小康社会的突破口

青海全面建设小康社会面临9大难点：一是经济总量偏小，增长速度较慢；二是基础设施条件较差，产业结构层次较低；三是“三农”问题依然严峻，农村实现小康的难度很大；四是地区间差距明显，发展极不平衡；五是科技投入不足，自主创新能力较弱；六是科教兴青战略实施有待加强，教育整体水平相对落后；七是卫生事业发展相对滞后；八是生态环境保护任务较重；九是社会保障和民主法制建设有待进一步加强。要解决上述9大难题，突破口就在于实施城镇化，通过城镇化带动面临问题的解决。

②青海省跨越发展的必然选择

为缩短与国内发达地区的差别，青海省委省政府制定了跨越式发展的战略，推动青海省向经济文化强省进步需要城镇化的崛起和领先。

③城乡统筹发展、消除二元结构的唯一正确道路

青海是全国31个省市区中经济二元结构最严重的省份，其中城乡居民收入差距长期稳定在3.3~4.2这一区间，而国际上通常把2.5∶1作为城乡居民收入差距的警戒线。根据国际上的经验，解决城乡二元结构的唯一正确道路，只能是允许和鼓励生产要素在城乡之间自由流动。欧洲、北美的城市化过程中，没有发生特别严重的二元结构问题，最主要的原因，就是生产要素一直能够在城乡之间双向自由流动。我们要缩小城乡差别，提高城镇化质量，也必须加快建立健全城乡统一的要素市场，积极推动人口和资金、技术、知识、管理等生产要素双向流动。要继续加大工作力度，促进农村富余劳动力到城镇工作和生活，加快农业转移人口市民化进程，关键是要解决好就业和权益保障问题。同时，要吸引更多城市要素参与农业农村发展，鼓励有知识、有资本、有愿望的人到农村去发展现代农业，搞专业化经营。

④打赢扶贫攻坚战、接受异地搬迁移民的首选场所

城镇郊区之所以成为接收易地搬迁扶贫开发的最好场所，主要在于其环境优于农场和偏僻农村：一是可以享受到城镇文明。例如青年人可以利用节假

日、晚上等休闲时间去城镇娱乐场所、商场购物，乃至与城镇社会交往；二是孩子就学方便。调查发现，很多移民家庭把子女是否能够方便就学放在家庭决策的非常重要的位置上。他们曾说，我们的上辈和我们自己这一代因贫穷，受教育少，没有出息，但我们不能让我们的下一代也上不起学。三是就医方便。调查中发现，几乎所有的贫穷农民家都曾出现过就不起医而导致的家庭成员死亡，在迁出地“上江湖庸医当”等悲剧。四是交通方便。几乎所有的易地搬迁农户在老家都有未搬迁的亲戚朋友，如遇探望，在城镇郊区当然方便。五是城镇存在着一些打工赚钱的机会与岗位，一旦碰上就可以及时抓住。六是城镇及其郊区信息传播畅通及时，有利于移民农户了解与学习党和政府的方针政策，接受农业科技知识，掌握市场贸易行情。七是城镇及其郊区党政机关、企事业单位多，各种人员流动大，移民农户觉得有安全感。例如，城镇较少出现像偏僻农村中横行乡里、欺压百姓的“乡霸”“村鬼”，农户受到了委屈、打击有地方申诉控告，等等。

就一个国家、区域国民经济发展的历史来看，农村城市化、农业工业化、农民城镇居民化是一条不以人们意志为转移的发展规律。随着经济的发达，农业逐步现代化，劳动生产率不断提高，农业所需要的劳动力越来越少，将使越来越多的农民转为工人、城镇居民、第三产业人员。因此，人们常常以城镇化率来判断一个国家或区域的现代化水平。所谓城镇化率，一个重要指标就是非农业人口站全体人口的比重，比重越小城镇化率越高，反之则城镇化率越低。现行的把丧失生存条件需要易地搬迁的贫困农户搬迁到偏远农村的做法，如果不是实在出于无奈，无城镇或农场可以接收，那么，就是有点违背人类社会发展规律之嫌。

把贫困农户往偏僻农村搬迁，不主张、不允许、不鼓励他们搬迁到城镇或郊区，这不但违背人类社会发展的规律，也是一大不公平，是封建等级制的余毒。

总之，走新型城镇化道路，有利于和谐社会建设，有利于城乡共同发展，有利于扩大内需，有利于促进可持续发展，有利于形成各具特色的城镇体系。

2.2 国外新型城镇化主要模式

城镇化发展的模式与世界各国的经济与政治状况等密切相连。按照市场机制和政府在城镇化发展过程的作用，可以将国外城镇化发展的模式概括为三种：一是以西欧国家为代表的政府调控下的市场主导型的城镇化模式；二是以美国为代表的完全以市场为主导的城镇化模式；三是以拉美、非洲等国家为代表的受殖民地经济制约的城镇化模式。

2.2.1 以西欧国家为代表的政府调控与市场主导并重的城镇化模式

在城镇化的发展过程中，以英国、德国等为代表的西欧国家，充分发挥市场机制的主导作用，同时也注意发挥政府的宏观调控作用。这种模式主张，城镇化的发展应以市场为主导实现城镇经济的产业化发展，实现城镇社区的建设以及社会公共服务及基础设施配套建设。同时，在城镇市场化发展的过程中，在土地、住房、交通、环境等方面遇到的一些问题，政府应通过一定的行政和法律手段进行适当的宏观调控，对城镇化的健康发展加以有效地引导。比如，英国政府通过颁布相关的法律法规来引导城镇化的规范发展。二战后伦敦工业经济的快速发展，城市不断地向外围扩展，这给农业用地带来了巨大的压力。在此背景下，伦敦政府颁布了“绿带开发限制法案”，政府通过收购土地作“绿化隔离带”的方式，引导城市建设用地的规范开发。同时，英国政府专门成立城乡规划部，避免了因城镇的迅速扩张而给经济、社会和环境带来的损害，形成了城镇化与社会各方面协调发展的局面。①

2.2.2 以美国为代表的以市场为主导的低密度蔓延式的城镇化模式

在城镇化的发展进程中，美国强调城镇的发展应完全由市场主导和调节，政府应较少进行行政干预或调控。这种模式下，城镇化发展的主要动力是市场的需求，城镇的兴起是市场经济发展的选择。二战后，美国市场经济的快速发展和对西部地区的开发推动了城镇化的迅速扩张，美国的城镇化率在 20 世纪 70 年代就已超过 70%。然而，这种完全市场化的城镇化发展模式给社会带来了一系列的问题。由于政府没有及时对快速发展的城镇化加以有效的引导，造成城镇化发展的自由放任的发展态势，并为此付出了高昂的代价。突出表现是过度郊区化，城市不断向外低密度蔓延，城镇建设无序，土地资源浪费严重，生态环境破坏严重，空间和社会性结构问题也日益突出。②

---

① 骆江玲．国内外城镇化模式及其启示——以江西省鄱阳县为例［J］．世界农业，2012（6）：75–79.

② 杨仪青．新型城镇化发展的国外经验和模式及中国的路径选择［J］．农业现代化研究，2013，（4）：385–389.

2.2.3 以日本为代表的改革、战争带来的机遇城镇化模式

日本城镇化开始于 1868 年，在发达国家行列中起步最晚，其城镇化有历史偶然性。第二次世界大战结束以后，日本仅仅利用短短的 30 年时间就变为世界第二大经济强国。其间，日本城镇化进程也大大加快，仅仅只花了半个世纪就完成了美欧发达国家一个世纪才完成的城镇化进程。

日本的城镇化过程基本上可以划分为四个阶段。第一阶段，初步城镇化阶段。明治维新前日本是一个农业国家，当时第一产业就业人数占就业总人数的 87.9%。明治维新后逐步走上了资本主义发展道路，开始了工业化和城镇化进程。第二阶段，城镇化倒退阶段。第二次世界大战后初期，由于海外回归、城市疏散人员及复员军人返乡，导致农村人口急剧增加，城镇化率从 1940 年的 37.7% 降低到 1947 年的 33.1%。但是，城镇数量还在继续增加。战后日本在美国主导下发展经济，民族主义退出历史舞台，采取了美国式民主和权利结构分散的模式。第三阶段，城镇化爆发阶段。1950 年朝鲜战争爆发，由于战争需要，美国从日本采购大量物资，刺激日本工业迅速发展，经济得以从第二次世界大战的破坏中恢复。人口再次涌入城市，东京、大阪和名古屋这几个大都市区域在 1960—1970 年间的城镇化率以年均 2.51% 的速度增长。1970 年日本成长为世界第三经济强国，城镇化率达到 72.2%。1980 年日本城镇化率达到 76.2%，成为高度城镇化的国家。第四阶段，城镇化完善阶段。1970 年以后，日本大量工业企业向城市周边的农地地区或海外转移，城市人口的吸纳能力减弱，城镇化速度趋缓。同时，由于交通条件的改善，人口从过度拥挤的三大都市（东京、大阪和名古屋）向周边地区转移，造成城市不断向外蔓延。城市间的空白地带为新兴市镇填补，形成了以大城市为核心的都市圈。都市圈的半径不断扩大，城市与乡村的界限越来越模糊，最终形成了太平洋沿岸大都市带。

日本城镇化的高速发展，除了世界经济增长与产业革命的大背景之外，也有其作为美国重要东亚军事补给与安防盟国的历史偶然性。这种偶然性为日本提供了经济支持和安全保障，让日本可以腾出手脚，专心发展。此外，日本在战后的城镇化借助了国家与私人铁道公司的联合力量，二者通过招标契约的管理方式，规划开发了一系列由现代轨道交通连接的、分散式功能区组成的、珍珠项链式现代城市群，是现代城镇化建设模式的典范。这一点值得中国等发展

中国家学习[①]。

2.2.4 以拉美、非洲等国家为代表的缺乏产业支撑的城镇化模式

在历史上，拉美、非洲等一些国家长期以来受到西方国家的殖民统治。在此背景下，拉美、非洲等国家的城镇化表现出一定的独特性。以外来资本为主导的工业化发展中，大量的农村居民向城镇集中，带动了国家的城镇化发展进程。例如，二次世界大战后，拉美国家的城镇化获得快速发展。1950 年世界各国平均的城镇化率是 28.8%，拉美国家城镇化率 41.4%，世界排名第四。在 20 世纪 80 年代初，拉美国家的城镇化水平已经居发展中国家之首，镇化率达到 64%，到 2012 年城镇化率高达 80%。城镇化水平与西方国家接近，而其工业经济却远远赶不上西方国家的发展速度，因此，这些国家的城镇化属于典型“过度城镇化”，城镇化的发展水平远远超过了经济发展的水平。[②]一方面，在城镇化的发展中，政府没有进行有效的宏观调控，没有有效利用外来资本发展自身的民族工业，城市产业经济发展低迷；另一方面，这些国家注重利用外来资本发展工业经济，忽视了农业经济的同步发展，城乡差距加大，使得大量农村人口向大城镇流动，导致“大城镇病”，城镇在居住、交通、环境等方面出现一系列的问题。比如，拉美地区的墨西哥城，在 2012 年城市面积约 2018 平方千米，而其人口高达 2000 万。但是，城市在住房和医疗卫生、交通、水电等基础设施和服务上没有跟上，使得墨西哥城出现大量的“贫民窟”，城镇化混乱，社会不稳定因素增加。[③]

2.2.5 发达国家城镇化历程的启示

英、美、日等发达国家在国际城镇化的进程中走在前列，为我们提供了经验启示。概括起来，主要有以下五个方面：

第一，农业生产效率提升是城镇化的必要前提。农业是人类社会存在和发展的基础，农业生产的发展进步是城镇化的前提条件。农业大发展为工业化和城镇化提供了资金积累、原材料、广阔的市场以及大量的劳动力，没有农业生

① 吴志强. 四川新型城镇化实施路径样本研究［M］. 北京：中国经济出版社，2015: 20.

② 郭小燕. 世界“新型”城镇化趋势及其对中原经济区新型城镇化的启示［J］. 小城镇建设，2011（2）: 35-38.

③ 杨仪青. 新型城镇化发展的国外经验和模式及中国的路径选择［J］. 农业现代化研究，2013（4）: 385-389.

产效率的大幅提高，工业化和城镇化就不可能发生。

第二，工业发展和现代产业集群是城镇化的重要支撑。城镇化与工业化、工业化与产业集群之间都存在着密切的联系，城镇化、工业化都是以系统化的专业分工及其形成的产业集群作为基础和支撑的。

第三，市场化运作是城镇化发展的重要手段。市场化是推动欧美发达国家经济发展、制度变革的最主要动力，从各国城镇化的经验看，市场主导下的城镇化进程是最有效率的城镇化方式。市场制度可以为城镇化提供激励机制、诱因和有效的制度框架，保证城镇化所需的劳动力、土地、资本等要素高效合理流动，城乡资源要素得到合理配置。

第四，大中小城市和小城镇协调发展才是效率路径。各种规模的城市均存在优势和不足，不同规模的城市在区域中的功能不同。大城市具有较高的效益，是一定范围的政治、经济、文化中心。中等城市机动灵活，兼容性强，往往是区域分工体系的枢纽。小城市则配合大中城市的功能承接大中城市在区域经济中的辖射作用，能够快速实现人口非农化和农村的城镇化。因此，城镇化发展要注意大中小城市和小城镇协调发展，形成合理的城市体系、完善的城市结构。

第五，要积极发挥政府的有效调控作用。市场机制是资源配置的有效方式，市场化主导下的城镇化进程具有较高的效率。但是自发的市场机制具有内在的缺陷，主要表现为自发性、盲目性、滞后性，以及导致的经济波动和偏离社会公平的趋向，因此，市场机制不能很好地解决城镇化过程中城市管理、环境保护和社会公平等问题。正是市场经济中客观存在的市场失效，引出了政府干预经济社会生活的理由，这就要求政府介入，并承担起应尽的职责。

除上述经验外，城镇化发展的早期也有很多教训。首先，牺牲农民利益为代价。翻开世界城镇化发展的历史，多是建立在资本雇佣劳动基础上，是以农业、农村和农民利益的牺牲为前提，与城市规模的扩大和繁荣相伴随的是农业衰败、农村调零和农民贫困。其次，掠夺和消耗世界资源和生态。城镇化发展需要大量的资源和资本聚集，需要巨大的资源支撑，承担巨大的社会成本。因此城镇化的过程，也往往表现为财富的向城市转移的过程，表现为大量的集中的资源消耗和成本支付。再次，城镇化发展起步阶段城市疫病盛行。欧洲诸如英国等发达国家在城镇化早期由于基础设施缺乏，带来严重的环境污染问题，导致流行疫病流行。最后，城镇化加速社会阶层分化与矛盾。城镇化进程中城镇居民贫富差距急剧扩大，贫富分化明显，许多城市存在贫民窟问题，极易发生社会骚乱和出现城市危机。之所以产生这些弊端，除了城镇化进程中人口快速聚集与增加导致的局部问题迅速放大外，环境污染、疫病流行、种族与阶级矛盾激化等，主要在于忽视了城镇发展政策的连续性和一致性。如今很多国家城镇存在的经济、社会、交通、能源、环境等问题几乎都与当时的城镇发展策略失误有关[①]。

2.3 国内新型城镇化主要模式

我国新型城镇化模型有很多，本文主要对以下三种模型进行详细阐述。一是以上海张江发展为模式的科技驱动型新型城镇化，二是以湖北武当山特区发展为模型的旅游驱动新型城镇化，三是以山东临沂发展为模式的商贸物流驱动型新型城镇化。

2.3.1 科技驱动型新型城镇化模式

1. 科技驱动型新型城镇化模式的概念

在城镇化建设进程中，科技创新以间接的方式，对城镇的基础设施建设、产业升级改造，以及城市社会的治理等方面产生积极作用。科技创新已经逐渐成了一些城市崛起的重要推动力，在我国已经出现一些以科技做支撑的新型城市。

科技驱动型新型城镇化模式是指以科技为支撑，驱动人口、产业、生态和管理等方面的城镇化，从而实现本地域的新型城镇化。具体而言，科技驱动型新型城镇化主要体现在四个方面，一是科技驱动人口城镇化，以“人才”为核心，促进高素质人才的培养和引进；二是科技驱动产业城镇化，发展高新技术，促进传统产业转型与升级。三是科技驱动生态城镇化，发展高新技术在环境治理产业转型方面的作用，促进集约节约、生态宜居的新型城镇化发展。四是科技驱动管理，城镇化将科技与政府管理相结合，促进政府管理系统的创新，从而提高政府管理水平。

科技创新驱动的新型城镇，需要具有以下几个共同特征，优美的生态环

---

① 吴志强.四川新型城镇化实施路径样本研究［M］.北京：中国经济出版社，2015: 21.

境，便利的交通条件与完善的基础设施，自由活跃的文化氛围，强大的科研条件，以及高效的技术转换与扩散机制。总之，科技创新驱动新型城镇是一个中高端人才的集聚，高技术企业结网成群，人地关系融洽的自然生态城镇。[①]

2. 科技驱动型新型城镇化模式的作用机制

科技驱动型新型城镇化的作用机制，主要通过对人口、产业、生态和管理产生作用，进而促进新型城镇化的发展。在此，将对科技驱动人口城镇化、科技驱动产业城镇化、科技驱动生态城镇化，以及科技驱动管理城镇化的作用机制，分别进行阐述。

科技驱动人口城镇化，表现在科技驱动新型城镇化非常重视发挥科学技术进步的推动作用、非常重视人口的城镇化，以及非常重视人口素质的提高。科技驱动人口城镇化应从三个方面着手，第一，人才导入与集聚。人才导入与集聚是科技驱动型城镇化形成与发展的重要外部条件。在全球化时代，国家竞争力在一定程度上，取决于知识经济、人才经济的发展水平。[②] 一方面要不断地引进人才，实施有效的人才引进政策，如通过大学的扩招，为我国科技驱动新型城镇化提供智力支持。另一方面要进一步促进官方、产业方、学界方，以及科研方，四者的有效结合，为培育高新技术企业提供重要的后盾支持。第二，人才成长与交流。人才的成长和交流，是不断深化科技驱动新型城镇化建设的重要推动力。科技人才也需要不断的成长，更新知识储存，同时也需要通过交流，来获得新观点、新知识。积极地营造知识信息流动和集聚的外部环境，开展各类活动来吸引高端人才的交流和集聚，打造一个科技资源丰富，知识水平高，信息传播速度快，学术交流与合作频繁的良好环境。第三，人才的培训与提升。人才的培训与提升是维持科技驱动新型城镇化建设的重要条件之一。近年来，我国高新技术科技人才队伍的发展壮大也反映了我国高新人才培养政策及措施的逐渐成熟，园区培训平台与社区人才培训政策等多样化教育形式为满足人才需求，起了非常重要的作用。[③]

科技驱动产业城镇化是指利用高新技术通过发展高新技术产业和改造传统产业推动城镇化的过程。随着时代发展，高新技术的区域经济发展的作用不断增强，科技驱动产业城镇化将为新型城镇化的重要方面。科技驱动产业城镇化

---

① 张昇平，曾刚，熊竞 . 科技驱动新型城镇化［M］. 北京：中国工人出版社，2014：3–4.

② 张珍花，查奇芬，王瑛 . 江苏省人才吸引力探讨［J］. 江苏大学学报（社会科学版），2002（4）：126–129.

③ 张昇平，曾刚，熊竞 . 科技驱动新型城镇化［M］. 北京：中国工人出版社，2014: 19–22.

的方式主要有两类，一是对原有产业传统产业的升级改造，建设高水平的规模经济，二是引进培育高新技术企业，打造现代农业、先进制造业和现代服务业。

科技驱动生态城镇化的作用机制主要表现在科技创新是推动生态城镇化的重要力量，通过对居民与生态环境的融合、城市生态服务价值的实现，以及对城镇环境污染的治理与防范三个方面产生作用。

科技驱动管理城镇化，是以政府管理系统建设为重点，以重视区域内外联系、加强多元文化融合为途径，由政府、大学、科技园、知识型社区、跨国公司相互促进，推动生活方式国际化和国际技术社区建设，实现全镇经济社会持续协调发展的城镇化，其具有合法性，透明性，责任性，回应性，以及有效性等基本特征。①

3. 上海张江科技驱动型新型城镇化模式分析

上海张江以高科技为驱动力，人才为核心、政策环境、服务环境和创新创业环境建设为手段，生态优先，注重文化建设，打造科技创新文明生态张江模式。上海张江以科技为驱动力，实现了新型城镇化的建设，其建设模式的成功，源于以下几个方面。

张江科技驱动新型城镇化的主要做法有：第一，以人才为核心，以政策环境，服务环境和创新创业环境建设为手段，积极吸引国内外的科技人才。第二，以高科技为驱动力，打造新型城镇化发展模式。第三，合理规划空间，促进新型城镇化的有序开发。第四，生态优先，促进和谐宜居，节约集约的新型城镇化发展。第五，注重地方区文化建设，塑造创新创业人文氛围，打造文化张江。第六，构建与高科技城区开发建设和发展相适应的管理体制运行机制，为科技驱动新型城镇化提供保障。② 上海张江科技驱动新型城镇化建设，通过科技直接驱动人才的城镇化、产业的城镇化、生态的城镇化，以及政府管理的城镇化等来间接作用，实现了张江新型城镇化的建设。

4. 科技驱动型城镇化经验启示

（1）制定科学规划，明确发展目标

制定科学规划，是推动发展科技驱动型城镇化的重要前提，其次明确发展目标，这对于科技驱动型的城镇化发展有着至关重要的作用。在科技驱动型城镇化的发展模式中，明确一致的目标定位是所有工作的前提和方向。科技驱

① 张昇平，曾刚，熊竞．科技驱动新型城镇化［M］．北京：中国工人出版社，2014: 24–34.

② 张昇平，曾刚，熊竞．科技驱动新型城镇化［M］．北京：中国工人出版社，2014: 96–119.

动型城镇化的目标定位主要分为两方面：一是宏观目标定位，即目标是经济发展、环境保护或者科技创新，或为以上三种目标的融合。世界著名高校日本筑波大学从建设伊始就明确了学校的总体规划目标，一是要建设以科学创新为主导的校园。二是对高新技术产业进行长期合理的规划，集中全校科研实力重点突破高新技术产业领域。

（2）制定相关法律，提供法律保障

制定相应的法律法规，为科技驱动型城镇化的建设发展提供外部法律法规保障，为长期的可持续投入提供法律支持，这不仅有利于科技驱动型城镇化的发展，而且可以打破传统的管理体制的束缚，实现体制的健康发展。

（3）形成良性循环，实现快速发展

注重吸引高精尖人才。建立完整的吸引奖励体制，注重引进公立大学、科研机构、海归人员等各方面的科技资源，为科技驱动型城镇化的建设提供科技人才，建立资源共享机制，促进城镇化建设中的资源共享，切实提升城镇化过程中的科学技术核心竞争力，及时解决城镇化过程中遇到的难题，以多核心、高精尖人才为基础，形成具有地域特点、能够攻克发展技术难题的人才团队，为城镇化的快速发展提供技术保障。

（4）应用前沿科技技术，提升交通体系利用率

积极吸引当地大学、科研机构、科技企业参与到科技驱动型城镇化建设中，积极主动地利用最新的科研成果，加快城市交通网络建设，形成快速、顺畅、环保的交通体系网络，为科技驱动型城镇化建设提供交通支持。

（5）保护农村地方特色，建设和谐郊区

切实保护城镇化推进过程中的古村落和农耕地区，形成和谐的科技驱动型城镇，要避免“贪大求洋”的城镇化弊端，将地方特色与当地生态环境有机结合起来，合理规划避免城市无序扩张和乱用耕地，规避高污染、低科技含量的工业项目，积极发展第三产业。

2.3.2 旅游驱动型新型城镇化模式

1. 旅游驱动型新型城镇化模式的概念

随着社会经济的高速发展，旅游逐渐成了高收入的社会支柱性产业，其快速发展不仅会带来经济的发展，还会对新型城镇化模式的发展，产生重大的影响。国内学者对旅游城镇化现象进行研究时，一般认为，旅游城镇化是以旅游

业为主导或支柱产业，带动旅游区非城镇人口向城镇转移和聚集，旅游城镇的数量不断增加，规模不断扩大，质量不断提高，城市在人们旅游生活中的作用逐渐增大的现象。从消费的角度来分析，旅游城镇化是指满足人们由传统的日用型消费向现代享乐型消费转移，提升城市功能的过程。这一过程明显区别于工业驱动城镇化，引发了一种新的城镇化模式。

旅游驱动新型城镇化模式是以人为核心，以旅游业的发展为主要载体，形成市场在资源配置中起决定性作用、政府和社会充分参与的作用机制，促进资源、资本、土地、人口四大要素的有机组合，实现经济建设、政治建设、文化建设、社会建设和生态文明建设“五位一体”的城镇化。①

2. 旅游驱动型新型城镇化模式的作用机制

旅游驱动新型城镇化，其本质以旅游为载体，更好的配置和组织资源、资本、土地、人才四大要素作用于城镇化的独特机制。这一优化要素配置的过程中，市场起了决定性作用，而政府、社会也通过深化改革、深度参与，有效地扭转了市场失灵，三方共同形成了有利于中国特色社会主义经济和新型城镇化的良性机制，进而实现经济建设、政治建设、社会建设、文化建设和生态文明建设“五位一体”的旅游驱动新型城镇化。旅游驱动新型城镇化，其中涉及的三方主体，即市场、政府、社会之间必须要形成良性机制，要求建立市场在资源配置中起决定性作用，政府和社会充分参与的作用机制。

市场在资源配置中起决定性作用，是指旅游驱动新型城镇化在建设过程中，市场在资源配置中的决定性作用，其具体表现在旅游业按照市场规律，优化整合资本、资源、土地和人才四大要素，进而推动新型城镇化全面协调可持续的发展。

深化政府职能转变，优化市场环境方面。传统城镇化是以政府为主导的城镇化，一方面，政府以低价从农民手中获得土地，以高价出让给投资商进行各类城市建设，利用土地的高溢价进行基础设施建设投资、园区开发、招商引资等，进一步吸引资本进入。另一方面，不同于一般的市场主体，政府还承担着行政管理和公共服务等职能。政府既是裁判员又是运动员，既管理市场，又参与经营，这种传统的城镇化中利益分配格局已形成一个自我循环、不断强化的链条。旅游驱动新型城镇化建设，需要对政府的职能进行合理的界定，在优化

① 刘锋，杨晓东，黄斌．旅游驱动新型城镇化［M］．北京：中国工人出版社，2014: 2–26.

资源配置中发挥其保障性、纠正性的作用，减少和回避可能出现的市场失灵，加强建设公开透明市场运行环境的法治保障。

鼓励社会力量参与，充分发挥自主性和创造性方面。传统城镇化“以地的谋发展”和“要地不要人”的模式，是造成社会矛盾的关键因素。在资源配置中，市场和政府都是强势的一方，社会力量如农民、市民及社会组织等缺乏参与权，而人民群众才是最具有创造力的群体。目前的旅游实践证明，社会力量在旅游发展和城镇建设中能发挥非常重要的作用，前提是要建立良好的运行机制。在旅游驱动新型城镇化中，这种运行机制主要表现在监督资本运营、参与资源保护、参与土地要素流动和补充人才四个方面。①

3. 湖北武当山特区旅游驱动型新型城镇化模式分析

湖北武当山特区以旅游为驱动，以“政府—市场—社会”互补共生的分工关系为核心，探索出“政—企—民”共赢的新型城镇化模式，逐步实现“以人为核心”的新型城镇化。与此同时，武当山特区旅游驱动新型城镇化进程中，通过创新型体制、文旅农一体、新移民融入、山水城联动、文化多元化等措施，探索了一条适合武当山特区发展的，涵盖体制机制改革、经济转型发展、社会保障完善、生态环境改善、文化保护传承的“五位一体”的旅游驱动新型城镇化实践路径。

创新型体制，旅游驱动体制机制改革方面。针对行政建制约束突出，事权财权不顺的困境，武当山特区以整合资源、简政放权为主线，构建权责清晰、运转高效、富有活力的创新型体制，形成高效的政府主体。一是事权下放、充分授权，对外理顺武当山特区与上级政府之间的事权关系；二是机构精简、党政合一，对内理顺特区各部门之间的职责关系分工；三是景政合一、景城合一、理顺地方行政与景区发展、景区发展与社区融入两大关系。

文旅农一体，旅游驱动经济转型发展方面。武当山特区以旅游为引擎、以农业为基础，最终达到与产业融合的目标，构建内在协调均衡的综合经济体系。首先，以旅游业为核心，构建区域经济体系。建设国际一流的旅游体验目的地；推动门票经济向产业经济转变；推动资源优势，向品牌优势转变；推动景区管理，向区域运营转变。其次是以现代农业为抓手，推动富民增收。积极推进旅游观光农业发展；扎实推进农业产业化，培育一批农业现代化龙头企

---

① 刘锋，杨晓东，黄斌．旅游驱动新型城镇化［M］．北京：中国工人出版社，2014：27-37.

业；积极发挥集体经济组织作用，实现共同富裕。最后是以龙头企业为引领，推动区域综合开发。以实现区域综合价值为根本目标，旅游开发与民生服务相结合，旅游开发与生态文明相结合。

新移民融入，旅游驱动社会保障完善方面。武当山特区通过货币补偿安置向社会保险安置转变，耕地安置向岗位安置转变，生产资料补偿向人力资本补偿转变，居住安置点向综合功能性安置点转变，实现了移民“搬得出，稳得住，能致富”的旅游驱动新型城镇化建设。

山水城联动，旅游驱动生态环境改善方面。武当山特区按照，“城区、景区、社区融合，山、水、城联动”的总体思路，促进“山水一体、城乡一体、区域一体、农旅一体”的城镇化战略。

文化多元化，旅游驱动文化保护传承方面。武当山特区以文化为灵魂，以文化显个性，以文化建品牌，以文化和拓市场，从而推动区域发展，实现新型城镇化的建设。①

4. 旅游驱动型新型城镇化的经验启示

第一，利用旅游促使农业转型升级，促进旅游与农业的融合。在传统的农业生产中渗透旅游服务的内容。改变了农业的生产目的、产出模式、产品价值和消费对象，创造出诸如观光农业、休闲农业等新的业态。各个国家都注重利用旅游促使农、转型升级：日本从1962年开始发展观光农业园等项目；韩国1984年把发展农业旅游作为振兴农村经济、提供农民收入的战略计划推进；新加坡从20世纪80年代开始建设50个具备旅游和销售农产品双重功能的农业旅游农业旅游走廊。

第二，旅游与第二产业的融合。一是传统的旅游相关产业，如交通运输业、制造业、物流业、建筑业等。由于旅游市场的整合作用，这些产业将会进一步功能互补、互相带动，形成完备的、复杂的产业生态体系。尤其是市场需求日益增加的旅游纪念品、工艺品和相关设施设备（如游艇、体育用品等）的制造业，可以通过旅游业的发展得到极大地促进。二是近年来，围绕第二产业中的部分生产场所、工艺等形成新的旅游产品，产生了工业旅游、工业遗址遗迹旅游等新的旅游形式。20世纪50年代以来，西方国家工业旅游的规模和成熟度日渐提升。我国也在20世纪90年代中期出现了以长春第一汽车集团为代

---

① 刘锋，杨晓东，黄斌．旅游驱动新型城镇化［M］．北京：中国工人出版社，2014: 131-161.

表的工业旅游项目。2001 年国家旅游局正式启动了工农业旅游项目。

第三，旅游与第三产业融合，形成了复杂多样的业态。一方面，部分产业与旅游相融合，形成新的旅游资源。例如，文化产业、体育产业、医疗产业形成了文化旅游、体育旅游、医疗旅游等新形式。另一方面，部分产业服务于旅游活动，突破了旅游发展的瓶颈，进一步优化了旅游产品。例如，信息科技产业为发展智慧旅游创造了基础条件，实现了在线服务、旅游营销、旅游咨询等领域的突破；金融业创新旅游融资新方式，为旅游业发展提供资金支持，旅游保险业务日益完善。

2.3.3 商贸物流驱动型新型城镇化模式

1. 商贸物流驱动型新型城镇化模式的概念

商贸物流活动是社会再生产的一个重要环节，对于保障企业生产，服务人们生活，活跃城乡经济起着重要作用。作为劳动力密集型产业商贸物流具有产业关联性强，就业容量大，产业空间聚集特征，其发展壮大不仅直接推动区域产业结构升级，大规模吸纳农村劳动力实现城镇就业，而且可以通过促进本地制造业聚集，进而从根本上推动区域工业化和城镇化。因此，商贸物流是驱动新型城镇化的强大动力。商贸物流驱动型新型城镇化模式是指依靠商贸物流业的发展，带动区域工业化和城镇化，进而实现新型城镇化的过程。①

2. 商贸物流驱动型新型城镇化模式的作用机制

物流与新型城镇化之间的关系表现在，一方面包含物流对新型城镇化的驱动作用，通过带动效应、增长极效应和网络效应，物流发展有助于优化产业结构、拓展就业方式，从而进一步推动城乡统筹、产城互动、和谐发展的新型城镇化道路。另一方面，新型城镇化建设，也对物流发展具有促进作用。具体来说，新型城镇化建设为物流发展提供要素支撑，同时，城镇产业结构的转型，以及城镇消费结构的升级，可以促进物流需求结构的变化，进而诱导物流供给结构的优化，从而对物流发展产生促进作用。

商贸物流对新型城镇化的驱动作用，主要体现在四个方面。一是商贸物流成为某一地区的主导产业，大量吸纳农村剩余劳动力就业，直接促进区域产业结构和就业结构转型升级。二是商贸物流通过诱发和促进本地制造业集群，

---

① 潘维康，杨晓东，刘传玉．商贸物流驱动新型城镇化［M］．北京：中国工人出版社，2014: 1–4.

间接推动区域产业结构和就业结构非农化转变，促进农村剩余劳动力向城镇转移。三是商贸物流通过集群发展，例如通过物流中心和物流园区物流网络节点，成为地区大小不一的增长极，通过极化作用和扩散作用，推动周边区域城镇化。四是由物流节点和物流路线构成的区域性物流网络，形成地区发展的"点—轴"开发效应和网络开发效应。①

3. 山东临沂商贸物流驱动型新型城镇化模式分析

临沂商贸物流驱动新型城镇化，在推动产业结构升级和产业空间布局不断优化的过程中，临沂坚持规划先行，城乡统筹，以人为本，和谐发展，实现了产业发展与新型城镇化的良性互动。其主要作用机制，在于以下几个方面。

第一，兴商建市，以市兴城方面。地摊市场率先萌芽，催生"西郊大棚"。自由竞争，社区争先创办专业市场。因势利导，适时推动专业市场改造升级。第二，依托商贸市场，打造物流之都方面。分工深化依托专业市场发展货运配载市场。科学规划，引导传统货运市场向现代物流园区转变。政策跟进营造物流业发展良好环境。重点突破，提升骨干物流企业核心竞争力。优化升级，推动现代物流信息化建设。第三，依商兴工，夯实城镇产业支撑方面。依托商贸市场，拉动本地制造业集群发展。借助物流网络，提升区域新型工业化水平。利用地缘优势对接岚山港，发展临港工业。第四，四级联动，全面推进城乡一体化方面。依托商贸物流产业，做大"中心城市"。发挥县城的承上启下作用，构建"泛城市圈"。推进特色产业发展，构建小城市增长极。发展农副产品物流，建设农村关联产业园区，实现城乡一体化发展。第五，宜商宜居，建设生态文明城市方面。抓水城建商城，做到城市宜居环境与创业平台俱佳。加快造林绿化步伐，打造绿色家园。开展城乡环境综合整治，优化人居环境。以城市综合开发带动城市布局优化，建设宜居城市。②

4. 物流驱动型新型城镇化经验启示

（1）临港产业的规划建设应具有前瞻性

促进临港产业发展的政策措施包括对临港产业及其公共基础设施建设的规划。尤其是基建的规划应具有较强的前瞻性。以扩大临港陆域面积、完善周边集疏运条件为基础，合理、科学地规划某种工业相应的工业区，吸引投资并形成地理集聚，同时根据港口运量增长的需要，分阶段规划码头、库场的建设，

① 潘维康，杨晓东，刘传玉．商贸物流驱动新型城镇化［M］．北京：中国工人出版社，2014: 55-60.

② 潘维康，杨晓东，刘传玉．商贸物流驱动新型城镇化［M］．北京：中国工人出版社，2014: 108-152.

以适应临港产业的发展要求。在规划港口生产设施的同时，注重港口其他功能（商贸、娱乐等）设施的规划，根据城市规划目标适当划分一些旅游区等，使港口与城市的发展得以更紧密地融合。

（2）不同发展阶段采取不同的政策措施

临港产业的发展是一个长期的、持续的过程。发展初期政府的规划、引导作用十分重要，而发展成熟后政府的规范、辅助作用则更为明显，不同的政府作用需要采取不同的政策措施，需要区别对待。例如，横滨针对临港产业发展的不同阶段规划了不同的产业结构调整方向，对不同的主导产业采取了不同的促进措施，也需要政府参与分配才能集中发展。战后初期，资源严重匮乏，临港产业尤其是在主导产业为市场机制不容易起作用的原材料工业时，更是采取了物资配给制度和资金融通等手段；而到了六七十年代，横滨临港产业结构向技术密集产业转型，政府则主要采取了政府贷款、补贴、特别折旧、免征设备进口关税以及鼓励技术引进等扶植引导手段。因此，临港产业的政策措施必须同其发展阶段相对应，政府和市场两种力量协调管理，不同对象采取不同手段，才能促进临港产业的发展。

（3）丰富物流投资主体，优化管理机制

日本横滨市通过管理体制创新将政府、私营企业、金融等各类资源在物流产业体系中的角色和作用进行了合理分配，在减轻政府负担的同时，也增强了企业和市场的活力，促进了物流要素资源的集聚。这其中，相应的法规、机制性保障是重要环节。从国内一些物流驱动型的城镇化建设案例来看，物流产业的活力还较大程度地受制于资金和基础设施的约束，政府能否在合理规划的基础上帮助产业寻找有效的投资收益机制，在一定程度上也取决于政府能否有效借助市场的力量来发展物流基础设施。国内相关城市或地区可在对此借鉴的基础上加以创新，组建各类投资主体，破解物流基础设施建设的资本规模、公共品投资管理瓶颈。

（4）完善社会配套设施，促进城市发展

城镇化有自身发展的规律性，配套产业的建设是城镇化建设的重要组成部分。配套产业的建设包括配套设施的规划配置和管理经营两大部分。配套产业是指在城市生活区内，主要为满足本地居民日常生活所需的各类公共设施和建筑。配套产业是城市居民生活环境的物质基础。配套产业的经营管理是城市配套产业正常运转、为城市居民提供优质服务，发挥配套产业最大效益的重要手段。因此配套建设是城市建设的一项重要内容。

配套建设承担城市居民的生活服务任务。城市配套设施的设置数量、服务内容及设施建设水平可以体现一个城市的科技、文化和社会化程度，也体现了城市居民的物质和精神生活水平[①]。

① 潘维康，杨晓东，刘传玉 . 商贸物流驱动新型城镇化［M］. 厉以宁，艾丰，石军，主编 . 北京：中国工人出版社，2014: 198.

第 3 章　青海城镇化建设的发展历史和趋势

历史是现实的镜鉴，回顾青海城镇化的发展历史，对青海城镇化的特点和发展轨迹进行分析，对顺利推进城镇化具有重要的借鉴作用。青海城镇化起步较早，经历了漫漫数千年的发展，在其发展过程中表现出明显的阶段性特征：古代青海获得发展的城市一般是作为行政中心的政治性城市，政治职能明确；而在近代百余年的发展中，青海城镇化基本处于低水平的徘徊状态；新中国成立给青海城镇化带来了新的发展机遇，但是受到国家不同时期政策性的影响，其发展跌宕起伏；直到改革开放以后，青海城镇化才得以持续发展，尤其是西部大开发战略的实施，为城镇化的发展带来了新的契机，注入了新的动力，极大地促进了城镇化进程的推进。纵观历史，在青海城镇化发展过程中，政府对其的主导性特征突出，往往对其发展方向和发展速度具有决定性的影响。

3.1 历史时期的缓慢发展①

青海省的城镇化发展，源于西汉东部河湟谷地的农业地区，基本上与中央政权在内地的城镇化同步发展，而海西、海南、海北等地区由于海拔、民族等相关因素，呈现出一些不同的特点。依时代分述如下：

汉代

汉武帝元鼎六年（公元前 111 年），西汉军队进击河湟羌人，西逐诸羌，初置护羌校尉，校尉营初设于令居塞（今甘肃永登县境）。神爵初，西汉在青海东部河湟地区设置了临羌（治今湟源县境）、破羌（治今乐都县境）、河关（治今贵德县河阴一带，一说在积石关一带）、安夷（治今平安县平安镇）、允吾（治今民和回族土族自治县境）等县，金城郡遂由 6 县扩大为 13 县，郡治由金城西移至允吾，青海东部始纳入中原封建王朝的郡县体系之中。神爵初，赵

① 资料来源：青海省人民政府门户网站中关于《青海发展史》的介绍。

充国平羌后，汉置金城属国都尉，安置刚刚降服的羌人。

汉平帝元始四年（公元 4 年），王莽遣官诱使卑禾羌献鲜水海（青海湖）等地，在其地设西海郡（治龙夷，今海晏县三角城），下辖 5 县。

东汉初，恢复了西汉在河湟地区的行政建制，原金城郡所辖黄河以南河关等 3 县划归陇西郡，金城郡遂由 13 县改为 10 县。光武帝建武九年（公元 33 年），恢复护羌校尉。和帝永元十四年（公元 102 年），设金城西部都尉，驻龙耆（今海晏县三角城）。献帝建安中，东汉为加强对湟水流域的控制，析金城郡置西平郡（治西都县，今西宁市），领西都、破羌、临羌、安夷 4 县。

魏晋

三国时魏沿袭汉制，设西平郡，辖西都、破羌、临羌、安夷 4 县。魏文帝黄初三年（公元 222 年），凭依西平亭故城（位于今西宁市），增筑南、西、北三面城墙，建西平郡城。魏金城郡（治榆中）下属白土、浩门 2 县辖今民和回族土族自治县部分地区。

西晋在今青海东部地区设西平郡（治西都县，今西宁市），辖西都、临羌（治所在魏晋时由故城移至今湟中县多巴塌城）、长宁（治今大通回族土族自治县长宁堡一带）、安夷 4 县。地跨今甘、青两省的金城郡所辖白土、浩门 2 县仍同魏制。西晋设护羌校尉，校尉营驻姑臧（今甘肃武威），管理陇西、河西等羌人事务。

十六国时，地方政权相互混战角逐，建制变化较大，分列如下：

前凉，在今青海湟水流域仍设西平郡，辖西都、临羌、长宁、安夷 4 县。金城郡下属白土、允吾 2 县辖今民和回族土族自治县部分地区。新置晋兴郡领 9 县，其中晋兴、左南 2 县在黄河以北，袍罕等 7 县在黄河以南。后分置湟河郡，约辖今化隆回族自治县及其以西地区。

前秦，沿置西平郡、金城郡和晋兴郡，辖地同前凉。

后凉，沿置西平郡、晋兴郡、湟河郡，辖地同前凉。仍设金城郡（治允吾县），领 6 县，其中允吾、浩门 2 县辖今青海乐都、民和等部分地区。新置乐都郡（治今乐都县）、三河郡（治今民和官厅）、浇河郡（治今贵德河阴）。

南凉，沿置西平郡、金城郡、晋兴郡、湟河郡、乐都郡、三河郡、浇河郡，辖地同后凉。南凉新置邯川护军（驻今化隆回族自治县甘都地区）。

西秦，沿置西平郡、金城郡、晋兴郡、湟河郡、乐都郡、三河郡，辖地同南凉。

北凉，沿置西平郡、金城郡、湟河郡、乐都郡，辖地同西秦。设浇河郡（治浇河城，今贵德县河阴镇）。新置湟川郡，辖今化隆回族自治县西部和贵德黄河以北地区。

南北朝

北魏太武帝太延五年（公元439年），置鄯善镇（治今西宁市），辖西平、洮河2郡。西平郡辖青海湟水流域，领西都、乐都（治今乐都县碾伯）、金城（亦称北金城，治今民和古鄯北古城）、浩门4县；洮河郡辖青海黄河流域，领石城（治今化隆回族自治县群科一带）、广威（治今化隆回族自治县甘都地区）2县。鄯善镇与西平郡同治于西都县。

孝明帝孝昌二年（公元526年），北魏改鄯善镇为鄯州。孝昌以后，西都县及其以西地区被吐谷浑占领，鄯州始移治乐都县，改乐都县为西都县。

西魏设鄯州（治今乐都县碾伯），辖西平、湟河2郡。西平郡领西都（郡、县同治今乐都县碾伯）、龙支（治今民和回族土族自治县古鄯北古城）、浩门3县；湟河郡辖青海黄河流域，领石城、广威2县，约在西魏末年2县合为化隆县（治今化隆回族自治县群科一带）。

北周初，沿西魏旧建制。武帝建德五年（公元576年），北周从吐谷浑手中夺回青海黄河以南失地后，今青海东部地区分属北周鄯、廓、河3州。鄯州（治今乐都县碾伯）辖乐都、湟河2郡。廓州（治浇河城，今贵德县河阴镇）辖洮河、达化2郡。河州所辖袍罕郡（州、郡同治今甘肃临夏）领4县，其中龙支县（治今民和回族土族自治县古鄯北古城）辖今青海民和部分地区。

吐谷浑，自吐谷浑孙叶延即位（公元329年）起，吐谷浑部落联盟就开始转入国家政权统治时期，其“建官多效中国”，初有长史、司马、将军，后有王、公、仆射、尚书、郎中等，形成了国家政权的统治机构。公元405年，吐谷浑七代孙树洛干立，保据莫贺川（今贵南县境）、赤水（今兴海县等地），称吐谷浑王，号戊寅可汗。公元452年，吐谷浑八代孙拾寅立，始邑伏罗川（约今都兰县地）。公元535年，吐谷浑十一代孙夸吕立，自号“可汗”，居伏俟城（今共和县石乃亥乡铁卜加古城）。吐谷浑的行政建制以地区和部落为单位，可汗直接统辖青海湖地区，其余各地则由可汗分封子弟或其他民族首领管理。吐谷浑有4大戍地，即清水川（约当今循化县境）、赤水、浇河（约当今贵德县境莫渠沟河）、吐屈真川（约当今青海湖西一带），“皆子弟所治”（《南齐书·河南传》）。

隋唐

隋文帝开皇三年（公元 583 年），在今青海东部设鄯、廓 2 州。鄯州治今乐都县，领湟水（治今乐都碾伯）、化隆（治今化隆群科）2 县，炀帝大业三年（公元 607 年）后改称西平郡；廓州治今贵德县，领河津（治今贵德河阴）、达化（治今尖扎康杨）2 县，大业三年后改称浇河郡。另外，河州（治今甘肃临夏）下属的龙支县（治今民和古鄯北古城）辖今青海民和部分地区。大业五年（公元 609 年），隋平定吐谷浑，在其地设西海、河源、鄯善、且末 4 郡。其中西海、河源 2 郡地在今青海境内。西海郡（治伏俟城，今共和县石乃亥乡铁卜加古城）领宣德（与郡同治）、威定（治今都兰县境）2 县，河源郡（治今兴海县夏塘古城）领赤水（与郡同治）、远化（治所约在今共和县境）2 县。

唐高祖武德二年（公元 619 年），在今青海湟水流域设鄯州，在今青海东部黄河流域设廓州。鄯州（治今乐都县碾伯）领湟水（与州同治）、鄯城（治今西宁市）、龙支（治今民和古鄯）3 县，玄宗天宝元年（公元 742 年）至肃宗至德二载（公元 757 年）改称西平郡；廓州（治今化隆回族自治县群科一带）领广威（与州同治）、达化（治今尖扎县康杨）、米川（治今化隆回族自治县甘都）3 县，玄宗天宝元年至肃宗至德二载改称宁塞郡。

宋金夏元

宋哲宗元符二年（1099 年），宋军占领湟水流域，改青唐为鄯州（治今西宁市），改邈川为湟州（治今民和县境），改宗哥城为龙支城（今乐都县境），改廓州为宁塞城（今化隆县群科一带）。徽宗崇宁二年（1103 年），宋军再次占领湟州。次年收复宁塞城，复为廓州，并改鄯州为西宁州（此为西宁地名之始）。宣和元年（1119 年），改湟州为乐州。

南宋绍兴元年、金太宗天会九年（1131 年），金兵占有西宁州、乐州、廓州、河州等地，并改积石军为州。西夏崇宗大德二年（1136 年），西夏夺占西宁州。次年，金将乐州、廓州、积石州等地割让给西夏。后西夏改积石州为祈安城。金又于河州境析置积石军，并于世宗大定二十二年（1182 年）升积石军为积石州。

元世祖至元（1264—1294 年）初年（一说 1253 年），设吐蕃等处宣慰使司都元帅府（治河州，今甘肃临夏市），隶宣政院，辖今青海大部分地区（西宁州因划为章吉驸马封地，不属宣政院）、甘肃西南部及四川北部等地。元初沿置西宁州（治今西宁市），并将宋、夏时的乐州、廓州并入西宁州，隶甘肃行省。至元初设贵德州（治今贵德河阴），隶吐蕃等处宣慰使司都元帅府；设积石州元帅府（治今循化积石镇，一说在甘肃大河家），隶陕西行省河州路，后改隶吐蕃等处宣慰使司都元帅府。元在今贵德以西海南、黄南等牧区设必里万户府，在今柴达木盆地西部设曲先答林元帅府。柴达木盆地西北部部分地区属甘肃行省沙州路辖。元朝在甘青地区还实行分封宗室诸王镇守地方的政策，实行省、州、府等管理和封王统治相结合的双重管理制度。

明清

明太祖洪武四年（1371 年），改元积石州为积石州千户所（治今循化积石镇，一说在甘肃大河家），隶河州卫。不久千户所废，地归归德守御千户所。以元必里万户府地改置必里千户所，于永乐元年（1403 年）升为必里卫，辖今海南、黄南部分地区。洪武六年（1373 年），改元西宁州为西宁卫，先后隶于陕西都指挥使司、陕西行都指挥使司，卫下设左、右、中、前、后、中左 6 千户所。同年，在今青、藏、川交界地区设朵甘卫，次年升为朵甘行都指挥使司，辖今玉树、果洛、黄南州部分地区。洪武八年，改元贵德州为归德守御千户所（治今贵德县河阴镇），隶陕西行都司。自洪武八年起，在今青海西部广大地区陆续设置安定、阿端、曲先、罕东 4 卫，史称“塞外四卫”，系羁縻卫所，由西宁卫兼辖。洪武十一年（1378 年），置庄浪分卫于今乐都碾伯，旋改为碾北卫。十九年废碾北卫，置西宁卫右千户所于碾北。宪宗成化年间（1465–1487 年）更其名为碾伯守御千户所，直隶于陕西行都司。武宗正德初复置西宁卫右千户所。

清世宗雍正二年（1724 年），改明西宁卫为西宁府（治西宁县，今西宁市），辖西宁、碾伯（治今乐都县碾伯镇）2 县和大通卫（治今门源回族自治县浩门镇）。以西宁通判驻扎盐池为捕盐通判，隶西宁府。次年，设钦差办理青海蒙古番子事务大臣（通称青海办事大臣或西宁办事大臣）。

民国

民国二年（1913 年），裁撤西宁府，设西宁、大通、碾伯、湟源（由丹噶尔厅改置）、贵德（由贵德厅改置）、巴戎（由巴燕戎格厅改置）、循化（由循化厅改置）等县。民国六年，增设都兰、玉树二理事，均隶属于甘肃省西宁道。民国十八年（1927 年）元月，从甘肃省析置青海省（治西宁县），辖原西宁道属 7 县 2 理事、厄鲁特蒙古和硕特部二十一旗、绰罗斯部二旗、土尔扈特部四旗、辉特部一旗、玉树二十五族、环海七族和果洛各族等。建省后相继设置一些新县和设治局，使行政建制逐步完善。民国十八年，改碾伯县为乐都县，改巴戎县为巴燕县（1931 年又改为化隆县），改玉树理事为玉树县，新设共和、同仁、门源县。

次年，改都兰理事为都兰县，新设民和、互助县。民国二十二年（1933 年），设囊谦县。民国二十四年（1935 年），设同德县。民国二十七年（1938 年），设称多县。民国三十二年（1943 年），设兴海、海晏县。民国三十五年（1946 年），将原西宁县改为湟中县（治鲁沙尔），改西宁城垣等地为省辖西宁市。建省后，省政府曾先后设置众多设治局，如祁连、星川、海晏、兴海、通新、香德、西乐、和顺、和兴、南屏、河沿、哈姜、白玉等设治局，有些设治局设立后不久即撤销，有些设立后又行归并，有些又升为县，至 1949 年还保留有祁连、星川等少数设治局。

3.2 新中国建立后的发展

青海省现代意义上的城镇化始于 1949 年新中国成立以后。新中国成立初期，青海省共有城镇 23 个（一市、一专区、两个设置局、19 个县），人口城镇化水平仅为 6.7%。此后，随着青海各项经济、社会事业的发展，特别是随着国家大中型项目的建设和地方政权的建立，形成了 1 个大城市、2 个小城市、37 个县城和一批资源开发和行政中心型城镇，城镇化水平逐步提高，城镇化进程不断加快。具体发展历程主要分为四个阶段：

1. 起步阶段（1950—1955 年）

随着行政建制的变动和地方政权的建立，国民经济恢复和第一个五年计划的实施，相应产生了一批以行政职能为主的小城镇，原有城镇也得到发展，人口城镇化水平稳步上升。1950 年青海省城镇人口约 10 万人，1955 年发展到 15 万人。人口城镇化水平由 6.7% 上升到 8.4%。同期西宁市的城市人口由 7 万人左右增加到 12 万人。这一时期有两点成功的经验，一是国家在经济建设中注意建设项目和资金使用的集中，二是生产力布局注意依托旧城，利用已有基础设施，如同期国家在青海布局建设了 6 项大中型建设项目，其中 5 项在西宁市。

2. 大起大落阶段（1956—1965 年）

受极“左”思潮和浮夸风的影响，城市发展出现一些失误，城镇化水平大起大落。先是由于大跃进，使城镇人口急剧增加，1959 年青海省共形成西宁、格尔木、冷湖、大柴旦 4 个设市城市，1960 年城镇人口达到 70 余万人，人口城镇化水平达到 28.2%，随着国家实行经济调整政策，加之三年自然灾害，城镇人口急剧下降，1961 年城镇人口下降到 51 万人，1962 年下降到 39 万人。设市城市降为西宁、格尔木两个，到 1965 年青海省只剩西宁一个设市城市，人口城市化水平降至 16.5%，比 1960 年下降了近 12 个百分点，同期西宁市城市人口由 27.8 万人增加到 30.7 万人，占青海省城镇人口的 81%。

3. 徘徊不前阶段（1966—1976 年）

这个时期处于三线建设和“文化大革命”动乱时期，城镇发展十分缓慢。青海人口城镇化水平从 16.5% 增加到 18.6%，十年仅增加了 2.1 个百分点。十年累计完成建设投资 2800 亿元，建成大中型项目数十个。国家从上海、山东、黑龙江迁来了机电、铝制品、服装等各类工厂，大量人员落户青海，从而带动了城镇建设。西宁市、格尔木市等城镇为了适应工业发展的需要，市政基础设施建设力度加大。同时，通信线路、输油管线等开始建设。这一时期依靠国家大中型项目的建设，为青海城镇发展的空间布局奠定了基础，在海东、海西、海南等地区，形成了一批资源开发型小城镇，西宁市也因大中型项目的建设，从上海、东北等地移民 30 余万人，城市人口从 30.7 万人增加到 51 万人，发展为大城市。

4. 快速发展阶段（1978 年以后）

改革开放以后，特别是在国家西部大开发战略的带动下，各地把小城镇建设作为推动地区经济和社会发展的战略任务来抓，使城镇建设进入了持续稳定发展阶段。城镇化进程明显加快，截至 2015 年，青海下辖西宁市、海东市 2 个地级市，玉树藏族自治州、海西州、海北州、海南州、黄南州、果洛州等 6 个民族自治州，27 个县，7 个民族自治县，3 个县级市，6 个市辖区，5 个行政委员会。基层行政单位有 369 个乡，34 个民族乡，36 个镇。其中，人口在 50 万以上的城市 1 个，人口在 5 万人以上的城镇 3 个，3 万—5 万的城镇 12 个，城镇总人口 199.2 万人，人口城镇化水平达 37.7%，城镇规划区面积 764.57 平方千米，建成区面积 243.3 平方千米，初步呈现出城镇规模加速扩大、功能益完善、辐射带动能力不断增强的良好局面，特别是东部地区城镇群已初具雏形。基础设施明显改善，1998 年至 2002 年底，全省城镇完成基础设施建设投资达到 59 亿元，2002 年末，全省城镇人均生活用水量达到 149 升，供水能力达到 139 万吨，城镇用水普及率达到 98% 以上，结束了“无水县”的历史；建成排水管道 511 公里，污水、垃圾处理设施从无到有；人均道路面积 8 平方米，万人拥有公交车辆 8 标台；园林绿化面积 3204 公顷，公共绿地 734 公顷，人均公共绿地 4.8 平方米，绿化覆盖率达到 15.6%；人均居住面积达到 19.6 平方米。城镇燃气普及率达 27.56%，集中供热面积达 210 万平方米，城镇居民的居住条件得到很大改善。

党的十八大以来，随着国家实施积极的财政政策，加大基础设施建设投资力度，青海城镇基础设施、市政公用设施有了较大改善，城镇的持续发展能力和承载力得到大幅度提高。2015 年末，城镇人均日生活用水量达到 149 升 / 日，人均道路面积 10.52 平方米，万人拥有公交车辆 11.36 标台，建成区绿地率达到 17.81%，人均公共绿地 5.3 平方米，气化率 42.6%，人均居住面积达到 13.2 平方米。污水和垃圾无害化处理设施建设也提上了日程，实现了零的突破。此外，城镇信息通讯、广播电视和科技教育、医疗卫生、文化娱乐、体育等公益事业也得到较快发展。许多城镇重视了绿地广场等人文环境的整治和建设，城市生态有所改善，城市品位得到提升，城镇的中心地位和辐射带动作用也日渐突出，城乡经济一体化进程加快。城镇的快速健康发展，对青海扩大对外开放，提高人民生活水平和文明程度，促进经济社会发展，发挥了十分重要的作用。①

3.3 历史特征

1. 政府主导明显

一般来说，农业生产力的发展和农村剩余劳动力的增加是城市兴起和发展的前提。青海东部湟水谷地历史上就形成了一批小城镇，这固然和东部地区的农业发展关系密切，但仅靠自然经济的起步，是不会形成目前这些城镇的，西宁市也

---

① 资料来源：以《当代青海简史》《青海史志》《政策研究与决策咨询》为主要依据整理。

不会发展为大城市。从城镇化进程的分析可以看出，青海城镇发展和城镇化进程的推进，是由国家生产力布局、产业结构调整、地区发展政策等促成的。

国家大中型项目的建设是青海城镇化进程的主要推动力。在青海城镇化发展史上，国家在青海的工业项目建设是主要推动力。西宁市从解放初期 7 万人的小城镇发展为 96 万人的大中城市，就是国家在西宁布局建设机械加工、电器制造、纺织工业、医药等工业的结果，工业的发展带来了西宁市人口规模的增加和城镇化水平的提高。格尔木市发展成为拥有 16 万人口的中小城市，就是依靠盐湖、石油资源开发以及资源加工业的发展。龙羊峡、李家峡是因水电资源的开发形成的。目前国家实施西部大开发战略，在一定时期内加大对西部地区政策支持和资金投入力度，集中支持西部地区重点基础设施建设和生态环境治理，将极大地提高青海城镇基础设施发展水平，改善投资环境，也将有利于优势资源的开发和特色经济的发展，为青海推进城镇化进程打下坚实的经济基础。今后城镇化进程的进一步推进，除了青海自身努力外，仍然需要国家的支持和帮助。

行政区划的调整和行政建制的设立与城镇化水平的提高密切相关。青海青南地区和环湖牧区有许多县城是因地方政权的建立而设立。改革开放以来，青海城镇化水平有两次大的飞跃，一次是 1983 年至 1985 年期间，由于建制镇由 7 个增加到 35 个，青海省城镇人口突增 60 余万，城镇化水平由 19.7% 增加到 33.8%；另一次是 2000 年至 2002 年，青海省加大了建制镇的设置力度，城镇人口新增 20 余万，城镇化水平由 34.7% 提高到 37.7%。今后，青海省需要按照合理组织经济区域的原则，进一步调整行政区划，以保证城镇综合作用的发挥。

中心城市对推进城镇化进程起着主导作用。按照城镇化规律，省域中心城市的发展速度远超过其他城市，而且在城镇化进程初期，人口向中心城市集中是不可阻挡的。青海城镇化进程的各个阶段，省会城市西宁市和区域中心城市格尔木市具有很强的组织物资流、交通流、信息流和人流的功能，是一定区域内的商业集散中心，产业发展中心、金融信息中心和科技文化中心，对周围地区有着强大的辐射力和吸引力。今后青海省新型城镇化进程的推进，还要走依靠中心城市推动的道路。

农村蕴藏的城镇化推动力尚待发挥。近几年，随着农业产业结构的调整，设施农牧业和农牧业产业化经营都有了很大发展，农业生产率和农民收入提高幅度大，农村出现大量剩余劳动力，在比较利益的驱动下，这些劳动力向收益较高的非农产业发展，向城镇转移，即农民进城（镇）务工经商，生活居住的愿望日益迫切。小城镇发展战略的实施，土地、投资、户籍等一系列促进其发展政策的推出，为农村剩余劳动力进入小城镇创造了条件。但目前农民还处于被动地等待城镇发展，城镇工业扩张征地转为城镇人口的阶段，农村蕴藏的城镇化推力尚待发挥。

2. 城市数量少，分布密度低

城市数量的多少，是反映一个地区城镇化发展潜力的重要指标。城市数量相对较少且分布密度低，表明一个地方城镇化滞后且发展潜力相对有限。据全国第二次土地调查公报显示，青海省东西长约 1200 公里，南北宽 800 公里，面积为 72.10 万平方千米。青海省有 27 个县，7 个民族自治县，3 个县级市，6 个市辖区，5 个行政委员会。基层行政单位有 369 个乡，34 个民族乡，36 个镇。其中中心城市 1 个、地级以上城市 1 个[①]。从城市密度来看，海东、西宁地区土地面积为 2.08 万平方千米，城市密度为 1.04 个 / 万平方千米，高于全国 0.69 个 / 万平方千米的平均水平。但是若考虑海北、海西、海南等几个地广人稀的地区，则以上地区的城市密度将大大低于这一水平。各地区之间的城市密度也存在较大差异。其中，如海北藏族自治州、海西蒙古族藏族自治州、海南藏族自治州、玉树藏族自治州、果洛藏族自治州等 5 个片区的城市密度都低于国家平均水平，特别是海西蒙古族藏族自治州、果洛藏族自治州，城市密度接近 0.2 个 / 万平方千米。海北藏族自治州、海南藏族自治州等区域的城市密度几乎为零，可见，青海省除海东地区以外，总体上城市数量较少，城市密度较低。

3. 远离“中心”，城镇化进程缓慢

通过资料整理和实地考察可知，青海省的中心城市西宁市、海东市距离各州、县的城市公路里程较远，如德令哈市距西宁市为 513 公里，格尔木市距西宁市 781 公里，玉树市距西宁市 815 公里，其余州县大多数也都远离省会等中心城市，处于省级行政区的边缘地区。34 个县城中心城市中，仅有大通回族土族自治县、互助土族自治县、湟源县、湟中县、海晏县等 5 个县城距省会城市的公路里程数在 100 公里以内，民和回族土族自治县、化隆回族自治县、贵德县距省会城市的公路里程数在 100—120 公里之间。以上州县政府所在地，远离省会中心城市的中心，不仅仅体现在实际距离上，更体现在“时间距离”上。

① 资料来源：青海省人民政府网。

由于各州县多为山区，交通基础设施建设滞后，飞机、高铁、高速公路等高等级交通运输方式不仅量少，而且实际运行速度也受到限制，这使得在同样地理距离下所花费的通勤时间更长，即“时间距离”更大。

由于远离“中心”，青海省州县城镇化进程十分缓慢。图 3-1、图 3-2 显示了青海省城镇化 2008—2015 年城镇化的演进轨迹。从图中可以看出，青海省城镇化进程有两个重要特征，一是水平低，直到 2014 年，部分州县城镇化率仍低于 30%，为 18.61%，接近快速城镇化阶段的临界线。二是进程缓慢。虽然青海省镇化率有所上升，但进程十分缓慢，年均增长约 1 个百分点，慢于全国 1.19 个百分点的年均增速，因而城镇化率差距呈不断扩大趋势，2014 年两者的差距达到 25.5 个百分点。差距扩大的过程大体可以分为三个阶段，一是 2005—2007 年，短暂差距缩小阶段；二是 2007—2011 年，差距快速拉大阶段，5 年间差距扩大了约 2 个百分点；三是 2011—2015 年，差距缓慢扩大阶段，这一阶段虽然差距扩张速度下降了，但仍在缓慢扩大。

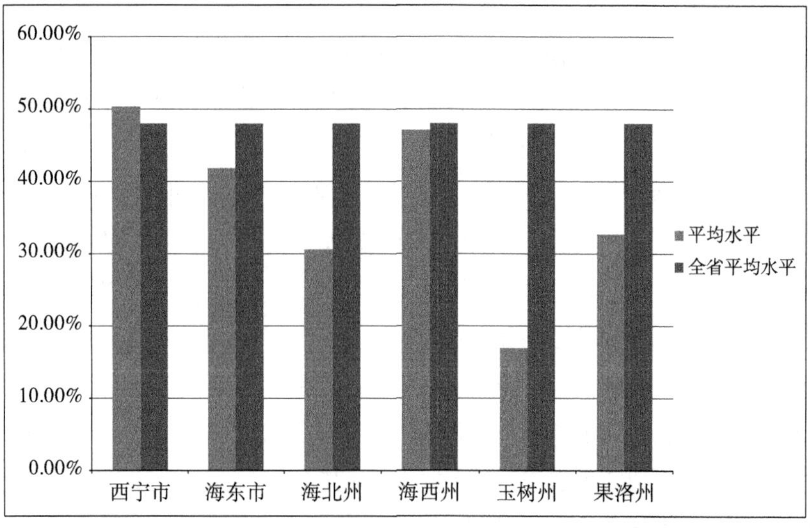

图 3-1　2008 年青海省城镇化率

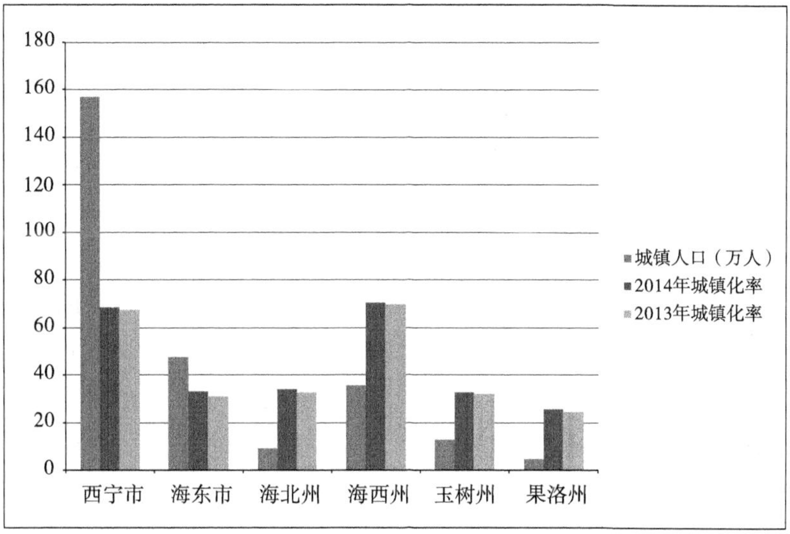

图 3–2　2015 年青海省城镇化率

3.4 发展趋势

3.4.1 青海省城镇化将继续保持较快的发展速度

2008 年，青海省城西宁市镇化平均水平超过了 50%，但州县城镇化率却普遍偏低，而东部沿海部分发达省份在 1999 年就已经达到了 50% 以上。据国家统计局的估计，到 2022 年，西部欠发达地区的城镇化水平也将可能达到 50% 左右，到 2050 年，世界人口有可能为到 92 亿，与 2004 年估计的人口总数相当，中国平均城镇化率将会达到 65% 左右。也就是说，在未来的几十年乃至更长的时间内，西部欠发达地区城镇化将仍然保持较高的发展速度，尤其是青海省，发展空间更大，发展速度更快。

3.4.2 西宁、海东的地位日益突出

依照发达地区的发展经验，大都市带和城市群已经成为整个区域的竞争中心地段。如上海—南京—杭州城市带，不仅是我国最大的商贸中心，同时也是我国最大的金融中心，其城市人口占据了我国总人口的 1/9。长江三角洲城市群的发展十分成熟，呈现出区域内城市优势互补、联动发展的态势，发挥了巨大的经济作用。在这种优势的带动下，我国各大城市带逐渐形成了更大范围、更

高层次的都市圈，其影响力甚至远至海外。

100万以上人口城市的出现已经成为我国各地城镇化的基本趋势，城市规模的不断扩大已经成为我国城镇化的基本方向。在京津冀城市群和长三角、珠三角、长江中游城市群、中原城市群、关中城市群，都不同程度地出现了人口的集中趋势。

而据国家统计局的报告，西部地区50万以上人口的城市将会越来越多，尤其是500万以上人口的超大城市，未来在数量上将会有一个显著的提升。2007年，超大城市的比例为15.2%，预计到2025年，这个比例将会上升到17%，而且主要分布在华中、华南地区。其中，人口规模在200万到1000万之间的超大城市有可能从原先的20个增至38个，而人口规模超千万的巨型城市有可能增至17个。这些超大和巨型城市不断扩大，最终会连一片，城市之间边缘消失，形成城市带。

3.4.3 多极多层次的城市网络体系将进一步形成

青海省经济的快速发展突破了城市自身空间的限制，更加依赖于与省内乃至省外其他城市之间相互交流和协作的程度，使其发展潜力无限壮大。在这种情况下，西宁市可以掌握全省经济活动，成为国内的大都市，而规模较小的城市也可以壮大信息网络，加强与其他城市的相互协调和作用，依靠自身的特色，在其擅长的专业化领域独占鳌头，如格尔木、德令哈。信息和交通网络的发展，使知识和技术能够在第一时间共享，地区之间、城市之间的分工协作越来越简单，生产要素的流通将越来越容易，从而最终促成多极、多层次的世界城市网络体系的形成。上海、北京、广州、深圳、天津、重庆、成都、西安等国内大都市为这种发展模式提供了有力的例证，其中心商务区和国际商务中心不仅带动了本省的经济，而且在国家经济发展中也起到了不可忽视的积极作用。

3.4.4 低碳生态将成为青海省城镇发展的新方向

城市是二氧化碳的高排放地区，快速城镇化带动城市能源消费量的增加，未来城市将以低碳模式为发展方向。建设低碳城市，减少城市的二氧化碳排放量，保护城市环境，是当我国的城市发展方向，正在成为国家城镇化发展过程中的新亮点，影响城市在全郭范围内的竞争。低碳城市就是在城市实行低碳经济，包括低碳生产和低碳消费，在经济高速发展的前提下，保持能源消耗和二氧化碳排放处于较低水平，建设一个良性的可持续的能源生态体系。

从省内外的实践看，低碳生态城市发展的主要途径和措施有，构建紧凑型的城市空间格局，发展公共交通和轨道交通，提倡低碳建筑和公共住宅，转变居民消费观念，促进科技创新能力，提高城市能源的利用效率，增加可再生能源的比例，实现人口、资源、经济、环境和社会的协调可持续发展。其中，发展紧凑型城市是使城市的增长从粗放转变为集约，既强调资源的节约又重视提高城市的宜居度，形成能够使经济、环境、社会等多方面平衡发展的城市空间模式，建设节地、节水、节能、节材型的城市。与此相伴的是，发达省份加强了城市中心区的改造和复兴，为城市的发展提供了活力；同时，大力发展公共交通，建设高效、低污染的立体城市交通网络，并通过实行时间和空间方便快捷的联系和转换，提高城市交通的效率。

3.4.5 依法治理将成为城镇建设的支撑

在城市治理中加强法制建设，使城市治理法制化、透明化。法制化要求城市政府承担法人的权利和义务，管理机构的权威性要有法律保障，城镇化建设要制度先行。另外，在西方国家，一些大都市建立了联合管理机构，形成了地方自治与大都市联合治理的双重管理机制，效果也十分显著。透明化要求城镇化建设的信息要公开，与每个城镇居民信息共享，鼓励居民积极参与城镇的设计和建设，这有助于提高市民的归属感和责任感，提高他们的直接参与度，有利于有效信息的获取，避免城镇化建设中的重复和浪费，从而更好地减少城市贫困人口，满足市民需求，促进城镇和谐。信息的不透明，会导致城镇各阶层之间流动不畅，城镇财政收入较低、城镇建设不能有效地解决城镇的问题，等等。因此，提高信息的透明度势在必行。

第 4 章　青海新型城镇化建设的现实分析

城镇化是经济社会发展的必然趋势，城镇化水平高低是一个国家和地区经济发展水平的重要标志。青海省作为民族聚居地区，由于自然地理、历史因素等方面的限制与制约，城镇化发展严重滞后，与全国平均水平比，相差甚远。在新的历史时期，推进青海省新型城镇化，不仅关系着民族地区的和谐与稳定，对于我国全面建成小康社会，也具有重要的战略意义。青海省作为我国面向青藏高原的重要桥头堡，要依据各地自然环境和历史文化禀赋开展城镇化建设，将民族文化强省建设与现代城镇体系建设有机结合起来，与原有的自然人文特征相协调。融入传统文化元素，体现区域差异性，丰富青海省城镇形态特色。真正体现出尊重自然、顺应自然、天人合一的城镇化发展新理念。

国家实施西部大开发以来，具有青海特色的城镇化格局逐步形成。当前，青海省新型城镇化已进入加快发展、加快转型的新阶段，必须深刻认识未来城镇化的新趋势新特点，妥善应对城镇化面临的风险挑战，积极稳妥地走具有青海特色的新型城镇化道路。

4.1 实施城镇化的重要作用

4.1.1 城镇化是推进结构调整的重要内容

城镇化的快速发展，对经济的发展具有强大的促进功能，也是目前我国推进结构调整、加速经济发展的重要内容。主要体现在：①城镇化带来人口的空间集聚效应，使得工业的生产效率成倍提高。②专业化分工的细化。城镇的集聚效应促进了二、三产业内部及相互之间的高度分工与合作，促进了社会的分工。产业发展的分工与合作的密度、细度、频度，只有在城市才能实现。③知识积累和创新的加速。在城市中，由于信息交换、交流的便捷、高效，它对科学技术推广与创新的促进作用，不是其他任一地区能替代的。④经济效率的提高。通过有效配置城市资源，提高城市基础设施利用效率，促进经济效率的提高。据统计，城镇化率每提高1个百分点，就可拉动GDP增长1.5～2个百分点。

4.1.2 城镇化是推动农村现代化，解决“三农”问题的关键

目前，全国农村名义劳动力为 5 亿，按劳动能力计算达 6 亿多。实际富余劳动力为 3 亿—4 亿。同时每年新增 2000 万—3000 万新劳动力。全国农业占 GDP 份额已降为 15%，而农业就业份额仍高居 50% 以上，城乡劳动生产率差距高达 4.8 倍。从长远看，解决“三农”问题，只能是通过城镇化，大量地减少农民的数量，开展土地适度规模经营，实行专业化、集约化生产，配之以完善的社会化服务体系，提高农产品的技术含量和产品质量，进而提高农民的人均收入。这本身是一条因果递进的链条。所以，通过城镇化来吸纳农民，提高农民适度规模经营，是解决“三农”问题的必由之路。世界上所有发达国家的农业现代化，走的都是这样一条路。

4.1.3 城镇化是构筑和谐社会的基石

1. 从人与自然的关系来看，人类对自然的干扰有可能从面转移到点。城镇化是恢复生态平衡的基本手段。推进城镇化，一方面有可能在“点”上造成对资源、古建筑的破坏，带来污染增加，垃圾围城，空气质量下降等问题，但另一方面可以从“面”上减少污染，恢复大自然的生态平衡。所以，城镇化是一把双刃剑，我们可以把人类对大自然的干扰集中在城市，通过法治和技术手段优先在城市进行水污染、大气污染的防治，传统建筑风貌保护和垃圾治理，使城市和乡村沿着可持续发展的道路前进。

2. 从人与社会的关系来看，城乡、人群之间的收入差距与经济增长的关系呈倒 U 型——库兹涅茨曲线，即在经济发展过程中，收入差距先扩大再缩小。加快城镇化的发展，有利于发展经济，提高人民收入，最终使人人都能享受到社会发展的成果。

4.1.4 城镇化是全面建设小康社会的必要条件

城镇化是工业化的助推器，服务业的载体。城镇化产生分工与合作效应，产生知识积累的高速化，产生高效率的城市经济，从而才能建立现代化的工业体系，使得创新的成本降到最低的限度，形成不同产业之间的协同。城镇化同样是第三产业的载体。没有城镇，就没有第三产业的发展。第三产业，包括服

务业，本质上是消费产业，是人类聚居模式改变后所带来的。只有第二、三产业发展了，经济实力雄厚了，全面建设小康社会才有牢固的根基。

4.1.5 城镇化是扩大内需的主要途径之一

为克服通货紧缩、促进经济持续发展，近五年来我国采用的是美国过去对付20世纪30年代经济危机的措施，就是通过增发国债、增加投资来刺激内需。但是积极的财政政策，大量地发行政府债券这一类刺激内需的办法，所起到的效果现在已经到了边缘。因为除了城市基础设施项目之外，有比较好的回报、投入后能产出效益，同时投资本身又能够收回的项目是越来越少了。所以，离开城镇化对城市基础设施需求的拉动作用，国债项目对刺激内需的效用将会逐步失去。

刺激内需的着力点应该放在什么地方？很重要的一点，就是要通过城镇化发展，通过城市基础设施、房地产和其他相关产业的有效投入，通过较高速的城镇化使内需极大提高，从而保持国民经济持续快速健康地发展。从消费水平来看，一个城镇人口的消费水平相当于三个农村人口。有人曾作过测算，城镇人口每增加一个百分点，可以拉动GDP增长两个百分点。由此可见，在城镇化落后于工业化的前提下，适度推进城镇化，扩大城市消费群体，转变城乡消费模式，是经济加速发展的主导动力之一①。

4.2 发展现状②

2000年以来，伴随着经济社会持续快速发展和基础设施条件显著改善，全省城镇化步伐明显加快。

4.2.1 工业化加速推进，城镇化水平稳步提高

工业增加值年均增长15%以上，2013年占全省GDP的比重达到48.5%，各类工业园区工业增加值比重已占到全省工业增加值的70%以上。全省城镇常住人口达到280.3万，比2000年增加100.8万，常住人口城镇化率达到48.5%，提高13.8个百分点。到2017年底，全省城镇化率达到53.1%。

① 童星，张鸿雁．公共管理高层论坛（第二辑）[M]．南京：南京大学出版社，2005: 5.

② 参考《青海省新型城镇化规划（2014～2030年）》。

4.2.2 城镇体系初步形成，城镇空间得到拓展

海东撤地设市、玉树撤县建市，城市由 3 个增加到 5 个，建制镇由 47 个增加到 137 个，全省城镇数量由 50 个增加到 142 个，初步形成以西宁为中心、小城市和州府县城为骨干、小城镇为基础的城镇体系。建成区面积由 245 平方千米扩展到 374 平方千米，增长了 50% 以上。

4.2.3 城镇功能明显提升，人居环境逐步改善

城镇水、电、气、路和信息网络等基础设施水平明显提升，垃圾、污水处理、公共绿地等环境设施大幅度改善，教育卫生、文化体育、社会保障等公共服务能力明显提高，人均住房面积由 9.2 平方米增加到 26 平方米，建成区绿化覆盖率由 14% 提高到 23%。

4.2.4 体制改革加速推进，内生动力持续增强

率先实行户籍制度改革，有序推进撤乡建镇，稳步实施农村牧区综合改革，土地草场流转、林权制度改革取得重大突破，部分民生工程货币化制度改革稳步推进，促进城镇化明显提速。从 2003 年开始，全省常住人口城镇化率年均增长 1 个百分点以上，特别是近三年户籍制度改革快速推进，转户进城人口达到 80 万人以上，其中省内农牧民转户 72 万人，占 90% 以上。

4.3 发展中存在的主要问题

自 1978 年改革开放 30 多年以来，尤其是随着西部大开发的进步的深入，青海经济得到了前所未有的发展，人民生活水平得到了很大提高。但是青海城镇化基础薄弱，发展水平低、发展不平衡、经济结构矛盾突出、城镇规模结构不合理、城镇集聚功能不强。与全国、与中西部地区较大，与东部地区比差距很大，各方面发展比较滞后。

4.3.1 城镇化发展水平低

近年来，青海省加快了产业集聚园区与城镇集中连片改造扩建的建设力度，以工带农、以工促农，实施城乡一体化，构建大城镇格局，农村人口居住地点向城镇迁移和农村劳动力从事职业向城镇二、三产业转移，劳动力与人

口向城镇聚集的进程加快。2014年年末，青海省市镇人口为290.40万人，占总人口的49.78%；乡村人口为293.02万人，占总人口的50.22%，城镇化率为49.78%，高于上年1.27个百分点，低于全国平均水平（54.77%）4.99个百分点，远低于东部地区的8个地区（上海88.02%、北京86.30%、天津78.28%、广东67.76%、辽宁66.45%、浙江62.96%、江苏62.85%、福建60.76%），位于全国的第20位。

4.3.2 城镇化发展不平衡

从2014年年末青海人口发展情况看，青海省新型城镇化发展极不平衡，其中海西州的城镇化率最高，达到了91.95%，西宁市次之，高达72.32%，这两个地区城镇化率均高于全国的平均水平（54.77%），玉树州城镇化率最低，仅为16.87%，与海西州相差75.08个百分点，与西宁市相差55.45个百分点，与全国相差37.90个百分点（见表4–1）。

表4–1 2014年末青海各地区人口发展情况

指标	单位	西宁市	海东市	海北州	黄南州	海南州	果洛州	玉树州	海西州
非农人口数	人	1465487	571214	77367	71723	112638	36035	68276	379260
总人口数	人	2026369	1723675	296615	273485	470776	193628	404636	412461
城镇化率	%	72.32	33.14	26.08	26.23	23.93	18.61	16.87	91.95

资料来源：《2015青海统计年鉴》或根据年鉴整理。

4.3.3 城镇化发展过程中经济结构矛盾突出

城镇化发展过程中经济结构主要从三次产业产值结构与三产业就业结构来分析。

表4–2 2014年全国、青海城镇化率与产业结构 单位：%

地区	城镇化率	第一产业		第二产业		第三产业	
		增加值	就业	增加值	就业	增加值	就业
全国	54.77	9.2	29.5	42.7	29.9	48.1	40.6
青海	49.78	9.4	36.6	53.6	22.9	37.0	40.5

资料来源：《2015青海统计年鉴》和《2015中国统计年鉴》。

从表 4–2 可以看出，与全国相比青海第一产业产值比重和第二产业产值比重均高于全国平均，第三产业产值比重低于全国平均。从三次产业构成看，第一产业产值比重高于全国平均水平 0.2 百分点，第二产业产值比重高于全国平均水平 10.9 个百分点，第三产业产值比重低于全国平均水平 11.1 个百分点。与全国相比，青海省产业层次明显偏低。

从就业结构看，与全国相比青海第一产业就业比重高于全国平均水平 7.1 个百分点，第二产业就业比重低于全国平均水平 7.0 个百分点，第三产业就业比重几乎全国平均水平持平。综合来看，三次产业就业人数与三次产业产值不相匹配。从今后一段较长时期来看，青海着力提高三次产业劳动力结构水平，在促进产业结构升级的过程中同时提高城镇化水平的提升。

4.3.4 城镇规模结构不合理①

从青海省的城镇数量来看，2014 年年末青海 72.23 平方千米的土地上仅有城市 4 个，土地面积占全国的 7.5%，人口占全国的 0.43%，城市个数占全国的 0.61%。

按国发〔2014〕51 号《国务院关于调整城市规模划分标准的通知》上的标准，青海省大城市及其级别以上的城市没有，中等城市只有西宁市 1 个，小城市有格尔木和德令哈 2 个城市。

从规模上来看，在现有城市中人口规模很小，2014 年末西宁市区人口 125.04 万人，海东市市区总人口数 12.8822 万人，格尔木市总人口数 13.5899 万人，德令哈市总人口数为 7.6636 万人，玉树市总人口数 11.087 万人。

4.3.5 城镇集聚功能不强

从城镇规模结构来看，青海城镇的集聚功能不强。一是青海城市的平均人口规模偏小。2014 年青海平均每个城市非农业人口规模为 23.8544 万人。二是青海城市中人口规模在 50 万以上的城市只有西宁市 1 个。其他 4 个城市的平均人口不到 7 万人。三是城市数量严重不足，全省城镇个数由 2013 年及以前的 3 个增加到 5 个，新增城市为海东市和玉树市，但从城市密度来看依然很小，仅为 0.069 个 / 万平方千米。

① 4.3.4–4.3.9 参考《青海省新型城镇化规划（2014～2030 年）》。

从空间布局来看，西宁市与海东市位于青海东部，两市距离为35公里，其余3城市分布比较分散，位于东部发达地区的只有西宁市，格尔木和德令哈两市属于海西州，其中，德令哈市距西宁市488公里，格尔木市距西宁市768公里，玉树市属于玉树州，距离西宁市820公里。而具有较强集聚和辐射能力的经济核心区一般都不会超过100—200公里的区域范围，甚至还要小一些。青海的城市分布对城乡一体化的发展造成了很大影响，无法形成具有较强集聚和辐射能力的经济核心区，很难发挥中心城市增长极作用。

4.3.6 城镇布局分散，宜业宜居性不强

每万平方千米城镇数不足2个，城镇间距离远、关联性差；行政型、资源型城镇约占建制镇总数的50%以上；海拔超过3000米城镇占建制镇总数的1/3以上，生产生活条件较差。

4.3.7 农牧业转移人口市民化进程滞后，城镇化质量不高

2000年以来较快地撤乡建镇与2010年以来户籍制度改革两因素叠加，使得青海省非农业居民数量明显增加，户籍人口城镇化率明显提升，并高于全国，但相当一部分农牧业人口转户未转业，居住在镇，实际上仍是农牧民，仍从事着农牧业生产，尚未在教育、就业、医疗、养老、保障性住房等方面全面享受城镇居民的基本公共服务；产城融合不紧密，产业集聚与人口集聚不同步，城镇化滞后于工业化；城镇内部出现新的二元矛盾，城中村、城边村、城郊村等问题日益凸显。

4.3.8 城镇体系不完善，综合承载能力不强

省会城市首位度高，资源、环境约束趋紧；城市数量少、规模小、要素集聚能力弱；建制镇过弱过小，平均人口不足1万、建成区面积仅2平方千米。城镇设施水平低，服务功能弱，产业发展慢，就业岗位不足。

4.3.9 体制机制不健全，制约城镇化健康发展

现行城乡分割的户籍管理、土地管理、社会保障制度，以及财税金融、行政管理等制度，固化了利益格局，导致公共服务资源配置不均衡，共享水平低；城镇建设运营市场主体发育不足，管理水平不高。东部城市群发展不平衡突出，同

城化滞后，生态、资源约束性很强，产业布局不尽合理，体制机制创新不足。

4.3.10 顶层规划缺失

随着国家和地方“十三五”规划陆续出台与实施，新型城镇化无疑将成为中国未来经济转型升级的重要着力点，但在经济“新常态”下，新型城镇化发展将不再一味追求速度的突飞猛进，不再简单地将城镇化看作经济发展手段，城镇化率不再是拉动 GDP 的“硬指标”，而是真正从造房建城转向“以人为本”。这意味着，“十三五”期间城镇化将从速度型向质量型转变。

城镇化是现代化的必由之路，是为了让每个青海人都能实现自己的“中国梦”。基于对过去 30 多年城镇化快速发展经验教训的深刻总结，未来城镇化将是以人的城镇化为核心，有序推进农业转移人口市民化，以城市群为主体形态，推动大中小城市和小城镇协调发展，通过改革释放城镇化发展潜力。无论中央还是地方，都应准确总结学习世界其他国家或地区发展城镇化的经验和教训，只有把握好城镇化发展规律、内涵和路径，才能够进行科学的决策、合理的布局，有针对性地分层次分阶段地实现城镇化。但是，现阶段各地政府为了政绩需要，急于求成的现象依然十分突出。

首先，个别地方政府往往不顾中央总体规划的出台，便第一时间“响应”中央，第一时间召开相关政府工作会议部署城镇化发展的工作。这直接导致了地方政府在没有中央宏观政策指导的情况下盲目规划，开展城镇化的“竞赛”，导致一开始就陷入了困境。

其次，地方政府缺乏顶层思考。城镇化的发展如同各个地方的“十三五”规划一样，应该是与当地的经济和社会发展水平相适应，必须具有实施路径和实现目标的顶层规划考量，这样才能够指导各个基层政府服务于城镇化的发展，才具有战略性、整体性和长期性。否则，就导致了各级政府凭借自己的理解水平独自进行城镇化的改造，造成了资源浪费和重复建设，污染了环境，也受到民众的指责。

再次，规划设计缺乏可持续性。在青海存在着“一把手”工程的习俗，各地政府换届完毕后，政府总要重新撰写或修改规划，以便开启新任领导的发展思路。这就导致了政府顶层规划随着“一把手”领导的变化而不断修改，造成整个城镇的发展思路不断变换，严重地破坏了城镇的可持续发展[①]。

4.3.11 工业化发展的迷失

纵观世界各国城镇化的过程，城镇化是与工业化发展密切联系的，工业化是促进城镇化的原动力，城镇化的过程是国民经济第二、第三产业占比不断提高的过程，是一个区域产城一体化的过程，是社会发展到一定阶段出现的自下而上的趋势。但是，现阶段我国部分城市的城镇化是自上而下的，由政府的权利之手强力推动，造成了各种违背城镇化发展的现象。

首先，盲目引入各种企业。有些地方的政府在城镇化的过程中，简单地将工业化认为就是城镇化，片面地强调 GDP 和村镇企业的数量和规模，不惜任何代价，盲目地引入了各种各样的企业，导致了大量耕地被占用。

其次，盲目开发房地产产业。有些政府片面理解城镇化的概念，认为城镇化就是农民上楼，农民转为非农人口等内容。但是，却忽视了城镇化过程中应遵守的循序渐进以及村民自愿与否的规律，修建了大量的高楼大厦，最终成为一座座鬼城。

再次，忽视了城镇中人文和生活方式内容。有些政府在追求工业化的过程中完全不顾百姓的精神和文化生活，忽视了在城镇化过程中的现代服务业和文化产业的融合，导致了农民在城镇化过程中精神生活的缺失，各种不道德的现象频出。

4.3.12 土地管理失控

近年来，有些地方大打“城镇化”的旗号，盲目地拉大城镇化的框架，违规占领农村耕地，通过建设开发区。无限制地扩大城镇的面积。特别是近年来，各级地方政府“土地财政”的优势愈加明显，也让土地成为城镇化过程中的马前卒。

首先，村民没有了土地。在新一轮的城镇化大潮中，越来越多的村镇正在丢失耕地。特别是征收耕地后修建各种产业园区和居民小区的现象尤其突出。在这样的过程中，农村的土地被掠夺，“农村”的概念也将被重新定义。

其次，农民没有了粮食。农村的土地被集体收购之后，农民没有了土地，

---

① 卜希霆，王青亦．网罗城镇：未来城市的想象力［M］．北京：知识产权出版社，2016: 10.

从此没有了职业也没有了粮食。但是，失地农民的社会保障和供给没有得到正常的供给，成为城镇化过程中影响社会稳定的重要因素。

再次，土地财政不可持续。有些地方政府通过土地财政多年高枕无忧，但是，随着土地的减少，财政收入的减少，也直接导致了政府未来的发展变得不可持续。

最后，农民依旧是农民，纳入城市户籍尚无期限。各地政府在征用了农民的土地后，却没有在户籍制度上进行迅速改革。这直接导致了农民的生存状况和经济利益受到了双重的损害，特别是失地农民的医疗、养老保险等都得不到城镇体系的保护。城镇化的过程中土地的城镇化明显快于人口的城镇化，成为解决未来城镇化过程中的重大课题。

4.3.13 城乡二元发展失衡

一直以来，城乡之间出现了“二元结构”，一元是由城市市民组成的城市社会，另一元则是由乡村农民构成的农村社会，这两者最大的区别就是是否持有农业户口。这样的二元结构是以二元户籍制度为核心的，包括二元就业制度、二元福利保障制度、二元教育制度、二元公共事业投入制度在内的一系列社会制度体系。由于城乡二元结构存在，造成我国城乡经济发展严重不平衡，城乡居民收入差距不断扩大。城乡二元结构带来了很大弊端。比如，二元户籍制度人为地限制了人口自由流动，二元土地制度导致同地不同权，土地资源配置低效；二元社保医疗造成城乡居民享受的社会保障和医疗福利等严重不均衡。

为推进城镇化建设，中国在户籍制度、社会保障制度等方面，进行了一系列变革，推动了城乡融合，但阻碍城镇化发展的城乡分割政策壁垒依然没有完全打破，城乡资源公平自由流动和充分竞争的条件还没有完全形成。

4.3.14 大城市病

经过半个世纪的发展，随着中央对地方城镇化的重视，各级政府开始将其作为重要的工作来抓，但是更多的是注重城市的发展规模和发展速度，强调的是城镇化率的提高，并未关注城镇化的内涵，质量令人担忧。

首先，城镇化速度过快。据统计，青海省的城镇化量由 1949 年的 19.53%，到 2015 年的 51.77%。数量发展之快，令全国惊讶。

其次，城镇规模过大。根据国务院 2014 年 11 月发布的关于调整城市规模划分标准的通知，新的城市规模划分标准以城区常住人口为统计口径，省会西宁人口偏多，直接导致了若干个“大城市病”的出现。人口的增加直接对城市的资源环境、公共服务能力、可持续发展形成巨大压力。

再次，“大城市病”严重并迅速蔓延。随着人口急剧增长，西宁、海东等人口与资源环境的矛盾凸显，交通拥挤、空气污染、公共服务不足等“大城市病”日益突出，城市承载力已经接近极限。数据显示：西宁市机动车已超过 50 万辆，海东市超过 20 万辆，车辆的增加加剧了交通拥堵。在西宁，全市目前年用水量缺口近 2/3，不得不依超采地下水，从外省调水“解渴”①。

4.3.15 日益恶化的生态

城镇化过程中也为环境带来了诸多压力。特别是在城镇化过程中的工业生产耗能、交通运输耗能以及消耗自然资源和排放各种废弃物的数量严重超过了大自然自身的净化能力，给我国的环境造成了严重的伤害。全国各地出现了片面追求城镇化的建设规模和发展速度的不正确现象，导致能源的消耗和二氧化碳的排放量急剧增加，同时加剧了水污染和土地资源的紧张程度，造成了当地环境质量的下降，生态环境遭到严重的破坏。由于城镇化严重滞后的工业发展，在城镇建设过程中，所设计的垃圾处理、污水治理和废气处理能力不能满足工业发展的需要。使城市环境日益恶化。企业偷排污水已经习以为常，或者偷偷打井，无止境地开采地下水，排烟排废水直接造成了对农村生态环境的侵蚀和破坏。

同时，有些城市向农村转嫁环境污染，农村向城市提供有害食品等问题时有发生。“城中村”往往成为城市环境卫生的死角和隐患。不仅影响市容，而且更严重的是对整个城市卫生带来很大的威胁，可能成为城市流行病的发源地。在城镇化发展过程中，通过对农村人口的有序转移，本来可以使退耕还林、退耕还草、土地休耕的环境保护措施真正得以落实和推进，使大自然得到休养生息，从而恢复生态平衡。然而，在生态脆弱地区的城镇化水平往往比较低，不能通过城镇化缓解生态环境压力②。

① 卜希霆，王青亦等著，网罗城镇：未来城市的想象力［M］. 北京：知识产权出版社，2016: 14.

② 卜希霆，王青亦等著，网罗城镇：未来城市的想象力［M］. 北京：知识产权出版社，2016: 14.

4.4 城镇化受多方面因素制约

4.4.1 生态环境脆弱

青海的城镇化建设必须以生态环境的保护和生态安全的维护为前提。对于青海的生态环境保护而言，城镇化发展无疑是一把“双刃剑”。从有利方面讲，城镇化的发展有利于提高能源、资源的集约化利用水平，促进农业人口向非农业活动转化，减少过度垦殖、放牧等，缓解人地矛盾。然而，城镇化的发展过程也存在着显著的不利影响：根据相关研究①，城市人均能源的消耗是农村的 3 倍，城镇化大发展在某种程度上意味着资源、能源消耗的进一步加剧；粗放式发展、不恰当的城市建设模式对生态环境造成重大破坏，如水电能源、矿产资源的掠夺式开发，大炼钢铁时期的森林大砍伐，沿袭平原模式，把山地、丘陵推平建设，恶劣地貌地形条件下盲目扩大城市规模等，对生态造成了恶劣的影响。②

总之，青海生态环境脆弱制约了本地城镇化的发展。一是受自然地理气候环境的影响，二是人类活动的影响。具体表现为：

1. 水土流失和土地荒漠化

青海省受风、水、冻融侵蚀的土地面积 33.4 万平方千米，占全省总面积的 46.4%，其中中度以上侵蚀面积有 11.8 万平方千米，占全省受侵蚀面积的 35.3%。流域是全省受侵蚀最严重的地区，水土流失面积 17.5%。省内黄河干流平均含沙量 1.8 千克 / 立方米，每年输入黄河的泥沙量 8814 万吨，年侵蚀模数 650.6 吨 / 平方千米。致使下游河道淤积越来越严重，河床越来越高。内陆河流域和其他地区水土流失面积 15.2 万平方千米，占全省水土流失面积的 42.5%。目前，全省水土流失面积仍以每年 0.21 万平方千米的速度扩大。全省轻度侵蚀面积约占 50%，中度侵蚀面积约占 29.9%，强烈侵蚀面积约占 20.1%。近年来，东部和黄河源区水土流失面积、侵蚀程度、危害程度均呈加剧趋势，水土流失面积和侵蚀面积远高于全国水平。

全省沙漠化面积 12.5 万平方千米，潜在沙漠化面积 0.98 万平方千米，合计占积的 18.7%，主要分布在柴达木盆地、共和盆地、环青海湖地区和黄河源头

---

① 李兵弟 . 依靠科技进步推动小城镇绿色发展［EB/OL］.http：//www.rmzxb.com.cn/jjsh/cjzx/t20110504_386702.htm.

② 周干峙 . 中国特色新型城镇化发展战略研究［M］. 北京：中国建筑工业出版社，2013: 104–105.

区。沙漠化面积以每年 1330 平方千米的速度在扩大。

全省中度以上退化草地面积 733 万平方千米，占全省草地面积的 20.3%；严重化草地面积 440 万平方千米，占全省草地面积的 12.2%；沙化草地面积 193 万平方千米，占全省草地面积的 5.3%。

2. 水生态环境恶化

青藏高原的湖泊有 30% 以上干化成盐湖或干盐湖，黄河源区有不少湖泊已经干涸。同时，地下水超采现象也十分严重，加速了土地荒漠化和气候干旱化趋势，形成恶性循环。

3. 植被破坏严重

青海省植被破坏是自然因素和人为因素共同作用的结果。其中人类活动是造成植被破坏的最主要因素，表现在四个方面：一是过度的开垦；二是大规模的虫草采挖；三是超载放牧；四是采挖沙金。

玉树地区大规模的虫草采挖始于 20 世纪 90 年代中期，自 2000 年来，几乎每年 5 月至 6 月到玉树州采挖虫草的人数都超过了 20 万人，并且不断增加。这种无节制的挖掘，使得草原受到了相当程度的破坏。冬虫夏草的采挖季节正是高原草甸的恢复成长期，其采挖对草甸的恢复有很大的影响，若不采取有效的随挖随填措施，每采集一根虫草，至少会破坏 30 平方厘米的草皮，裸露的泥土极易引起水土流失、草场退化甚至沙化。

与此同时，采挖人员对高原的虫草主要产地三江源地区的环境也在造成严重的污染，采挖者通常在草甸搭帐篷住宿，砍伐灌木生火做饭，必然对脆弱的高原环境造成破坏，加之采挖时的践踏、车辆碾压以及扎帐篷、取水、生火、做饭等活动造成的植被破坏，专家估计一位冬虫夏草采挖者一年就要破坏数千平方米的草地。

位于贵南县以北，龙羊峡水库以南的沙漠，东西长约 35 公里，南北宽约 15 公里，面积足足有 500 平方千米，沙漠的周遭，都是农田和草地。这片沙漠的形成，也就是最近十多年的事情，而且面积还在不断扩大。在沙漠形成之前，这里是成片的农田和草场，随着气候变暖、人类活动增强，过度的开垦等原因累加，这片脆弱的土地再也无法满足植物的生长需求，变成了寸草不生、黄沙滚滚的沙漠。

草原的粗放经营、超载放牧和采挖沙金等人为破坏，导致草地面积锐减，植被越来越少，自 20 世纪 50 年代至 90 年代，草地退化面积达 30% 左右。

青藏高原生态环境退化和恶化是自然因素和人为因素共同作用结果。其中罪魁祸首是人。贫穷的人口是造成生态恶化的主要因素。数量直线上升的贫穷人口为了生存需求，贪婪地毫无止境地向大自然不断加大索取、掠夺和破坏，造成了生态资源的消耗。

4. 城市环境污染

表 4–3　青海省城市环保空气质量与空气质量最好的全国重点城市曲靖相比

城　市	计量单位	曲靖	西宁	海东	格尔木	德令哈
空气质量优良天数	天	353	265	255	278	302
和曲靖相比少的天数	天	—	88	98	75	51
空气质量优良率	%	96.7	72.6	69.9	76.2	82.7
和曲靖相比少的百分率	%	—	24.1	26.8	20.5	14.0

资料来源:《中国统计年鉴 2015》和《青海统计年鉴 2015》，或根据年鉴整理。

在中国衡量一个城市的环境污染状况，其中以空气质量达到或好于二级的天数，即空气质量优良的天数作为最主要的评比指标。根据《中国统计年鉴2015》上的数据，2014 年在 113 个所公布的重点城市空气质量优良天数的平均值为每个城市为 232 天，青海省除玉树市以外，其他 4 个城市都超过了这个平均值，但和空气质量最好的全国重点城市曲靖市比，空气质量优良天数西宁市少了 88 天，海东市少了 98 天，格尔木市少了 75 天，德令哈市少了 51 天，空气质量优良率西宁市少了 24.1%，海东市少了 26.8%，格尔木市少了 20.5%，德令哈市少了 14.0%。尤其是冬季青海省的 4 个城市室外几乎见不到绿色，加之近年来，人民生活水平的极大提高，拥有私家车的家庭越来越多，城市除道路显得越来越拥挤、塞车现象频繁出现外，干燥少雨雪的天气使得没有达到空气质量优良标准那些天数，大气污染非常严重，根据天气预报报道的空气指数有时甚至达到重度污染。

4.4.2 水资源分布不均

受降水和自然地理条件的制约，青海境内河流、湖泊在地区分布上很不均匀，东南部多雨，东北部水系发达，河网密集；西北部属于内陆盆地，干旱少雨，河流稀疏，其中，柴达木盆地属于严重干旱地区；湖泊以可可西里盆地最为密集，但大数处于退化或盐化变化过程。

4.4.3 经济实力弱

西部地区整体经济发展水平较低，青海城镇居民人均消费性支出位居西部倒数第一，而且很多地区形成了连片贫困。青海贫困的主要原因，一是自然环境恶劣，建设开发难度大，城市建设及各项基础设施建设难度大、成本高；二是生态抑制性贫困，青海是三江源头，生态地位突出，因生态保护的要求而限制了其常规的建设开发行为，生态与贫困的互为抑制，“越穷越垦、越垦越穷”，恶性循环；三是教育落后，人才匮乏，科技水平低下，产业发展模式粗放，能源资源的掠夺式开发，本地难以真正受益，同时产业发展以资源型粗加工为主，附加值不高；四是城乡差距大，难以统筹发展。

从经济实力来看，2014 年青海省的地区生产总值为 2303.3 亿元，仅占全国的 0.36%，在全国的 31 个省、自治区、直辖市中排名第 30 位，人均地区生产总值为 36875 元 / 人，占全国人均国内生产总值的 85.12%，排名第 20 位。第二产业增加值为 1234.3 亿元，占全国的 0.45%，排名第 29 位。第三产业增加值为 853.1 亿元，占全国的 0.28%，排名第 30 位。人均公共财政预算收入 4334.79 元 / 人，占全国的 77.94%，在全国排名第 20 位。城镇职工年人均工资工资 30337 元，占全国的 83.36%，在全国排名第 24 位。

针对青海的贫困现状，推进城镇化发展的关键在于树立“人本”理念，从人民群众切实受益的角度制定各项城镇化发展方针政策。初步设想，具体策略主要包括突出民生内容，强化国家援助，逐步提高基础设施和公共服务实施水平，提倡朴素节俭的城镇化发展模式；从战略高度加强对文化资源的保护式开发，促进跨越式发展，往往“越是穷的地方，还有点文化”，文化资源是青海的重要战略性优势资源；加大教育投入和人才支持，提升自我发展能力，从“外部输血”向“内部造血”转变；提高小城镇和中心村的建设发展水平，促进教育、医疗、交通等基本公共服务的相对均等化，发挥纽带作用，促进城乡统筹发展。

4.4.4 人口素质低

从第六次人口普查的数据推算，青海省每百万人所拥有的大学学历人数为 86159 人，比全国减少了 3141 人，占全国的 96.48%；每百万人所拥有的文盲人数为 102328 人，是全国的 2.5 倍，见表 4–4。由此可以看出，青海人口素质低于全国平均水平。

表 4–4　第六次人口普查青海与全国的人口素质比较

单位：人 / 百万人，%

地　区	大学	高中	初中	小学	文盲
青海	86159	104273	253742	352654	102328
全国	89300	140320	387880	357010	40800
青海与全国的差距	–3141	–36047	–134138	–4356	61528
青海是全国的倍数	96.48	74.31	65.42	98.78	250.80

资料来源：全国第六资料人口普查和青海第六资料人口普查资料或整理而来。

4.4.5 政策与制度障碍

青海省新型城镇化发展除受人文、自然地理、历史条件等因素影响外，最主要的影响因素是政策和制度障碍。

改革开放以来，非均衡发展战略的实施使青海长期以来作为东部资源的提供地和产品的销售市场，城镇化进程自然缓慢。同时，为使更多的积累资金支撑国家工业化和城镇化的发展，国家通过严格的户籍制度、粮油供应制度、劳动用工制度和社会保障制度等，将城镇人口与农村人口相分割，致使青海农村与工业开发、城镇建设互不关联，在工业和城镇发展时，农村经济和文化发展却始终处于极低水平。这种城乡分割二元经济结构在青海至今尚未得到根本的扭转和改变，也制约着整个社会的发展和城镇规模的扩大，城镇的带动效应也难以发挥。为了好地加快城镇化进程速度，作为国家战略资源筹备库的青海，国家应该在城镇化政策方面上给予支持，青海本身在制定各项制度时可以借鉴一些发达国家和发达地区的一些做法，再结合本省的实际情况，完善一些旧的制度，制定出符合本省省情的有利于加速城镇化进程的制度。

4.4.6 地理空间格局不经济

1. 青海省各个城市距离中国的经济中心比较遥远

西宁市距离中国的经济中心上海 2400 多公里，距离改革开放的前沿城市广州 2500 多公里，距离中国的政治、经济、文化中心北京 1800 多公里，经济比较落后，相对而言，格尔木、德令哈、玉树 3 个城市既不靠边，也不靠海，地理位置属于偏中之偏，经济发展就更为落后。

2. 青海省内各个城市之间的距离相对很大

青海省现有的5个城市除西宁市和海东市相距较近外，其他3个城市与西宁和海东两市距离很远，且格尔木距离德令哈300多公里，玉树市仅与西宁市有公路相通，相距有800公里以上。

3. 青海省城市聚落缺乏集聚经济效应

青海省5个城市之间不仅距离遥远，而且有的城市之间交通不通，规模小、地广人稀。以玉树市为例，它与格尔木和德令哈两市之间由于自然地理条件限制没有基础交通设施。除西宁市外，青海的其他4个城市城区人口总量在14万人以下。2014年末，除西宁市的人口密度为3857人/平方千米，其余4个城市的人口密度都非常低（见表4-5）。

表4-5 2014年年末青海省各个城市的人口密度

单位：人/平方千米

城市	西宁市	海东市	格尔木市	德令哈市	玉树市
人口密度	3856.5	43.3	1.1	2.1	1.8

资料来源：根据《青海统计年鉴2015》整理。

4.4.7 交通运输设施建设相对滞后，使县域经济的城镇化先天不足

当前青海省的交通体系趋于完善，以西宁为枢纽的立体式交通体系逐步形成。但大多数州县的交通状况还没有得到明显改善，由于受到地形的限制，特别是雨雪天气过后，州县人员的外出极为不便，对经济的发展也造成了极大的影响，直接对城镇化的发展产生了影响。地理区位欠佳和交通区位偏僻，严重制约了县域经济与其他地区的商贸交流、信息交流和人员交流，对其制造业的发展起到了明显的阻碍作用。此外，鉴于大多数县域经济规模偏小、市场有限，很多企业的区域销售总部和服务办事机构也很少会在县域经济布局，这抑制了县域经济中服务经济的发展。产业发展不足导致就业吸纳能力有限，影响了这些县（市）农村剩余劳动力就地城镇化的进程。

4.4.8 政策优惠力度不足，使县域经济的发展和城镇化雪上加霜

青海经济发展初期遵循的是不平衡发展战略，突出表现在以下三个方面：一是工业发展优先于农业发展；二是大城市发展优先于中小城镇发展；三是西宁、海东地区发展优先于其他地区发展。在贯彻不平衡发展战略的过程中，除了

极少数县（市）由于地理位置优越，与所属海东市能一道享受到这些优惠政策外，更多的州（市）、县都与这些优惠政策无缘。优惠政策在对部分地区发展给予鼓励的同时，事实上对于其他没能享受到优惠政策的地区而言是不公平的。政策优惠力度不足，或者说无法享受到相关政策，使县域经济的发展在交通区位不便的先天不足的情形下，雪上加霜，产业聚集能力极其有限，城镇化进程缓慢，许多农村剩余劳动力被迫外出务工，导致这些县（市）的本地城镇化率过低。

4.4.9 社会保障和公共服务供给不足，使农村剩余劳动力市民化的热情锐减

长期以来形成的城乡户籍分割使众多去西宁、海东寻找工作的农村剩余劳动力难以享受到平等的养老保险和医疗保险等社会保障，导致这些在城市务工的农村剩余劳动力缺少在城区安家和“市民化”的必要保障。同时，城市的医疗和教育等公共服务与大中城市相比显得较为落后，促使一些有条件在城市落户生活的本地农村务工或经商人员倾向于到大中城市置业和安家落户，这在一定程度上抑制了县城的城镇化进程。

4.4.10 创业环境较差

创业环境差，使城镇化经济自身难以培育具有较强竞争力的本土企业和活跃的民营经济，吸纳就业和促进提高城镇化的能力进一步弱化县域经济由于交通不便，自身经济规模偏小，教育和科技发展不足，政策优惠力度不够，使得这些城镇化经济在对外招商引资和促进内部居民创业方面都缺乏足够的吸引力。创业环境较差会导致居民缺乏创新激情，久而久之甚至失去创业的精神，给县域经济的发展带来不利影响。缺少较强竞争力的本土企业，也影响了这些县（市）相关产业吸纳就业的能力，阻碍了其城镇化进程的顺利推进①。

4.4.11 就业难

解决就业难的问题，首先要进一步提高城镇化水平特别是加快中小城镇发展，同时，就业问题还与服务业发育程度息息相关，因为服务业是三次产业中就业弹性最高的产业，也是最大的就业容纳器。服务业发展越好，制约城镇化提高的就业问题得到有效缓解，城镇化发展的就越顺利。研究资料显示，在三大产业中，第三产业就业弹性最高，约为第二产业的 1.4 倍，青海省第三产业

① 参考《中国社会科学院财经战略研究院报告》2015 年 8 月版。

新增亿元增加值能够比第二产业多提供 1200 多个就业机会，对城镇化的推动作用越来越明显。2012 年青海省服务业就业人员达到 64 万人，比 2000 年增加了 37 万人，年均增长 4.5%；服务业就业人员占全社会就业人员比重达到 32.7%，并且自 2000 年以来一直保持稳步增长态势，年均提高 0.8 个百分点。

其次，服务业是工业化之后城镇化发展的又一重要推动力量，其发展水平对城镇化具有至关重要的作用。城镇化率与服务业比重高度相关。按改革开放以来的数据测算相关系数高达 88.9%，新中国成立以来的数据测算更是高达 91.0%（见图 4—1）。从国内其他地方看，城镇化水平较高的地区，也都是服务业发展水平较好的地区。城镇服务业的快速发展拓展了城镇发展空间，城市辐射作用进一步增强，城乡产业结构、人口结构和生产力布局加快调整.有利于形成城乡互动、一体化发展的良好态势。

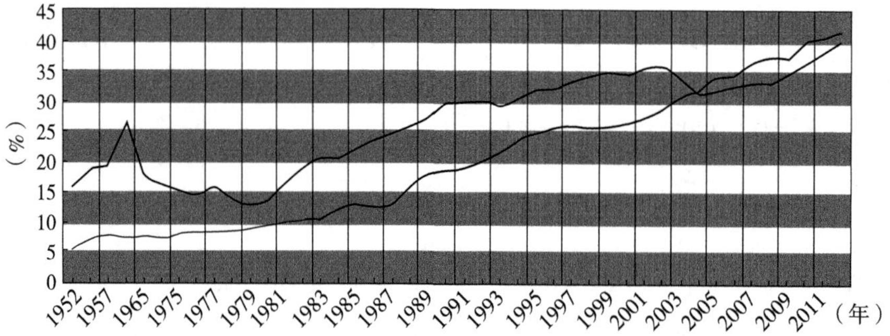

图 4—1　青海省城镇化率与服务业增加值比重变动比较

4.4.12 农业转移人口市民化进程较为缓慢，“半城镇化”问题难以解决

这主要是因为传统的城市管理制度只将具有城镇籍的市民纳入保障范围，而农村进城务工人员被排除在外。2012 年青海省城镇常住人口比户籍人口多 202.77 万人。按通常解决一名进城务工人员市民化需要 10 万元资金计算，青海省未来全部实现这些流动人口城镇化需要投入上万亿元的巨额资金；按目前国家用地标准，需要增加 1000 平方千米城镇建设用地，而按青海省过去 10 多年平均用地规模，至少需要增加近 3000 平方千米—这是一项非常大的挑战。

4.4.13 公共服务相对落后

公共服务场所存在总量供给不足、结构层次有待提升的问题。住房保障总体上仍处于起步阶段，覆盖面不高，部分中低收入群众住房困难仍未解决。卫生资源相对紧缺且配置不够合理，一些偏远地区、农村、社区和工矿地区等基层医疗服务匮乏。教育资源供给不足，新建小区的幼儿园、小学同步配套滞后，进城务工人员子女入学问题解决的还不够好。在城乡之间、东西之间、参保群体之间社会保障标准仍存在一定差距，相互之间接转不畅，制约了劳动力统一市场的形成和有序流动①。

4.5 发展态势②

城镇化是农村人口向城市转移、城市边界不断向外扩张的过程。在城镇化早期阶段，主要表现为农村人口向制造业中心集聚；在加速发展阶段，农村人口向大城市集聚与就地城镇化紧密结合，城市边界扩张与新城镇建设同行并存；在成熟阶段，则发展到以特大城市、大城市为核心的城市群形态，农村人口集聚辐射带动作用更为突出，城乡一体化趋势更加明显，绿色低碳智慧人文城镇发展模式基本形成。

青海省城镇化发展，既符合城镇化的一般趋势和规律，又具有明显的区域性、阶段性特征：

4.5.1 城镇化处于加速发展期

根据世界城镇化发展普遍规律，青海省目前仍处于城镇化率 30% ~ 70% 的快速发展区间。今后一个时期，随着新型工业化和信息化加速推进，农业现代化水平不断提高，人口城镇化将加速推进，迫切要求各类城镇进一步增强吸纳承载能力。

---

① 刘险峰. 西部特色城镇化问题研究［M］. 济南：山东人民出版社，2014: 109.

② 参考《青海省新型城镇化规划（2014 ~ 2030 年）》。

4.5.2 实施国家主体功能区和生态保护战略，进一步促进人口向城镇聚集

随着主体功能区规划和生态文明先行区创建活动的深入实施，将引导全省人口由发展困难、生态脆弱的地区，向资源环境承载能力较强、人居适应性较好、基础配套条件较为完善的城镇集中，以利于腾出更多生态保护空间，推进人口与经济布局相统一，与自然环境承载能力相适应。

4.5.3 人口流动方向将更加集中

从青海省人口流动规律看，一是向“祁河线”（祁连、河南县连线）以东区域聚集，这个区域以全省 7% 的国土面积集聚了 67.4% 的人口和 60% 的城镇，2000 年以来，新增城镇人口 90% 集聚在这一区域，未来“祁河线”以东区域仍将是青海省集聚人口的主要区域。二是向城市聚集，西宁、海东、格尔木、德令哈、玉树 5 个城市，以占全省 56% 的建成区面积，集聚了 70% 以上的人口、70% 的固定资产投资和 72% 的在校学生。西宁市人口密度已近 1.4 万人 / 平方千米，远高于全国二三线城市平均水平。2011 年以来，海东、西宁转户进城人口 60 万，占全省转户进城总人口的 78%。三是向交通要道、州府县城集聚。州府县城城镇人口占 6 州城镇人口的 86%，占全省城镇人口 26%。

4.5.4 对城镇可持续、包容发展的要求更为强烈

在人口快速向城镇流动的背景下，青海省城镇承载能力弱的问题突出，西宁等地交通拥堵，空气水体污染等城市病日渐显现，大部分建制镇基础设施建设滞后、生产生活条件艰苦。人民群众对提高生活质量、促进公共服务均等化的要求日益强烈，提高城镇可持续发展能力的任务十分繁重。

4.5.5 以城镇为平台的开放合作更为活跃

随着丝绸之路经济带建设步伐加快，以及全国产业分工合作日趋广泛和紧密，青海省城镇化重点区域特别是青藏铁路等交通干线重要节点城市，对外联系更加频繁，省内外城镇的交流合作也日趋活跃，承接产业转移、促进资源要素快速流动、产业布局优势互补的需求更为迫切。

4.6 新时期的发展机遇

4.6.1 政府扶持与政策倾斜

李克强总理在 2014 年《政府工作报告》中提出，“加大对中西部地区新型城镇化的支持”，为新型城镇化的空间合理布局指明了方向。

2015 年 11 月 27 日，国家发展改革委官方网站发布消息，经发展改革委等 11 个部门联合评审，同意将西宁市列入第二批新型城镇化综合试点入围城市之一。这意味着西宁市将享受国家新型城镇化相关政策。

为深入贯彻落实党的十八大和十八届三中、四中全会及中央城镇化工作会议精神，顺应全省新型城镇化发展需要，青海省政府出台了《2015—2016 青海省新旧房改造政策》，同时，在户籍管理方面，切实做到创新户籍管理制度，调整迁移政策，切实保障进城落户农牧业转移人口及其他常住人口合法权益等，并进一步细化完善户籍制度的相关配套政策。

4.6.2 比较利益驱使

自 2010—2015 年青海省新型城镇化水平与全国的平均水平的差距有下降趋势，但总的来说，差距依然存在。人均工业增加值与全国的差距由 2001 年的 1743.84 元拉大到 2015 年的 49350.80 元。这表明青海省新型城镇化水平比全国落后，工业化进程缓慢，比较利益效益较低。

表 4-6　2001—2015 年青海省人均工业增加值及城镇化率与全国对比

年份	人均工业增加值（元 / 人）			城镇化率（%）		
	青海	全国	青海与全国的差距	青海	全国	青海与全国的差距
2001	1674.17	3417.84	1743.67	26.8	37.66	10.86
2002	1853.71	3695.00	1841.29	27.1	39.09	11.99
2003	2205.92	4253.79	2047.87	27.5	40.53	13.03
2004	2862.74	5018.56	2155.82	27.7	41.76	14.06
2005	3770.38	5908.82	2138.44	27.9	42.99	15.09
2006	4860.57	6947.17	2086.6	28.2	44.34	16.14
2007	6267.99	8365.97	2097.98	28.2	45.89	17.69
2008	8474.55	9808.52	1333.97	28.4	46.99	18.59
2009	8462.22	10204.54	1742.32	28.4	48.34	19.94

续表

年份	人均工业增加值（元 / 人）			城镇化率（%）		
	青海	全国	青海与全国的差距	青海	全国	青海与全国的差距
2010	10950.51	12138.43	1187.92	29.4	49.95	20.55
2011	14346.08	14252.40	–93.68	32.8	51.27	18.47
2012	15698.92	15143.28	–555.64	35.4	52.57	17.17
2013	15853.03	16006.12	153.09	43.6	53.73	10.13
2014	16429.07	16721.24	292.17	47.3	54.77	7.47
2015	15255.71	49350.80	34095.09	50.3	56.1	5.80

资料来源：《青海统计年鉴（2015）》和《2015 年青海省国民经济与社会发展统计公告》《中国统计年鉴（2015）》和《2015 年中国国民经济与社会发展统计公告》或根据这些文件整理。

根据《青海统计年鉴（2015）》和《2015 年青海省国民经济与社会发展统计公告》或由该文件整理而成的资料，以青海省 2001—2015 年城镇化率（Y）分别与人均 GDP（X_1）、人均工业增加值（X_2）、城镇居民人均可支配收入（X_3）、农村居民人均纯收入（X_4）分别做相关分析发现城镇化率与所选择的 4 个指标高度相关（见表 4–7）。以城镇化率为因变量，分别以其他几个指标为解释变量，利用 SPSS17.0 软件建立线性回归模型，见表 4–7。

在显著性水平 $\alpha=0.01$ 的情况下，4 个解释量 X_1、X_2、X_3、和 X_4 的回归参数的 t 统计量都通过检验，因此，拒绝解释变量对因变量没有显著影响的原假设，而接受备择假设。说明青海省人均 GDP、人均工业增加值、城镇居民人均可支配收入、农村居民人均纯收入对镇化率有显著的影响作用。且所有的 F 统计量的 Sig.（F–statistic）= 0.000，表明拒绝原假设，接受备择假设，即表明其回归方程显著。

表 4–7　青海省新型城镇化率模型

r	模型	R 2	F	Sig.	标准估计误差
0.898	（11.680）（7.366）	0.807	54.251	0.000	3.614
0.812	（10.000）（5.019）	0.660	25.186	0.000	4.796
0.930	（9.083）（9.153）	0.866	83.769	0.000	3.013
0.956	（14.319）（11.767）	0.914	138.458	0.000	2.408

表 4–7 的数据反映青海省人均 GDP、人均工业增加值、城镇居民人均可支

配收入、农村居民人均纯收入每增加 100 元，城镇化率分别增加 0.56 个百分点、0.11 个百分点、0.12 个百分点、0.37 个百分点。同时，可以看出，在影响青海省新型城镇化率的 4 个因素中，人均 GDP 排第一位，农村居民人均纯收入排第二位，起作用较大，而人均工业增加值、城镇居民人均可支配收入相对影响较小。

4.6.3 信息化

信息化在促进经济发展过程中具有不可替代的作用。青海省处于由工业社会向信息社会过渡的转型期，信息化较于中国经济发达地区相对落后。青海的信息社会指数从 2011 年的 0.2698 提升到 2015 年的 0.3762，表明青海省信息化建设在稳步推进、信息社会发展相对水平在不断提升，信息技术不断向各行各业渗透，信息技术对青海经济社会发展的影响不断扩大。

近年来，青海省信息经济指数缓慢提升，从 2011 年的 0.2761 提升到 2015 年的 0.306。从全国排名看，青海省信息经济指数排名较为靠后，从 2011 年至 2015 年处于第 17 名至第 26 名之间，2013 年达到上限第 17 名，之后有所回落，这一定程度上与近两年青海经济增速由 10% 以上高速增长回调到 9% 左右中高速有关，但从纵向比较总体上仍处于上升态势。从分项指数看，青海的经济发展指数年年有增，且呈现稳中向好的趋势，2015 年达到了 0.2386，正在向全国平均水平（0.2699）靠近，近 5 年在全国的排名位次基本保持在 20 至 22 之间，这反映了青海经济发展支撑信息化建设和信息技术应用的能力不断增强；人力资源指数同样呈现出平稳增长的态势，2015 年达到了 0.6258，超过了全国平均水平（0.5710），近 5 年在全国的排名位次保持在前 8，这与青海近年来对教育的高度重视密切相关，将在今后较长一个时期持续驱动信息经济社会发展；产业结构指数则徘徊不前，2015 年为 0.2724，较 2011 年的 0.2889 小幅下降，低于全国平均水平（0.3677），在全国排名比较靠后；发展方式指数 2015 年为 0.0905，较 2011 年的 0.088 有所提高，但远低于全国平均水平（0.3094），在全国排名比较靠后；近年来，青海更是高度重视调结构、转方式，在一些具体领域和行业闪耀着亮点，但受限于经济社会发展所处的阶段以及高海拔的艰苦自然环境等客观因素，调结构转方式一直难以形成合力，长期以来在事倍功半的境况下艰难推进。

4.6.4 制度创新

在户籍制度创新方面，青海各地为适应以人为核心的新型城镇化发展需要，统筹推进工业化、信息化、城镇化和农牧业现代化同步发展，推动大中小城市和小城镇协调发展、产业和城镇融合发展，进一步放宽城镇户口迁移条件，创新户籍管理工作，统筹户籍制度改革和相关经济社会领域改革，合理引导农牧业人口有序向城镇转移，稳步推进城镇基本公共服务常住人口全覆盖，促进有能力在城镇稳定就业生活的农牧业转移人口和其他常住人口有序实现市民化。

在产业制度创新方面，国家有关部门大力支持青海发展六大产业集群，在青海构建全国重要循环经济示范区和特色优势产业基地，延长产业链等，如枸杞、奶制品等。

在土地制度创新方面，实行土地及不动产的登记、确认，土地供给制度改革，创新耕地模式，规范农村土地的流转，实行土地招拍挂出让制度改革。

在就业制度创新方面，各级政府将城镇新增就业、调查失业率纳入全省国民经济社会发展五年规划及年度计划，合理确定经济增长速度和发展模式，以稳增长促就业，以鼓励创业就业带动经济增长，建立健全经济社会发展政策促就业的评价机制，加强财税、金融、产业、贸易等政策与就业政策的配套对接，建立健全公共投资、重大项目和产业规划促就业的评估机制，同等条件下优先安排创造就业岗位多，岗位质量好的项目。

在社会保障制度创新方面，继续完善社会保障体系，逐步完善和提高医疗、养老、住房公积金，加快实现城乡社会保障一体化。

4.6.5 发展人文经济

当代社会是在以西方发达国家主导下的经济秩序及因之产生的系统化经济理论指导下发展和运转的。不可否认，与中国传统社会以儒家伦理为基本价值观形成的经济和科技发展模式相比较，这种西方价值观体系下的经济发展模式在实践中处于领先位置。但这是否就意味着中国传统价值观体系的落后，在学术界和思想界依然存在着巨大的争议。近代中国常提的“落后就要挨打”其实大部分集中在科学技术的落后，而挨打之前，也就是清朝末期，中国的 GDP 和人均 GDP 在世界上一直是排名第一的。《大国的兴衰》引用经济史学者贝罗克的统计，该统计显示，中国经济总量世界第一的宝座直到 1890 年才被美国抢去。麦迪森也认为："中国在之前近两千年的时间里一直是世界上最大的经济体，但到了 19 世纪 90 年代，它的这个位置被美国所取代。"他认为，中国 GDP 被美国超过的确切时间，是中日签订《马关条约》的 1895 年。本文无意就这种争议展开讨论，无论这种争论的结果如何，都改变不了西方的经济发展模式成为世界主流，拥有了所谓的"普适性"的事实。其结果是这种经济学的思维模式对人文和社会科学领域产生了深远影响。从人文领域来说，这种影响直接传递到了对其核心价值观的讨论中，即经济发展如何与一个地区的人文因素相互作用①。

4.6.6 一带一路

"一带一路"倡议构想于 2013 年提出以后，已经成为中国政府对外经济合作的最主要战略之一。所谓"一带一路"包括"丝绸之路经济带"和"21 世纪海上丝绸之路"，它不仅跨区域，而且跨国别，体量巨大，是世界上跨度最长的两条经济大走廊。它们将与历史上由中西各国共同建立的那条横贯东西、连接欧亚的古丝绸之路一样辉煌。

"一带一路"发端于中国，贯通中亚、东南亚、南亚、西亚乃至欧洲部分区域，中亚经济区；"一带一路"将覆盖欧亚大陆及印度洋沿岸超过 60 个国家，是世界上最具发展潜力的经济带。以既有的双边和多边合作机制、区域性合作组织为基础，借助中国"丝绸之路"的历史传统内涵，"一带一路"倡议将极大促进中国与沿线国家、地区间经贸合作，并带动沿线国家的基础设施建设和经济发展。"一带一路"倡议，为一个偏于一隅的青海迎来了前所未有的机遇。如今她已经是连接中亚的重要枢纽。青海处于丝绸之路经济带、中国—中亚经济走廊与西北经济带的大通道的连接点上，具有承东启西，连接南北的区位优势，是丝绸之路经济带的重要战略支点，是 21 世纪中亚丝绸之路的产业腹地。特别是中欧班列的开通，横贯新疆和欧洲全程只用 13 天，比起过去通过水运、海运抵达欧洲花费一个多月的时间，大大降低了运输成本。通过中欧班列，我国西部与欧洲联系得更紧密。在中国确定"一带一路"倡议后，各省纷纷不惜重金补贴打造中欧班列交通线，以致中国铁路总公司于 2014 年下半年再次调整

---

① 卜希霆，王青亦．网罗城镇：未来城市的想象力［M］．北京：知识产权出版社，2016: 78.

了中欧班列运行图，将运行线路南 8 条增加至 20 余条。跨越亚欧大陆桥的“新丝绸之路”正逐渐变得拥挤热闹。

在新一轮对外开放中，“一带一路”倡议将开放重点延伸到中西部广大内陆地区，尤其是丝绸之路经济带以陆路交通为轴线，带动广大内陆后发地区的发展；打破了长期以来我国主要以海洋运输为依托发展对外贸易、发展与世界各国经贸关系的模式，解决了我国广大西部地区对外开放的理念问题和通道问题，这为西部地区缩小与东部发达地区的差距提供了前所未有的机遇。“一带一路”倡议不仅仅解决商贸通道问题，对我国产业的转型升级、经济安全、对外开放格局都有着极大的推动作用。“一带一路”既是经济发展的新引擎，也是青海城镇化发展的机遇。

第 5 章　青海新型城镇化模式建设的战略构想[①]

① 本章内容发表在《柴达木开发研究》2016年第1期上，论文题目《青海新型城镇化模式建设的战略构想》。

城镇是一个国家或地区富足与文明的象征，是人们从事社会、经济、政治、文化活动的主要空间载体。城镇化程度是衡量一个国家或地区社会组织能力和管理水平的重要标志。[①]

青海省城镇化是在地广人稀、发展滞后、生态脆弱、区域城乡发展差异大和全国城镇化转型发展的背景下推进的，必须遵循城镇化发展规律，结合省情实际，积极稳妥、有力有序推进新型城镇化进程。根据青海省新城镇化的特点，本章提出青海新型城镇化建设模式的战略构想。

2012 年年底，中央正式提出新型城镇化战略构思。新的城镇化道路以科学发展观为指导，其核心是实现人的城镇化，提升城镇化质量，促进经济社会的可持续发展。中国的城镇化开始步入新的阶段，对城镇化的评价标准也有所变化。其中，人口城镇化质量是以外来农民的市民化和城乡人口均衡发展为表征，经济城镇化质量以产业结构不断优化、经济低碳绿色发展为表征，社会城镇化质量以基本公共服务健全、社会和谐为表征，空间城镇化质量则以生活空间方便舒适、生态空间山清水秀为表征。从上述评价标准看，民族地区的城镇化与新型城镇化的要求存在很大差距。

十九大报告提出“实施乡村振兴战略”，建立健全城乡融合的发展体制机制和政策体系，同时强调实施区域协调发展战略，“以城市群为主体构建大中小城市和小城镇协调发展的城镇格局”，这为青海省新型城镇化模式提供了重要的指导思想。

为此，民族地区将成为未来新型城镇化建设的重点。对此，全国政协委员、全国政协民族和宗教委员会主任、中共中央统战部原常务副部长朱维群就特别指出，推进城镇化必须从我国社会主义初级阶段基本国情出发，遵循规律，因势利导。民族地区的城镇化建设，既面临与内地相同的任务，又面临许

① 岳文海. 中国新型城镇化发展研究［D］. 武汉大学博士学位论文，2013.

多特殊的问题和矛盾。因此要从民族地区的实际出发，尊重规律，因地制宜，这为青海的新型城镇化模式指明了方向。

5.1 总体发展思路

进入 21 世纪以来，青海省新型城镇化进入了快速发展时期，至 2015 年全省城镇化率达到了 50.3%，依据《青海省城镇体系规划（2014—2030）》，青海省已构建起以西宁为中心、小城市和州府县城为骨干、小城镇为基础的城镇体系，全省城市由 3 个增加到 5 个，建制镇由 47 个增加到 137 个，城镇建成区面积由 2000 年的 245 平方千米扩展到 2013 年的 374 平方千米，增长达 50% 以上。但与新疆、陕西以及东部地区相比，还有一定差距，为更好地推进青海省新城镇建设，确定了包括如下内容的总体思路。

5.1.1 走多元化道路

城镇化是一个人口结构、产业结构、地域景观、生活方式和思想意识的转变过程。[①] 因此，本研究以为青海新城镇建设应以国家新城镇建设相关政策为依据，以“四区两带”为根本出发点，结合东部地区采取“城市群 + 中心城市”的区域城镇化模式，柴达木地区采取“城市带动 + 产业园区带动”城镇化模式，环青海湖地区采取“特色旅游城镇带动”城镇化模式，三江源地区“生态示范带动”城镇化模式，兰青、青藏铁路沿线城镇发展带将全省资源、人口、城镇、产业的核心集聚带，黄河干流沿岸城镇带发展生态旅游、特色农牧业的特色经济带的要求，进一步强化产业就业支撑从招商引资向选商引资方向转变，打造重点城镇，结合规划综合服务型、工业服务型、文化旅游型、商贸服务型、农牧业服务型等角度选择国内外在以上几方面有突出作用或贡献的企业或行业入驻这些重点城镇以市场为主导，立足区域经济发展的整体利益、环境承载力，关注以人为本的发展理念以可持续发展为根本要求，发挥市场机制在人口向城镇转移、要素向城镇聚集、城市内部结构调整和城乡关系调整等方面的基础性和主导性作用，遵循市场的一般规则，用市场化的方式，依靠各个城镇化主体的自主决策、创新和协调，尊重市场规律，尊重市场选择。[②] 同时

① 岳文海 . 中国新型城镇化发展研究［D］. 武汉大学博士学位论文，2013.

② 侯衍鹏 . 青岛市小城镇建设机制研究［D］. 中国海洋大学硕士学位论文，2010.

政府亦要为市场机制在城镇化进程中发挥和提供政策空间，青海地广人稀，区域联系较为困难，沙漠、戈壁、高寒地带等皆不适宜于人类居住，生态系统也极为脆弱，因此，针对这些地区城镇化并非简单的人口流动，而是要通过城镇结构多元化，按照区域内产业布局、内部经济结构、人口分布等具体状况形成分工合理、各具特色的城镇体系。在空间布局上的多元化表现在依据青海地形复杂、生态脆弱、环境承载力有限的特点以水土资源的可利用程度和生态环境承载能力决定空间布局，可团状、带状、点状，使城镇体系与自然生态环境亲和协调。在城镇定位上也应有合理的产业和市场分工，发挥优势，发展特色城镇，防止产业趋同现象发生，建设一批能源工矿型、特色资源加工型、民族文化旅游型、民族贸易型和综合性城市，以经济效益、生态效益和社会效益三者兼顾为原则，实现青海省城镇产业结构的多元化调整和升级，在城镇人口聚集上实现多元化，就是要在遵循市场规律、利益导向的原则基础上，既鼓励农牧区人口向东中部或其他西部大、中城市转移，实现异地城镇化，也可以允许他们就近向小城镇转移，并把实施退耕还林还草和整村整组向城镇迁移的生态移民一起向城镇聚集，当然还要考虑到少数民族人口城镇化聚集的特殊要求，形成民族城镇社区。最终实现生态环保、设施配套、宜居宜业的要求，走绿色城市、智慧城市、人文城市发展的多元化道路。

5.1.2 局部跨越发展

城镇化的核心是产业和人口向城镇的不断聚集，而新城镇的发展则强调以人为本、城乡统筹、产城互动、节约集约、生态宜居、和谐发展，大中小城市、小城镇、新农村协调发展，互促共进城镇化，因此作为局部区域，一是依托国家和省市相关政策，依托本区域经济技术发展的水平推动城镇化发展，“科学技术是第一生产力”，经济技术的发展水平对城市化进程有积极的推动作用，作为经济和技术欠发达地区，可采取先促使该区域民众向城市或地区中心城镇迁移，以迁移为城镇化发展道路。二是依托当地自然地理状况推动本区域城镇化，对于地理优势贫乏的区域可以采取自发迁移或投入式非迁移性城镇化模式，对于地理优势较好，有良好自然景观的区域可采取开发式非迁移型城镇化模式，通过对该区域自然景观旅游价值的开发和挖掘，大力发展以旅游业为中心的第三产业，实现该区域的城镇化模式。对于地势较为平坦，交通较为便利的区域可选择由企业主导开发的非迁移的城镇化模式。三是依托本区域人文资源实现城镇化发展。人文资源既包括该区域的物质文化资源也包括在此基础上形成的非物质文化资源，因此，对于这些区域可以采取对人文资源的提升，进行旅游品牌的打造，既要保护当地的历史文化遗存，又要在原有基础上再现该区域非物质文化资源，实现就地城镇化。

5.2 战略原则

青海省新型城镇化建设必须以邓小平理论、“三个代表重要”思想、科学发展观为指导，全面贯彻十八大、十八届二中三中全会和中央城镇化工作会议精神，以人的城镇化为核心，以统筹解决好“四个一部分”①农牧业转移人口的市民化问题为主线，以建制镇为基础，以城市群和重点城镇为主体，以改革创新为动力，着力破除城乡及城市内部二元结构，着力推进基本公共服务均等化，着力优化城镇布局，着力提升承载能力和发展质量，走以人为本、科学布局、城乡统筹、生态文明、文化传承的具有青海特色的新型城镇化道路，为奋力打造“三区”、建成全面小康社会奠定坚实基础。②

5.2.1 生态保护为首

青海总体在生态上表现为地广人稀、生态脆弱，因此生态保护是青海省新城镇发展的首要原则。本研究认为应从以下几方面入手：一是发挥政府作用加强环保规划，政府可根据自己区域的实际，编制开展生态城市建设或可持续市场建设的行动纲领，并在此纲领基础之上，制定每个城镇的环境规划方案，在相应的乡镇污染防止规划、禽畜养殖污染防治规划、农村生活垃圾收集处置规划等规划基础上不断调整完善，依据环境保护的性质和特点，积极配合改革户籍制度，促进农村人口向小城镇集中，并为其提供就业机会，使其不断对自己现有家园产生归属感，通过培训和引导灌输环保意识，使其环保意识不断加强，也可对在生态环保方面表现突出的公众给予适当的奖励。二是健全新城镇环保法规体系。根据国家关于法治建设的相关要求，针对各城镇实际，加强环保法治建设，并依据相关如生活污水污染防治、秸秆焚烧与综合利用、农村生

① 常年在省外务工的约 30 万农牧业转移人口、已进城常住的约 80 万农牧业转移人口、未来 7 年将要进城的约 40 万农牧业转移人口、在城中村、城郊村、建制镇居住的约 30 万实际“农牧民”。

② 参考《青海省新型城镇化规划（2014～2030 年）》。

活垃圾收集处置等方面的法律法规和标准落实新城镇政府对环境保护工作的责任，不仅要把辖区环境质量作为考核政府主要领导人工作的一项重要内容，还要加强执法检查的力度，用法来制约和监督政府，法院可对环保案件作终极的司法审查。政府和其他公权机关必须严格服从法院的判决。三是大力发展新城镇生态文明建设。政府在借助媒体进行正面宣传的同时，也要积极优化城镇土地资源的格局，找到环境、资源以及人口的平衡点，实现生态文明以及经济效益的双赢，在发展的过程中避免出现土地资源滥用的情况，应将农业发展的空间留出来，不断强化生态产品的产出实力，综合治理荒漠化、水土流失等难题，同时加大监管理度，对环境问题的追究和赔偿机制上要积极完善。四是建立生态示范镇，展现科技魅力。注意借鉴国内外的先进技术，在新城镇建设的污染防治和农业废弃物综合利用方面走产业化开发道路，创建环境优美的生态城镇，通过这些创建活动树立一批社会、经济、环境协调发展、环境优美的生态城镇，并加以推广，实施生态工程，减少相关城镇对不可再生物质和能源的消耗和依赖，还子孙后代一片青山绿水。

5.2.2 城乡一体化

城乡一体化是解决“三农”问题的根本途径，是全面建成小康社会的重大战略，是科学推进新型城镇化的有效举措，也是城乡居民共享发展成果的根本保障。随着工业化、信息化、城镇化、农业现代化同步加快发展，中央全面深化改革、共建丝绸之路经济带深入实施，青海城乡一体化将迎来新的机遇。

要加快青海省新城镇建设，就必须加大城镇对居民及乡镇企业的吸引力，带动城乡一体化经济增长，逐步实现“农村到小镇再到小城市”的发展目标，以不同产业融合式发展为理念，以现有资源优势为依托，第二产业尤其是制造业与第三产业交织，综合发展各种产业，缩小城乡差别，统筹城乡资源、要素合理配置与流动，政府要充分发挥市场调节功能，统筹城乡劳动力资源配置，建立统一完善的城乡劳动大市场，制定相关政策法规、改善就业环境、鼓励人才智力在城乡之间自由迁移。统筹城乡资本资源配置，加大财政投入和支持力度，引导城市资本逐步流向农村。统筹横向信息配置，建设城乡一体化信息平台，实现市场需求、供给、人才交流等信息的快速传递并加强与相关院校、科研院所等科研机构的合作，形成研发、生产、销售一体化的机制，实现长期协作机制。

5.2.3 城市化与经济发展相适应，兼顾地区差异

城市化与经济发展相适应，需要根据城市化定位与经济发展水平确定土地模式。具体表现为中心城市西宁及其周边地区城市化水平较高，对资本和人力具有较好的集聚作用，建设用地等政策上坚持集约利用的同时在农业上优先发展高效农业；在项目建设用地供应上首先保证技术含量高、产出效应高、带动作用强的产业项目规划用地，并鼓励对现有城市和农村建设用地利用的挖潜；对于柴达木区域，作为国家循环经济发展示范区，城市化发展已经具有较好基础；在建设用地供应政策上，可大力加强区域内部基础设施建设，促进配套产业的发展，鼓励现有企业在产业上发展壮大，并形成发展的传承关系；环青海湖地区，城市化发展的基础条件相对较弱，对外来资本和人力资本的集聚能力较弱，可以旅游休闲、自然观光、文化体验等特色为基础，关注相关基础设施和配套产业的投入，发展劳动密集型深加工和资源型加工产业，以促进大量劳动力就近向城市转移，形成有区别的多样的特色产业集群。同时，进行科学的城乡统筹规划，实现城市化与产业及经济的协调发展。

新城镇建设是解决城乡和区域差距的基本途径，因此，青海新城镇建设要依据地方实际，适度有序吸引资金，大力提升公共基础设施和交通设施，提升城乡居民的就业比例，统筹城乡区域协调发展，逐步缩小城乡区域差距，推进产业结构优化升级，促进二、三产业的协同发展。重视公众利益诉求，推进区域发展的主体的多样化，在城镇化发展中让相关利益主体参与区域主体利益分配，地方政府要履行好公共产品和服务的提供，改善区域发展环境，支持企业、居民及非政府组织逐步成长为独立的区域主体，鼓励各区域主体参与城镇化发展中涉及切身利益的法规和政策的制定、实施、监督，并以法律法规形式规范城镇化发展相关利益主体的利已行为，使相关利益最大化。

依据不同区域的实际，适时调整地方政府绩效考核体系，对于相对城镇化发展水平较好的中心城市地区，重点关注其城镇化质量提升，对于相对比较弱的海东等重点地区，考核放在城镇化水平的基础上，对于环境脆弱，景观城镇化发展水平较低的柴达木、三江源地区，应强调其生态功能的发挥，弱化城镇化发展水平考核，通过生态补偿以及财政转移支付等途径实现城镇化健康发展。

5.2.4 注重以人为本[①]

尊重群众意愿，合理引导人口流动和迁徙，把促进有能力在城镇稳定就业和生活的常住人口有序实现市民化作为首要任务，稳步提高常住人口城镇化水平；控制重要生态功能区人口增长，引导海拔4000米以上地区人口逐步搬迁到宜居城镇；不断提高人口素质，着力增强转移人口融入城镇的能力，促进发展成果公平共享和人的全面发展，建设社会和谐城镇。

5.2.5 注重分类指导

以加强职业技能培训、基本权益保障为重点，提升常年到省外务工的青海省农牧业转移人口的就业层次，增强融入当地社会的能力；以就业服务、基本医疗、基本养老保险、住房保障为重点，尽快解决好省内已进城常住农牧业转移人口的基本公共服务共享问题；以户籍改革为重点，统筹解决好未来7年将要进城的农牧业转移人口市民化问题；以棚户区、老旧住宅区改造和新型社区建设为重点，妥善解决好在城中村、城郊村、建制镇居住的实际“农牧民”就地城镇化问题。通过分类指导，积极、有序、稳妥地解决好转移农牧民基本公共服务问题。

5.2.6 注重城镇化质量

统筹中心城区改造和新城新区建设，疏解要素集聚空间矛盾，改善人居环境；选择一批自然条件较好、区位优势突出、交通便利的县城和建制镇，集中力量建设好基础设施和公共服务设施，成为青海省城镇化发展的重要支撑。提高城镇土地利用效率、能源资源利用效率，建设宜居幸福城镇。

5.2.7 注重遵循自然规律

依据区域主体功能定位、资源环境承载能力、发展基础和潜力，科学规划城市规模、布局及其发展模式，促进大中小城市和小城镇特色化差异化发展。破解水土资源瓶颈制约，强化环境保护和生态修复，推动形成集约高效、绿色低碳循环的生产生活方式和城镇建设运营模式，建设生态文明城镇。

---

① 参考《青海省新型城镇化规划（2014～2030年）》。

5.2.8 注重遵循市场规律

充分发挥市场配置资源的决定性作用，促进城乡要素平等交换和公共资源均衡配置，使城镇化成为市场调节、自然发展的过程。通过培育、引导、激励市场主体，推进产业转型升级，繁荣发展服务业，增强城镇创新能力、产业承接能力和就业创业吸纳能力，促进产城融合发展，建设百业繁荣城镇。

5.2.9 注重发挥政府作用

加强顶层设计，统筹制度安排，凝聚各方共识，使城镇化成为政府引导、科学发展的过程。统筹推进人口、土地、投融资、住房等领域改革，营造有利于城镇化健康发展的制度环境；推进城镇基础设施和公共服务设施建设，改善和强化公共服务；创新城市社会管理和规划管理，提高城市治理能力，建设平安边界城镇。

5.2.10 注重文化传承

根据不同地区的自然历史文化禀赋，积极探索符合高原实际、各具特色的城镇发展模式，注重培育文化软实力，延续城镇历史文脉，融入现代元素，形成多元、开放、包容的城市文化，打造历史底蕴厚重、民族风情浓郁、时代特色鲜明的美丽城镇，促进自然与人文、现代与传统交融辉映，建设魅力人文城镇。

5.3 战略目标与重点

5.3.1 战略目标[①]

到 2030 年，全省城镇化水平迈上新台阶，“四个一部分”农牧业转移人口的市民化问题基本解决；城镇体系趋于完善，各类城镇协调发展，城镇基础设施和公共服务设施水平显著提升，综合承载能力和可持续发展能力大幅提高；人居环境明显改善，各族人民生活更加殷实、更加和谐；改革开放取得重大突破，新型城镇管理体制和运行机制基本建立（见表 5–1）。

---

① 参考《青海省新型城镇化规划（2014 ~ 2030 年）》。

表 5–1 青海省新型城镇化发展指标表

类 别	指 标	单位	2013 年	2020 年	2030 年
城镇化水平	常住人口城镇化率	%	48.5	52	60 左右
	户籍人口城镇化率	%	44	46	50 左右
	农村转移人口落户城镇数	万人		〔30〕	〔40〕
基本公共服务	城镇常住人口保障性住房覆盖率	%	25	28	≥ 30
	城镇常住适龄人口接受义务教育比例	%	97.6	98	100
	城乡劳动力基本职业技能培训覆盖率	%			≥ 90
	城镇常住人口基本养老保险覆盖率	%	35	63	≥ 90
	城镇常住人口基本医疗保险覆盖率	%	65	85	≥ 95
基础设施	城镇公共供水普及率	%	91.8	92	93
	城市家庭宽带接入能力	兆比特 / 秒	12	20	50
	城市污水处理率	%	60	80	95
	城市生活垃圾无害化处理率	%	75	85	95
	城市社区综合服务设施覆盖率	%	37	54	100
资源环境	城镇建成区绿化覆盖率	%	23	25	28
	城镇可再生能源消费比重	%	50	53	53
	绿色建筑占新建建筑比重	%	6.5	25	50
	城市空气质量达到二级标准以上的比例	%	60	＞ 65	＞ 75

注：部分数据为 2012 年数据。

1. 城镇化水平显著提高，人口更加集聚

新增城镇人口 90 万，其中农牧业转移人口落户城镇 40 万，全省常住人口城镇化率 60% 左右，达到全国水平，户籍人口城镇化率达到 50% 左右，人口集聚度明显提高。

2. 市民化问题基本解决，社会更加和谐

常年在省外务工的农牧业转移人口，省内已进城常住农牧业转移人口，未来 7 年将要进城的农牧业转移人口和在城中村、城郊村、建制镇居住的实际“农牧民”等“四个一部分”农牧业转移人口的市民化问题基本解决，城市内部二元结构问题基本消除，农民工融入城镇的素质和能力进一步增强，基本公共服务更加完善和公平。

3. 城镇化格局明显优化，规模结构更加合理

以 1 个大城市、4 个区域性中心城市、8 个左右新兴城市和 80 个重点城镇为主体的新型城镇化格局基本形成，各类城镇协调发展，规模结构更加合理。

4. 城镇承载能力大幅提高，综合服务功能更加完善

分批解决进城落户农牧业转移人口基本公共服务全覆盖问题，城镇保障性住房覆盖率达到 30% 以上。城镇道路、供水、宽带接入等指标明显提升，基础设施和公共服务达到全国同类城镇平均水平，承载能力和公共服务水平大幅提高。

5. 城镇生态环境明显改善，人居环境更加和谐宜人

城市空气质量二级标准以上的比例达到 75%，城市垃圾、污水处理率均达到 95%，城镇建成区绿化覆盖率达到 28%，城镇生态景观得到有效保护，人文特色得到传承发展，城镇发展实现个性化。

6. 体制改革取得重大进展，城镇管理更加顺畅高效

人口管理、土地管理、社会保障、财税金融、行政管理、生态环境等制度改革取得重大进展，阻碍城镇化健康发展的体制障碍基本消除，城市社区综合服务设施覆盖率达到 100%。

5.3.2 发展重点

1. 关注城镇化协调发展

科学是第一生产力，因此，青海新城镇化建设应从科技入手，具体体现在，一是加快发展具有竞争力的企业。壮大产业化企业集群，通过政策资金和金融资金支持，完善政府、企业、金融与农户利益共享、风险共担的政策机制，深入挖掘各区域资源优势，大力引进新农业产业化龙头企业，促进现有农业龙头企业迅速做大做强，加速产业集群化以及农业工业化进程，并结合地方实际培育新兴产业体系，支持农村旅游、林木花卉、特色养殖、中藏药开发、藏毯产业等产业发展，多渠道壮大农村经济，增加农民收入。二是建立科学的就业体制。完善城镇就业服务体系，统筹城乡公共就业服务，就近涵养安置农村劳动人口就业，努力完善城乡就业一体化管理制度，让城乡居民平等享有公共就业服务，制定并实施城乡统筹就业规划、将小城镇居民就业纳入整个社会就业体系，同步推进、同步考核，同时依托街道、社区、村就业和社会保障服务站，开展一对一就业服务，创新城乡就业一体化的政策，对小城镇登记失业

给予补贴、培训补贴，对吸纳城乡就业困难人员的企业给予岗位补贴、社保补贴，对自主创业的农民给予小额担保贷款及全额贴息贷款等，全面提升充分就业层次。

2. 优势特色经济的培养与发展

依托不同区域资源实际，突出产业特色，支持发展特色种养业、加工业及乡村旅游等产业发展，关注培育新兴产业体系。坚持城镇建设项目化原则，整合项目资源，畅通项目信息渠道，大力发展特色种养殖业，加快畜牧业标准化、规模化进程、关注绿色、有机和无公害种植业品牌的建设，实现一村一品牌或多村专业化生产基地。

3. 社会保障、保险服务体系进一步完善

各级政府依据地方实际，建立健全覆盖城乡居民的社会保险体系，建立完善各类用人单位和从业人员基本养老保险体系，构建城乡统一的社保经办服务体系，积极跟进城镇化步伐，以城乡劳动者需求为落脚点，进一步加强资源整合，充分运用信息化手段，加大网格化实施力度，强力推进劳动保障平台向农村延伸，向农牧民覆盖。

5.4 发展道路与重点

5.4.1 严肃规划意识，推动新型城镇化建设上档次

走精品化的发展道路，从城乡一体化角度出发，从经济建设、城市品位、城市人文精神融合发展的层面，突出依山、沿路、傍水等地理优势及人文风情、产业特色、周边环境要素，在省级试点城镇总体规划、市政基础设施专项规划等结合土地利用总体规划的前提下，突出功能定位、区域布局、产业支撑、文化品位、建筑风格、个性特色等方面，差异性制定各城镇建设规划，突出加强基础设施规划编制，提高省市两级试点镇供水、道路、供热、供气、绿化、污水和垃圾处理建设水平，同时确立近期及中长期发展目标，科学设定城镇容量、产业布局和发展走势，打造各具特色的城镇群，防止和杜绝“千镇一面”的现象出现。

5.4.2 加快新农村建设，促进城镇人口集聚和资源共享

坚持因地制宜、资源优化、合理布局，在以经济为主的基础上还要协调发

展，长远发展，充分考虑地缘关系、历史沿革、风俗习惯、自然条件、资源特点等因素，依托相应的鼓励、保障政策推进镇、村、庄拆并整合，加快居住城镇化、保障城市化、产业集聚化进程。一是撤村建居。城关镇和建制镇内村，推行城市社区化管理，实现城镇一体化。二是整村撤并。对于近郊村庄实现整村撤并和管理权限撤并，壮大中心集镇。三是弱小整合，对人口少、面积小、经济实力弱的偏远村庄，按照10或15公里半径范围撤并，有效提高村庄散落、经济弱小、管理散漫等问题。

5.4.3 坚持典型示范，带动加快新型城镇化建设步伐

积极推进培养优秀试点城镇，不断推进“百镇建设行动”，培养和支撑有特色乡镇参与“百镇建设工程”，尽可能争取专项贷款和政府资金，建立相关地方扶持政策，落实奖补资金，加快建设步伐。

5.4.4 强化产业支撑，为新型城镇化建设提供有力支撑

以建设旅游名镇、文化名镇、特色产业名镇等为发展思路，依据资源、地源和产业基础情况，因地制宜地发展试点旅游、文化、特色产业等，不断壮大试点经济实力，形成与周边农村和区域中心城市协调发展的城乡新格局。发挥区位优势，突出产业特色，支持发展特色种养业、加工业及乡村旅游等产业发展，关注培育新兴产业体系。坚持城镇建设项目化原则，整合项目资源，畅通项目信息渠道，大力发展特色种养殖业，加快畜牧业标准化、规模化进程、关注绿色、有机和无公害种植业品牌的建设，实现一村一品牌或多村专业化生产基地。以相关园区经济为依托，招商引资的同时，注意将相关项目向园区集中，产业向园区集聚，对土地资源坚持高效利用，壮大支撑旅游名镇及相关城镇的产业集群。关注外向型经济的发展，以“一带一路”为契机，提高地产品加工及出口比例，积极拓展境外资源及基础设施建设等领域的合作。扩大境外农业合作，再次推进地方特色经济的出发。

5.4.5 不断完善城镇社会保障体制，为新型城镇化建设保驾护航

依据地方实际，充分借鉴国内外将“基础设施和社会服务建设放在优先考虑位置”的经验，关注“城乡统筹、待遇标准城乡衔接，机构设置城乡统一”，建立健全覆盖城乡居民的社会保障体系，实现“老有所养，病有所医，

失有所助，伤有所补，育有所得”的目标。

一是，在构建城乡均等的养老保障政策体系，建立完善各类用人单位和从业人员基本养老保险体系，全面实施新型农村社会养老保险和城镇居民社会养老保险，实现“失地农民保障”向“企业职工养老保险”的转移，并结合失地农民的特点制定多层次的基本养老制度。二是，构建城乡均等的医疗保障制度，全面构建基本医保、新农合、居民医保为主、生育险、工伤医保、医疗救助等为辅的医保体系，建立科学、完善同时便于城乡各类从业人员参保的医疗保险制度和服务体系，逐步推进扩大医疗保险覆盖范围、提高医疗保险待遇标准，基本实现城乡各类就业人员平等享有医疗保险。三是，构建城乡均等的社会保险服务体系，加快相关平台建设，完善市、县、镇社会保险一体化管理服务体系，为城乡居民提供便捷、高效的社会保险服务体系。四是，构建有针对性的社保经办服务体系，以城乡劳动者需求为出发点，完善和加强相关资源整合，结合信息化时代特点，为城乡劳动者提供高水平、全方位的公共服务。

5.4.6 关注制度建设与创新，推进公众对新型城镇化建设的支持与理解

政府部门适当赋予相关乡镇户籍、社会管理、土地管理、税费收入、财政收支等方面的行政管理职能。支持、鼓励和引导农村剩余劳动力向城镇转移，为新城镇的建设发展注入劳动力资源，推进土地流转、户籍管理改革、金融、税收等公共管理方面的政策制定、改革和实施，让农村剩余劳动力积极延伸到新城镇的建设和发展中，并就新城镇政策及时开展多种形式的宣传活动，加强公众的民主讨论活动，不断提升新城镇建设的民主化程度，以及公众在社会建设中的积极作用，培养公众对所在城镇的归属感和认同感，不断提升公众对新城镇建设的支持与理解。

5.4.7 加强中心城镇的发展，实现区域间可持续发展

依据新城镇发展的定位，整体经济发展目标、思路和措施等，将城关镇、建制镇、中心村统筹兼顾，防止出现重复建设、各自为政的现象的发生，使城镇经济结构调整和产业布局适宜省域经济发展需求，提升有发展基础的城镇的产业结构和总体经济实力，对于地理位置重要、发展特点突出但发展暂时滞后的城镇要加大扶持力度，实现城市新的经济增长。完善中心城镇的各项功能，加大基础设施特别是道路交通、水电供应、垃圾处理等的投入，同时加大融

资力度，制定土地等优惠政策，最大限度地吸引民间和社会成本投入到新城镇建设中，关注城镇的教育卫生、科技文化等民生设施建设，关注城镇的发展潜力和软实力，建立乡村物资聚散地、城市商品交换枢纽，强化城镇的辐射功能，增强区域间的文化、科技、卫生交流，不断强化新城镇的社会服务功能。

5.4.8 资源节约与环境保护相结合，以生态文明理念推进新型城镇化

青海新型城镇化建设应以资源节约和环境保护为原则，以生态文明的理念推进新型城镇化建设。生态文明下的青海新型城镇化建设必须做到四点：一是保障生态安全；二是推动产业结构调整；三是保护自然环境；四是要选择“低冲击”的城市发展模型。

青海新型城镇化建设应该从生态文明视角推动城镇的规划、建设和发展，按照主体功能区的要求，强化“三区四线”管制。按照主体功能区的要求，在省级层面提出需要保护的空间和分级管理的要求，加强对重要资源和生态环境保护区域的保护，加强对区域发展具有重要影响的地区的空间管理，控制城市无序蔓延。在市县层面划定“三区”和“四线”，即“禁止建设区”“限制建设区”“适宜建设区”，以及“蓝线（水体控制线）”“绿线（绿地系统控制线）”“紫线（文物和历史文化街区控制线）”“黄线（市政基础设施建设控制线）”，加强对城市水系、公共绿地、基本农田、历史文化保护街区等建设的控制和管理，把省级规划中的保护要求落位到空间地域的管理上。

青海的新型城镇化建设必须保证规划的科学性、合理性、有序性和系统性，促进城镇经济社会的科学与协调发展，实现可持续发展。制定并严格依据节能、生态、环保的标准，严格执行用地标准和规划标准，切实提高土地使用效率，确保农村耕地资源得到完备保护，杜绝土地浪费及土地污染等现象的发生，特别是对生产绿地、公共绿地、生活区绿地、庭院绿地等建立有特点的绿地系统，若要引进企业或创办企业，就应坚决禁止有工业性污染或城市性污染转嫁的情况发生，严格禁止高污染、高耗能、低效率的企业入驻，依据当地实际，有计划地开发生态旅游、乡村旅游等产业，加大对当地居民的宣传，得到当地居民的支持，加强与相关旅游合作单位如网络平台、旅行社等的联系，在大力对外宣传的同时共同保护当地旅游资源，实现生态协调、有序、可持续发展。

5.4.9 延长产业链，采取产业续接策略

产业续接策略，是指在资源开发的基础上，发展下游加工业，建立起资源深度加工和综合利用的产业集群。采掘业属于中间投入型基础产业，其产业关联特点是前向关联效应大，而后向关联效应小，产业延伸策略利用这一特点向前延伸产业链，其优点是在转型的初期能够充分发挥本地的资源优势，同时上下游产业在生产、管理和技术方面具有明显的相关性，实施转型的难度较小。

随着下游产业的不断发展壮大，其竞争能力和自我发展能力将逐渐增强，将来即使本地资源逐渐枯竭，也可以从外部输入资源进行加工，维持该城市的持久繁荣。随着产业链的延伸，下游企业和配套服务企业的数量不断增长，大量生产经营相关联的企业在一定空间内的聚集所带来的专业化生产、低运输成本、低交易费用、便捷的沟通和配套服务等都将导致聚集经济。从竞争的角度来看，产业链实质上是一条价值链，资源型城市在这一条价值链的源头已经拥有廉价资源的优势，再加上产业聚集带来的聚集经济，使得这一价值链极具竞争优势，因此整个城市经济也将获得相应的竞争优势。

青海省资源丰富，但城市产业结构存在的突出问题是过于依赖采掘业，加工业薄弱，对外输出的主要是廉价的初级产品，这不但使资源型城市的产业结构过于单一，也造成了青海省产业结构布局的不合理。如大批高耗能企业仍然主要分布在东部地区，这种不合理的工业布局不仅增加了能源交通成本，也抬高了能源价格，而且也削弱了高耗能企业的竞争力。如果在煤炭产区利用本地丰富、廉价的煤炭资源建设坑口电站，集中进行脱硫处理，对外输出电力，或建立起高耗能的加工业，如电解铝、氯碱化工等，不但有利于实现资源型城市的产业转型，对全国的产业布局优化也是极为有利的。

5.4.10 产业重构，采取产业替代策略

所谓产业替代策略，是指利用资源开发所积累的资金、技术和人才，或借助外部力量，建立起基本不依赖原有资源的全新产业群，把原来从事资源开发的人员转移到新兴的产业上来。该模式无疑是最彻底的产业转型模式，它摆脱了对原有资源的依赖，但如何在以采掘业为主导的产业基础上，发展有竞争力的替代产业群是该模式面临的最大挑战。这是因为企业在长期的经营活动中会逐渐形成一定的思维习惯和行为方式，即所谓的主导逻辑，当新业务要求的

经营模式与企业原有的主导逻辑发生冲突时容易导致经营活动的失误。以法国洛林为例，面对已经完全丧失竞争力的煤炭和铁矿开采业，法国政府采取了断然措施，目前铁矿已被关闭，煤矿也正在陆续关闭。为促使替代产业发展，法国采取了一系列措施，如：制定优惠政策，大量吸引外资；建立企业园圃，培育中小企业；加强职业技术培训，促进劳动力转岗就业。在发展汽车产业时，洛林首先引进了雷诺汽车公司在此投资建厂，并促进大量配套企业在当地的发展，进而吸引其他的汽车公司也在这里建厂。经过这种良性循环，洛林的产业转型取得了明显成效，目前，汽车、电子和塑料加工业已经取代了传统的煤炭和铁矿开采业。

5.5.11 优化组合，采取产业接替复合策略

产业接替复合策略，是指资源型城市产业转型不是采取以上某种单一的模式，而是采取以上两种模式的复合，即在转型的初期采取产业延伸模式，城市主导产业逐步由采掘业转变为加工业；随着加工业的发展，城市功能逐步完善，新兴产业不断发展，城市逐步演化为综合性城市。

在这种转型模式的初期，城市主导产业逐步向采掘业转变为以资源深加工业为主导的产业群。大量加工企业在一定区域内的聚集除了导致经济的聚集，还有利于企业的快速发展①。

5.4.12 商业服务业的发展，推进了城镇化发展进程

农村是一个大市场，农村的发展关系到全国经济的发展。实施城镇化战略，促进城乡共同进步，是国家“十五”计划纲要提出的调整社会经济结构的一项战略性任务，这对调整商业结构、推进农村城镇化提出了重要的新课题。

在城镇化建设中，商业服务业得到了长足的发展，同时也刺激了城镇居民的消费。发展绿色城镇是推动我国商业服务业长足发展的有效途径。1980 年的商业服务业是 2019 亿元，2008 年是 29725.2 亿元。通过数学模式计算得出结论：城镇化比率每提高 1%，人均社会消费品零售额相应提高 9.05%，城镇化进程与商业服务业发展存在明显的正相关关系。

要致力于新型工业化、新型城镇化、新农村建设的整体推进，以产业和人

① 吴殿廷，杨春志，钱宏胜．中国新型城镇化战略及其推进策略［M］．南京：南京大学出版社，2014: 182.

口集聚为重点，以民生和生态改善为目标，以空间和要素保障为支撑，以体制和机制创新为动力，以文化和文明建设为灵魂，努力建设乐业安居的创业型生态新区。把人口城镇化作为重要任务，加快集聚人气。着力建设生态型新城，把工作重心从框架性建设转移到功能性建设，做好便民、利民、安民、乐民、育民文章。着力推进梯度式转移，推动“离乡又离土”的农民向新城区转移，加快“离土不离乡”的农民向中心镇、重点集镇、中心村转移，引导“兼业”农民适度向集镇转移。着力完善激励性政策，实现“留住当地人、扩大园区人、增加读书人、吸引区外人、接纳乡村人”的目标。

在居民的消费支出构成中，2015 年，我国城镇居民和农村居民分别为 74.4% 和 25.6%，城镇居民和农村居民的消费比重比 1998 年分别提高和下降了 11.3 个百分点。2015 年，我国城镇居民购买的消费品零售总额为 70355 亿元（市和县合计），比 2014 年增长了 2.9 倍，而农村居民为 18855 亿元（县以下），仅增长 2.1 倍，城镇居民和农村居民占全部社会消费品零售总额的比重分别上升和下降了 5.5 个百分点。我国目前有近 8 亿农民居住在农村，按人口计算的人均消费品购买量则更低。加快城镇化建设，将带来消费需求的成倍增加。商业服务业是实现居民消费需求的必要条件，随着城镇化建设的推进，商业服务业将会得到迅速发展。一方面，农民收入低；另一方面，农民的需求受到限制。因此，加城镇化，既可以提高农民收入，又可以增加农民的需求，内需扩大将是必然的结果。中国居民购买力将在城镇化过程中逐步提高。内需的扩大、市场的扩大和对生产企业的刺激是相互促进的。结果，城镇居民对各种消费品的需求不仅总量在增长，而且结构也在变化。为了供应更多的消费品，企业生产也在相应发展。这样，对进口品的需求也就扩大了。其中，既包括直接供应居民的进口消费品，也包括供应生产资料的各种生产资料。更为重要的是，在城镇化过程中，由于内需的扩大，中国的经济发展方式也会摆脱过去长时期内所形成的出口依赖型经济模式或投资依赖型经济模式，而转变为良性循环的内需为主的经济模式①。

5.4.13 建立绿色城镇化

建立绿色城镇是打破二元消费的重要手段。我国的城乡二元经济结构决定

---

① 多金荣，夏田．城镇绿色产业经济研究［M］．长春：吉林出版集团，2016: 149.

了城乡居民的二元消费结构特征。目前，我国农村居民的收入和消费水平要滞后于城镇居民 10—15 年。城乡居民收入和消费的巨大差距，说明扩大农村消费的潜力巨大。而要将这种潜力转化为现实的消费需求，则难度很大。因为在短期内农村居民的收入和消费水平都不可能赶上城镇居民，甚至城乡居民收入的差距还在继续扩大，加之农村市场体系不健全、消费环境较差、消费观念陈旧等因素，在短期内要将扩大内需的重点放在农村，可谓是“远水不解近渴”。我国城乡居民消费的巨大差距，只能通过建立促进农村居民消费增长的长效机制，通过党和政府及社会各界的大力扶持，去逐步缩小这种差距，而不可能彻底消除这种差距。要通过一系列优惠政策，逐步将农村市场和农村居民的潜在需求转化为现实的有效需求。要拓宽农民的增收渠道，增加农民收入，提高农民的购买能力；要适应农村市场的需求特点，调整产品供应结构；要加快农村基础设施建设，改善农村居民消费环境；要加快建立完善农村社会保障制度，消除农村居民扩大消费的后顾之忧。从宏观上和长远的发展来看，要加快城镇化建设的步伐。目前应该是我国工业化、城镇化加快发展的时期，要以此为支撑，使其成为扩大农村消费和农民致富的引擎，使得大多数农村居民不仅能实现“城市梦”，还能实现“住房梦”和“创业梦”。这也是从根本上缩小城乡居民消费差距的举措，这样才能够在居民消费方面获得大的改善和飞跃。但目前我国城镇化进程并没有随着工业化进程的发展而同步推进，而是滞后于工业化的发展，这一过程不可能在短期内实现，只能创造条件循序渐进，完善城镇化绿色功能。由于小城镇近 20 年的发展基本上是数量的扩张，而人口规模严重不足，所以青海发展小城镇的重点不在于增加数量，要以西宁市和海东市为中心，在产业和流通上构成网络，形成一个经济联系较为紧密的城市群（圈）或城市带，如加快兰西城市群建设。这样，既可以改变中小城市长期处于分散的局面，又可以促进中小城市梯度成长。同时，发展包括县级城关镇在内的中心镇商业核心区，加快农村城市化和农村人口非农化的先导和示范工程①。

① 多金荣，夏田．城镇绿色产业经济研究［M］．长春：吉林出版集团，2016: 150.

第 6 章　青海省建设因地制宜的新型特色城镇化模式

城镇化是经济社会健康稳定发展必然面临并需要科学引导与管理重大问题，其中，如何结合本地实际，走出一条既符合科学规律又富于本地特色的正确的城镇化发展模式尤显重要。从全国层面来看，城镇化道路的中国特色具体表现在以下几个方面：一是城镇化的发展过程兼具由农业经济向工业经济、由计划经济向市场经济转型的“双重转型”背景；二是表现为人口城市化（异地转移）和农村城镇化（就地转移）“双重城镇化方向”；三是中国城镇化是在“政府推动”和“市场拉动”双重动力驱动下的城镇化；四是在制度变迁方面，我国城镇化采取的是自上而下的城镇化和自下而上的城镇化的“双重发展模式”。以上四个方面的“中国特色”，在世界城镇化的发展历史上确属罕见，基本没有可资全盘照搬的成功的模式套路。有鉴于此，青海省的城镇化同样既不能照搬别国的模式，又必须充分考虑所处的国情、省情特点，必须在产业转型与体制转型的背景下，将人口城市化与农村城镇化、“政府推动”和“市场拉动”的城镇化机制结合起来，重点解决农业转移人口市民化问题。同时，从青海省自身特点来看，我们还要着眼于城镇化滞后于工业化、人口城镇化滞后于土地城镇化的现实，使青海的城镇化道路与人口多耕地少以及东西发展差距较大的基本省情相适应。在区分不同地域差别的基础上，不断提高各级城市和城镇的承载能力，持续加大农业人口特别是州（市）县欠发达地区农业人口向城镇转移的力度，按照统筹城乡、布局合理、节约土地、功能完善、以大带小的原则，实现大中小城市和小城镇合理布局与协调发展。

当前，对青海省城镇化比较有影响的省情因素，主要有以下几个方面：一是在城镇发展所依赖的自然资源方面，表现为宜居土地和水资源不足且不均衡，人地关系总体紧张；二是在城乡人口分布方面，表现为人口规模较大尤其是农村人口底数过大，近年来又呈现人口老龄化加快、流动规模和空间跨度加大的趋势；三是在区域发展方面，呈现出东西资源分配不均衡和经济水平差距较大的特点；四是总体上面临发展阶段及体制机制的约束，经济总量落后，产业结构偏重，吸纳就业能力不强、市场化程度偏低影响劳动人口向城镇有序转移，产业集聚度不高制约城镇建设开发进程。

总之，青海省人口规模较小，但是需要向城镇转移的人口规模巨大，而自身的土地和水资源相对有限；处于经济社会转型和加快实现工业化、现代化的关键时期，承担着加快产业结构升级和吸纳大量人口就业的双重压力；不可能像发达国家和国内先进地区那样通过对外大量移民和输出人口纾解人口压力，也不可能在较短时间内从容地完成城镇化过程。

特殊的省情使得青海城镇化发展面临着复杂的条件和环境，积极稳妥推进青海城镇化，当务之急是抓紧研究制定青海城镇化中长期发展规划，进一步完善制度，强化措施，以人的城镇化为核心，在打破城乡二元体制上下功夫。应力争从以下几个方面实现突破：一是推进进城务工人员在工资、社保、福利方面与有城镇户籍的人员实现平等待遇。二是外来人员及其家庭成员在教育、医疗、文化、保障性住房等方面能够享受到当地城镇居民所享有的公共服务，实现农业转移人口市民化。三是已经实现工业化的农村居民聚集地，要加快基础设施建设，完善公共服务，逐步向新的城镇社区转变。四是在城镇化过程中，要厉行集约节约用地，严守耕地红线，保护农民承包地、宅基地和集体经济组织三种权益。五是在城镇规划建设中，要处处体现以人为本，注重提高居民生活便利化程度，切实搞好综合交通、防洪排涝、污水和垃圾处理等方面的规划建设。

城镇化对中国经济社会发展意义重大，但是传统城镇化模式不可持续，必须探索新型的城镇化发展模式。新型城镇化模式的基本内涵是，以科学发展观为指导方针，坚持“全面、协调、可持续推进”的原则，以人口城镇化为核心内容，以信息化、农业产业化和新型工业化为动力，以“内涵增长”为发展方式，以“政 府引导、市场运作”为机制保障，走可持续发展道路，建设城乡一体的城市中国。政府应通过制定战略与规划、提供基础设施和公共服务、完善制度与政策、加强监督与管理，积极推进新型城镇化进程。①

在当前的历史条件下，从青海省基本省情出发，遵循城镇化发展的一般规律，着力构建与国家丝绸之路经济带规划、与青海省“四区两带一线”建设相适应的新型城镇化发展格局，以实现城乡一体化为目标，以促进人的全面发展

① 倪鹏飞 . 新型城镇化的基本模式、具体路径与推进对策［J］. 江淮学刊，2013（1）: 87–94.

为根本，以新型工业化和信息化为动力，追求人口、经济、社会、资源、环境协调发展和高效发展的多元化发展。增强中心城市辐射带动作用，积极培育中小城市，发展壮大重点城镇，加快农村新型社区建设，走出一条具有青海特点的科学发展、集约高效、功能完善、环境友好、个性鲜明、城乡一体的青海新型特色城镇化道路。

青海各市州县都有自己的独特资源，包括地理特征、自然景观，各具特色的民族文化氛围。在制定经济和社会发展政策时，要重视和充分利用这些可贵资源，要把对资源的深刻理解整合到政策制定的过程中，使资源得到最充分的利用，以取得经济的健康成长，并提升整体城市形象。这些资源以及对地方特色不应成为城市多元化发展的障碍，一味固守原有的特征，甚至故步自封，只能损害多元化发展的动力。因此，青海的新型城镇化应该因地制宜，充分利用好各地竞争优势，创新发展模式，走出适合当地特色的新型城镇化道路。

因地制宜，突出特色，优化布局，与丝绸之路经济带、国家三江源生态保护综合试验区、柴达木循环经济试验区、西宁—兰州城市群建设紧密结合，优化城镇化总体布局，加快建设东部城市群，壮大区域性中心城市，培育新兴城市，打造重点城镇，推进城乡发展一体化。

6.1 依托资源优势发展资源型城镇模式

根据城镇资源禀赋和比较优势，依托现有产业基础，培育发展各具特色的城镇产业体系。以产业园区为平台，加快产业集聚，提高产业支撑能力，促进城镇化提档增速。东部城市群以园区为载体，以科技创新、信息技术应用为支撑，积极推进城市群产业结构调整和优化升级，尽快形成新型工业、现代服务业和都市复合型农业为主导的新型产业体系。紧抓东中部地区产业转移的重大机遇，着力优化区域间产业布局，研究制定产业发展负面清单，确定不同园区发展战略定位，严格控制高污染、高耗能、高环境风险项目，推进城市群内部建立合理的产业分工体系，实现重大产业的错位发展。优化西宁、海东工业园区产业布局，鼓励每个园区打造一两个特色主导产业，形成特色鲜明、优势互补、竞争有序、循环利用的发展新格局。扶持县域经济发展，大力培育中小企业，着力建设中小企业绿色经济集中区和创新型产业集群。积极申报西宁市为国家共同配送试点城市，加快海东青藏高原东部国际物流商贸中心、保税物流中心建设。主动融入丝绸之路经济带发展，依托海关、保税、航空物流和特色产业，谋划青海省内陆自贸区规划建设。区域性中心城市要因地制宜，强化区域间、产业间专业化分工协作，发展壮大新材料、新能源等优势产业，引导生产性服务业专业化、市场化、社会化发展，加快提升区域产业竞争力。新兴城市和重点城镇要依托特色资源，通过规划引导、市场运作，积极发展文化旅游等产业，实现错位发展，形成特色鲜明、优势互补的产业发展格局。

认真落实财政税收、金融、社会保险、用工补贴等积极的就业政策，建立健全政府投资、重大项目和产业规划促进就业机制，大力发展劳动密集型产业、服务业和小型微型企业，创造更多就业岗位，促进农牧区转移劳动力、城镇就业困难人员充分就业。充分利用城镇规模经济专业化分工效应，结合产业升级，加快中小微创业型企业的发展。完善扶持创业的优惠政策，形成政府激励创业、社会支持创业、劳动者勇于创业新机制。

6.2 生态移民与城镇化结合模式

结合农牧业产业化和“三江源”生态环境保护工程的实施，引导生产要素和农牧区人口向重点小城镇聚集，有重点地培育一批具有综合功能的小城镇。生态工程和农牧业产业结构调整，是目前青海农村牧区城镇化的推动力。农业区城镇要把大力推进农业产业化经营作为发展小城镇的切入点和着力点，抓住设施农业、产业化经营所引发的农村第三产业发展和生产要素聚集的有利时机，集中发展乡镇企业，将农民进入市场，推进农业区小城镇发展。牧区城镇要注意和现代化牧业示范点建设与生态工程的实施相结合，大力发展优势畜产品加工和畜产品交易，加大牧民定居点建设力度，并与牧区优势资源开发、特色经济构建、设施牧业（牛羊育肥等）发展结合起来，推进城镇化进程。

6.3 依托交通干线和黄河干流建设城镇带模式

兰青、青藏铁路沿线城镇发展带。东部为国家西宁—兰州城市群，西部为海西城乡一体化示范区，涉及 16 个市县（行委）。主要任务是进一步增强西宁中心城市引领作用，加快壮大海东、格尔木、德令哈等区域性中心城市规模，逐步将共和、海晏、门源、民和发展提升为新兴城市，着力打造 45 个重点城镇，将沿线主要城镇建成丝绸之路经济带北进西出重要节点，将兰青、青藏铁路、兰新铁路沿线建成青海省城镇主要发展带。

黄河干流沿岸城镇带。涉及玉树州的曲麻莱，果洛州的玛沁、玛多、达日、甘德、久治，海南州的共和、贵德、兴海、同德、贵南，黄南州的同仁、河南、泽库、尖扎，海东市的循化、化隆、民和，共 18 个县（市）。主要任务是加快沿黄公路、水运等交通基础设施建设，加强沿岸城镇的有机联系，强化水库湖泊水体连片保护开发，建设滨河宜居宜游城市，打造黄河上游重要的生态旅游走廊、水电开发走廊和“菜篮子”走廊，构建以州府县城为重点，以黄河干流沿岸其他城镇为节点的滨河城镇发展带。逐步将共和、同仁、贵德、玛沁、民和发展提升为新兴城市，着力打造 31 个重点城镇，成为推动青海省经济社会发展的特色城镇带。

6.4 因地制宜发展旅游型城镇模式

青海省山水林草等自然资源富集，文化底蕴深厚、历史遗存丰富，具有深厚的文化积淀，形成了本土性特征突出、体现个性、以核心价值观为支撑的人文精神。居民具有强烈的文化认同和归属感，具有巨大的包容性和开放性，形成多重文化元素汇聚、多种文化形态共生的文化生态。因此，青海旅游业要以独特的高原特征和民族文化构筑品牌，大力发展旅游服务业。

将西宁打造为西北地区、青藏旅游产业链上的重要门户城市和旅游目的地城市。合理规划和布局西宁的旅游产业空间布局，确保西宁都市旅游发展的五大要素全面配套，包括基础设施建设、餐饮娱乐空间的打造、公共游憩空间的打造、市内景区景点的建设、住宿接待等配套设施的完善。同时，用更直观的元素打造“夏都”的旅游城市形象，包括建筑风貌、空间布局、环境营造、绿化改造等，将西宁市建成“步行城市”，餐饮娱乐空间的打造、步行街区的打造、历史文化街区的打造、夏天户外餐饮游憩空间的打造将是一项重点工作。

将格尔木建设成为青藏旅游线路上的重要旅游目的地和重要旅游过境地城市。依托格尔木市交通枢纽的地位和交通条件，依托其独具特色的高原旅游资源，完善旅游基础设施和配套设施的建设，开发规划有市场吸引力的旅游产品，特别是打造“中国盐湖城”的品牌产品，推出以盐湖为主题的观光、度假旅游产品，完善服务体系建设，同时与旅游线路上的其他节点协调合作，实现产业升级。

加强基础设施建设，加快旅游产品开发，强化宣传推介，规划旅游市场，全面提升旅游业发展的水平。一是抓规划。做到“面有总规，点有详规”。二是抓景区基础设施建设。重点完成互助青稞酒生态园等重点景区的游步道、文化广场、停车场、道路硬化等项目建设，积极开发旅游新产品，增加看点，吸引游客。三是抓宣传推介。拓展宣传领域，创新宣传载体，进一步提升“大美青海，风情海东”的旅游形象。四是抓规范管理。按照标准化、规范化的要求，集中整治旅游市场。加强 A 级景点的创建工作。高度重视和切实加强旅游人才队伍建设，特别是旅游管理、旅游市场开发、导游服务队伍建设，提高服务水平。

积极培育旅游市场主体，鼓励和引导不同所有制经济主体加盟旅游产业，组建跨地区、跨行业、跨所有制的骨干企业和旅游集团。鼓励支持民营、外资企业参股、控股省内旅游企业；引进、嫁接省外大的旅游企业，培育旅游市场主体，加强旅游市场监管，规范市场秩序，优化旅游环境，提高旅游企业市场竞争力。吸引国内外知名旅行社来青海办分支机构。加快国有旅游企业改制步伐，加快完成国有旅游企业股份制改造，增强企业活力，加快发展步伐。

依托青海特有的旅游资源，抓好青海每年举办的“郁金香节”“东西部民营企业产业结构调整洽谈会”“环青海湖国际公路自行车赛”“民俗文化艺术节”等一系列活动，进一步发展特色旅游业，可建立开发“青海盐湖浴场”“藏药洗浴”“青海民族歌舞”等一系列旅游、度假项目，充分挖掘旅游服务产业链，使之成为带动青海服务业发展的突破口。

6.5 发展特色产业集群推进城镇化建设模式

青海省应立足实际，按照区域经济定位，坚持新型工业化和城镇化同时推进，以新型工业化为第一推动力，以科学规划为龙头，以经营城市资产为支点，以经营土地为核心，投资主体多元化，融资方式多样化，运作方式市场化，来促进城镇发展。

城镇化与新型工业化互动并进，做到四个坚持：一是坚持产业规划与城市规划有机衔接，发挥规划的综合调控作用，引导城市有序拓展、产业合理布局。二是坚持产业项目与城市建设协调推进，借助产业项目扩展的契机，实施一批重大基础设施工程，增强城市服务功能。三是坚持产业发展和城市经营良性互动，把城市作为资产来经营、作为品牌来培育，把环境作为生产力来发展，着力打造特色城镇品牌。四是坚持园区建设与城市发展同步推进，加强园区功能建设，使园区不仅成为现代工业的集中区，也成为城市的有机组成部分。

如何使城镇化与新型工业化互动并进，具体做法为以下几点：一是致力招商引资，加快工业发展，推动城镇扩张；二是做好城镇规划，加强基础建设，促进城镇发展；三是发展第三产业，活跃商贸流通，注入城镇活力；四是加强城镇管理，改善人居环境，提高城镇文明。

树立产城融合的理念，促进城镇化与工业化协调发展。产业园区是城镇发展的基础，城镇为园区提供必要的服务。应按照“抓新”“抓人”“抓优”的园区发展思路，调整园区产业结构，转变园区发展方式，努力发展绿色经济，打造绿色园区，建设绿色城镇。本着集约节约土地、保护生态环境的原则，加强园区发展的统筹规划，合理布局产业园区，推进产业向园区集聚，园区向城镇集中，以此带动青海省新型城镇化的脚步。充分发挥园区经济对结构调整和转型升级的引领、辐射和带动作用，加强基础设施建设，创新建设管理模式，增强园区经济的集聚效应、规模效应和品牌效应，建设一批主导产业明确、关联产业集聚、基础设施共享、污染治理集中的产业园区，增强园区经济对城镇发展的支撑作用，增强城镇发展的动力和活力。

紧紧把握低碳、循环、生态、绿色的发展方向，以发展园区经济为载体，以发展循环经济为主要途径，以建设百个项目、培育百家重点企业的“双百”工程为抓手，加快培育战略性新兴产业，发展壮大优势产业，改造提升传统产业，打造在西部乃至全国有影响的十大特色优势产业，全面促进工业结构优化升级。重点建设新能源产业、新材料产业、盐湖化工产业、有色金属产业、油气化工产业、煤化工产业、装备制造业、钢铁产业和轻工纺织业十大特色优势产业。

加速柴达木循环经济试验区、青海国家高新技术产业开发区和西宁经济技术开发区建设，使其示范带动作用显著增强，循环经济规模显著扩大，努力把青海打造成全国区域循环经济发展的先行区。加快发展安平临空综合经济区、乐都装备工业园、民和下川口工业园等产业园区，启动格尔木藏青工业园建设，打造新的省级产业集聚区。着力推动省级开发区升级为国家级开发区。引导对口帮扶地区和单位在东部城市群建设“承接产业转移示范区”，鼓励青南等地区发展“飞地经济”，培育新的增长极。按照合理布局、集聚发展、节约用地的原则，提升东部城市群地区、州府所在县工业集中区发展水平，支持所有具备条件的县、矿区建设工业集中区，发展具有比较优势的资源精深加工业，使其成为集聚人口、吸纳就业、带动发展的重要载体。

6.6 提升城镇化“质量和效益”模式

提高城镇化质量，这是党的十八大提出的全面建成小康社会的新要求，必须紧紧围绕实现产业结构、承载能力、人居环境、公共服务的完善与提升，整体推进、重点突破，推动城镇化质量和效益上升到新水平。

第一，着力搞好规划布局。提高规划的科学性，牢固树立建设紧凑型、复合型城市的规划理念，加快建立覆盖城乡的规划体系，编制完善城镇密集区规划、城际轨道交通规划、城市综合交通规划、区域绿道系统规划等专项规划，促进城乡空间合理布局、公共设施集约建设、资源要素优化配置。搞好城市地下空间开发利用规划，促进城市南平面开发向立体开发转型。搞好城镇化发展规划与经济社会发展规划、城乡规划、土地利用规划、产业发展规划、环境保护规划等各类规划的衔接。依法加强对规划实施的监督管理，坚决防止随意调整规划，切实维护规划的严肃性和权威性，注重城镇和村落的历史文化遗产保护、非物质文化遗产发掘保护和民间艺术传承，突出城镇各自优势，展示地域特色，彰显文化魅力，提升城镇内涵，打造城镇品牌，避免城镇发展“千篇一律、千城一面”。

第二，着力强化产业支撑。加快构建现代产业体系，积极发展城市经济，优化提升城乡产业结构，夯实城镇化的经济基础。一是要加快实现工业转型升级与城镇化的良性互动。坚持走新型工化道路，把发展城镇经济与传统产业改造升级和新兴产业培育发展结合起来，着力培育城镇主导产业，做大做强骨干龙头企业，延长产业链条，提高附加值，培植大品牌，实现产业、人才和创新要素集群集聚，发挥新型工业化对城镇化的引领作用。二是要推动城镇化与服务业融合发展。坚持扩大总量与优化结构并举，优先发展生产性服务业，加快发展生活性服务业，强化服务业重点地区、重点园区、重点企业和重点项目“四大载体”支撑，促进服务业发展提速、比重提高、水平提升，发挥服务业对城镇化的拉动作用。三是要建设现代农业夯实城镇化基础。落实千亿斤粮食产能建设规划和农业十大产业振兴规划，深入开展高产创建和标准化创建活动，加快高效生态和高端高质农业发展步伐，深入推进农业产业化，完善农业现代产业体系，加快构建现代水网工程体系，推进生态文明乡村建设，抓好农村住房建设与危房改造，以农业现代化筑牢新型城镇化的发展基础。四是要把园区、县城和小城镇作为产城融合的重要载体。大力发展园区经济，加强园区建设与城市建设的有机衔接，促进人口向园区集聚，推进园区产业高端化，加快发展功能完善、宜业宜居的城市新区，提高园区集聚力和承载力。大力发展县域经济，增强县域综合实力，壮大优势产业，以市为单位整体提升县域经济发展水平。大力发展镇域经济，落实扩权强镇政策，按照布局集中、突出特色、产业集聚、土地集约、生态环保的原则，促进产业和生产要素向镇域集聚。

第三，着力提升城镇综合承载能力。一是要加强重大基础设施建设。完善现代能源产业体系，加强智能电网以及新型能源建设。实施公交优先战略，大力发展公共交通，优化公交线网和公交站场枢纽布局，努力构建现代化城乡公共交通体系，缓解大中城市交通拥堵。二是要强化城镇公共服务功能。合理安排各类公共服务设施空间布局，构建完善的城市公共服务设施体系。加强城市供水、供气、供热等市政设施建设，强化城市防汛、消防、抗震等防灾减灾功能，增强城镇生活发展保障能力。推动公共服务资源向基层和社区倾斜，加强城镇科技、教育、文化、体育、医疗、养老等服务设施建设，提升城镇公共服务水平。三是要加强“智慧城市”建设。推广应用物联网、云计算等信息技术，完善城市地理信息、交通通信、社会治安、市容环境等智能化信息系统，提高城市运营效率和管理水平。大力推动电信网、广播电视网和互联网“三网融合”，提高城镇信息化水平。推进“数字城管”工作，尽快实现县级以上城市全覆盖，推行省、市、县三级联网。

第四，着力推动城镇可持续发展。加强环境保护，建设生态文明，提高宜居水平，既是推进城镇可持续发展的内在要求，也是建设生态青海的重要内容。一是要大力推进节能减排。严格落实节能减排责任制，集中抓好重点行业和重点领域节能减排。加快生态低碳城市建设步伐，积极参与国家低碳生态城镇建设试点。组织实施好节能科技提效、节能环保产业培育、循环经济促进、新能源推广应用、节能管理数字化和节能人才六大节能工程。二是要强化生态环境保护。完善有利于资源节约和环境保护的制度体系，建立多层次、全方位的生态补偿机制，实施更加严格的环境准入管理，加强城乡环境污染联防联控。加快城乡污水处理厂和配套管网改造建设，2018 年年底前彻底解决城市建成区污水直排问题，到 2025 年年底 70% 的建制镇驻地要实现生活污水集中处理。三是要深入开展城乡环境综合整治。继续开展旧城区、背街小巷整治和城中村、城郊村、城边村改造。规模化发展绿色建筑，建设绿色生态城区。加快实施绿色城镇行动计划，积极创建园林城市、园林城镇，大力开展村容村貌整治，不断改善城乡人居环境。

第五，紧紧围绕“人的城镇化”，着力提高基本公共服务均等化水平。发展依靠人，发展为了人。城镇化的红利应该由全体公民共享。这是以人为核心的城镇化的根本宗旨。必须加快完善公共财政体系，进一步加大对公共服务支持力度。切实提高城乡居民收入水平，争取居民收入增长与经济发展基本同步。实施积极的就业政策，支持劳动者多渠道就业创业，充分发挥政府投资、重点项目建设和产业规划对就业的促进作用，努力增加就业岗位。进一步完善城乡居民社会保障体系，加快推进进城务工人员社会保障全覆盖，逐步实现与城镇职工同等待遇。优化教育结构和布局，整合教育资源，促进城乡教育资源共享，实现城乡教育均衡协调发展。完善城乡医疗卫生服务体系，推进城乡医疗卫生事业均衡发展，率先基本建立覆盖城乡居民的基本医疗卫生制度。完善城镇住房保障体系，推进保障性安居工程建设，促进房地产市场稳定健康发展，实现农村住房建设与危房改造常态化。加强和改进城乡社区服务，加快推进和谐社区建设。

第六，着力推进改革创新。改革是最大的红利。必须把改革创新贯穿于城镇化发展的全过程，坚持市场机制和政府调控相结合，积极破除体制机制障碍，增强城镇发展活力。一是要深化土地管理制度改革。坚持最严格的耕地保护制度和集约节约用地制度，积极推进城乡建设用地增减挂钩试点，实施差别化土地政策，全力保障重点建设项目和保障房用地。依法保障农民土地财产权益，积极开展农村集体建设用地使用制度改革，探索集体建设用地使用权以转让、出租、作价入股等方式流转。二是要创新城镇发展投融资机制。既要发挥政府资金的引导作用，又要利用市场的融资功能，建立多元化的城镇建设投融资新机制。要不断完善公共财政体制，调整财政支出结构，将更多的资金投向公共服务领域和社会发展领域。探索按照常住人口规模安排财政转移支付，建立激励吸纳外来人口、扩大就业的长效机制。要进一步完善市政公用事业特许经营制度，开放城镇基础设施建设和运营市场，采用多种方式吸引社会资本进入城市基础设施以及保障性住房建设等民生领域。三是要围绕实现“人的城镇化”，加快推进户籍制度、社会管理体制和相关制度改革。促进人口有序流动、合理分布和社会融合，逐步实现城镇基本公共服务覆盖常住人口，为人们自由迁徙、安居乐业创造公平的制度环境。创新人口服务和管理制度，推进城乡户籍一体化管理，实施分类明确的户口迁移政策，及时解决符合条件的农业转移人口落户城镇问题，有序推进农业转移人口市民化，推动农村人口向城镇转移，积极探索逐步扩大进城务工人员平等享受城镇公共服务的范围、措施和制度。四是要深化行政管理体制改革。坚持权责利相统一，合理划分政府事权，进一步简政放权，适当扩大县级政府和小城镇经济社会管理权限。建立城市综合管理体制，加强法制建设，提高城市管理法治化水平。推动政府服务职能下移，创新社区管理和社会组织管理。强化社会治安综合治理，完善突发公共事件的应急处置体系。

第七，进一步健全完善城镇化工作机制，加快城镇化发展是一项系统工程，确保各项任务措施落到实处，抓出成效，必须加强领导，健全机制。一是强化组织保障机制。建立完善全省城镇化工作领导机制，充分发挥组织协调和督促指导作用。加强工作指导协调，研究解决重大问题各市县也应调整完善城镇化领导机构，积极谋划和推动城镇化工作。各级各部门必须强化大局意识、责任意识、服务意识，充分发挥职能作用，加强协调，密切配合，形成推进工作的强大合力。着力建设一支高素质的城镇化干部队伍和专业人才队伍，确保城镇化发展的各项重大举措执行到位、落实到位。二是强化管理服务机制。深化行政管理体制改革，简化行政层级，适时调整行政区规模和管理幅度。创新城镇管理和服务机制，树立建管并重、服务为先的理念，强化城市政府公共服务和社会管理职能。积极构建大城管格局，提升城市管理信息化水平，创新公共服务供给方式，推广数字城管模式，促进多部门城市管理职能整合，推动城市管理由“管住人”向“服务人”转变。三是强化考核监督机制。建立健全城镇化考核机制，科学制定考核指标体系和考核办法。建立完善推进城镇化激励机制。建立推进城镇化监督机制，继续做好城镇化监测评价工作，加大对城镇化工作的监督力度，不断强化法律监督、民主监督、舆论监督和社会监督，推动城镇化健康有序发展。四是强化社会参与机制。充分调动和凝聚社会力量参与城镇化发展全过程，对涉及规划、环境、住房、礼会保障、交通收费等与人民群众生产生活密切相关的重大决策，必须按规定履行听证程序，听取市民意见，接受社会监督。对重大城市建设项目要进行社会稳定风险评估，确保合法性、合理性、可行性和安全性。充分运用多种形式，大力宣传加快城镇化发展的重要意义和政策措施，及时宣传报道城镇化工作的好典型、好做法，激发广大干部群众的积极性、创造性，在全社会形成关注城镇化工作，参与城镇化建设，合力推进城镇化发展的浓厚氛围[①]。

6.7 创建“特色小镇”模式

在经济新常态下，青海省创建特色小镇，有利于破解经济结构转化和动力转换的现实难题，是青海省供给侧结构性改革的一项探索，是推进经济转型升级的重大战略选择。

6.7.1 特色小镇是破解青海空间资源瓶颈的重要抓手，符合生产力布局优化规律

青海省 72.10 万平方千米陆域面积，但境内几乎全部为山地，长期以来一直致力在非常有限的空间里优化生产力的布局。从块状经济、县域经济，到工业区、开发区、高新区，再到集聚区、科技城，无不是试图用最小的空间资源达到生产力的最优化布局。瑞士的达沃斯小镇、美国的格林尼治对冲基金小镇、法国的普罗旺斯小镇、希腊的圣多里尼小镇等，虽然体量都不太大，但十分精致独特，建筑密度低，产业富有特色，文化独具韵味，生态充满魅力，对青海优化生产力布局颇有启迪。它既非简单地以业兴城，也非以城兴业；既非行政概念，也非工业园区概念。从生产力布局优化规律看，生产力配置一定要在功能的集聚与扩散之间找到最佳平衡点，在城市化与逆城市化之间找到最佳平衡点，在生产、生活、生态之间找到最佳平衡点。青海之所以在城乡接合部建“小而精”的特色小镇，就是要在有限的空间里充分融合特色小镇的产业功能、旅游功能、文化功能、社区功能，在构筑产业生态圈的同时，形成令人向往的优美风景、宜居环境和创业氛围。

① 资料来源：参考《经济观察与思考》，中国经济出版社，2016.02，第 267 页。

6.7.2 特色小镇是破解青海有效供给不足的重要抓手，符合产业结构演化规律

西宁的绿草原、互助的青稞酒、玉树的虫草、果洛的牦牛肉、门源的油菜花旅游等块状经济，是青海从资源大省迈向旅游大省、民族特色大省的功臣。然而，步入新常态的青海制造，并没有从“微笑曲线”底端走出来，产业转型升级滞后于市场升级和消费升级，导致有效供给不足和消费需求外溢。产业结构演进的一条基本规律是，趋向高度加工化、技术集约化、知识化和服务化，特别是在经济发展水平达到一定阶段以后，主导产业逐渐从以纺织业为主的轻纺工业向以信息产业为主的高新技术产业转换。为此，特色小镇必须定位最有基础、最有特色、最具潜力的主导产业。

6.7.3 特色小镇是破解青海高端要素聚合度不够的重要抓手，符合创业生态进化规律

在“大众创业、万众创新”到来的时代，竞争的关键是生态竞争。良好的生态不仅使内在的发展动力得以充分释放，对外在的高端要素资源也形成强大的吸附力。青海建设特色小镇，聚焦八大产业和历史文化产业打造产业生态，瞄准建成3A级以上景区打造自然生态，通过“创建制”“期权激励制”以及“追惩制”打造政务生态，强化社区功能打造社会生态，集聚创业者、风投资本、孵化器等高端要素，促进产业链、创新链、人才链等耦合，为特色小镇注入无限生机。例如，浙江的梦想小镇启用仅半年，就吸引了400多个互联网创业团队、4400多名年轻创业者落户300多亿元风投基金蜂拥而至，形成了完整的互联网创业生态圈，如今在全球互联网领域已声名鹊起，这就是创业生态的独特魅力。

特色小镇是青海特色产业、新型城市化与“大美青海”建设碰撞在一起的产物，是破解青海城乡二元结构、改善人居环境的重要抓手，符合人的城市化规律。青海的城市化进程走到今天，交通拥堵等“大城市病”已经出现，公共服务向农村延伸的能力已经大大增强。在城市与乡村之间建设特色小镇，实现生产、生活、生态融合，既云集市场主体，又强化生活功能配套与自然环境美化，符合现代都市人的生产生活追求。浙江打造的梦想小镇是“产、城、人、文”四位一体的新型空间、新型社区，这种模式值得青海借鉴。在互联网时代

和大交通时代，这种新型社区会对人的生活方式、生产方式带来一系列的综合性改变。这种改变，就是破解城乡二元结构的有效抓手，符合现代人既要在市场大潮中激情创新、又想在优美环境中诗意生活的追求。不久的将来，在特色小镇工作与生活，会是让人最羡慕的一种生存状态，也会成为青海新型城市化的一道新风景。

6.7.4 实施特色小镇应遵循的原则①

1. 特色小镇是创新发展平台。“是镇非镇”，特色小镇不仅仅是行政区划单元上的“镇”，有行政建制，也是按照创新、协调、绿色、开放、共享发展理念，聚焦特色产业，融合当地文化、旅游、社区功能的创新创业发展平台。

2. 特色小镇发展定位要突出“特而强”。“特”是指每个特色小镇都要锁定本区最有基础、最有优势的特色产业，而不是“百镇一面”，尽量做到“一镇一业”，避免同质竞争。“强”是指每个小镇要紧扣自身强项，紧盯产业升级趋势，瞄准高端产业和产业高端，培育行业“单打冠军”，构筑产业创新高地，成为新经济的增长点。

3. 特色小镇形态要展现独特气质。青海特色小镇的建设形态很重要，以突出“精致”和“民族文化”为宗旨。首先，规划面积要小，不能求大。其次，颜值高、区域文化特色突出，确定好小镇风格，展现出小镇的独特魅力。

4. 特色小镇运作机制要做到“活而新”。“活”是指机制活、政策活。建设上采用政府引导、企业主体、市场化运作的机制，实施动态调整制。“新”是指观念更新、体制革新、技术创新和文化复新。

5. 特色小镇要人本气氛浓，具有人情味。发展城镇的目的是为人服务，一切应当围绕人来展开，要树立牢固人本思想，创造良好的人本环境，特色小镇要以能够促进人的自由而全面的发展为方向，而不是相反。

---

① 引自《社科研究参考》2017 年第 3 期刊载的青海民族大学贾伟教授和青海大学李臣玲教授撰写的《全面推动特色小镇建设探索新型城镇化发展模式》一文。2017 年 6 月 18 日省委副书记、省长王建军批示：请建华副省长阅批。此份报告提出了一个视角，可转住建等有关部门作深度研究。6 月 29 日副省长韩建华批示：请宽一厅长阅，请住建厅认真研究，将报告中提出的建议融入我省的美丽城镇和特色小城的建设中，可以结合正在优化和完善的我省新型城镇化体系的研究，体现“全域青海”的理念。

6.7.5 特色小镇工程建设纲要[①]

1. 前期准备上。以政府为主导，联合专家学者和地方精英组成调查团队，系统普查全省小城镇基本状况，实施政府、专家和地方精英三方会诊，把脉诊断，厘清发展思路、提出方案，确保精准滴灌。着重从理论上，探讨特色小镇如何精准定位、如何提升格局、如何规划设计、如何应对不同阶段的难点痛点、如何基于不同基础、不同目标应对实际发展问题、如何运作等亟待解决的问题。

2. 制度设计上。省委省政府总体把握，出台支持政策，着重顶层设计。由此明确特色小镇规划建设的总体要求、创建程序、政策措施、组织领导等，逐步建立从总体到局部、自上而下有机统一的制度体系，形成“省上总管、职能主谋、地方主建”的管理格局。

3. 规划编制上。推动特色小镇规划编制的层级联动。省级层面编制空间布局“顶层规划”，在市县层面积极推动城乡建设、土地利用、生态环境保护等规划“多规合一”，既保持规划的协调性、兼容性、互补性，又引导专项规划发挥各自特有作用，形成合力，释放最大效益。

4. 建设方式上。按照每个镇的具体情况，坚持因地施策、精准施策、综合施策，综合发力。采取双结合的方式，从以下三方面入手：一是特色小镇建设要坚持创建和培育相结合的方式，根据情况划分省级和州市级两级特色小镇创建对象和培育对象。创建和培育的比例以三七计，通过培育层层推进，不断升级。二是特色小镇建设要与国家新型城镇化试点，以及高原美丽乡村（城镇）建设等结合好，融合好。三是特色小镇建设要与立足历史文化名城名镇、传统村落保护相结合，将其纳入特色小镇的建设之中，寓保护于建设开发之中。

5. 发展战略上。实施“协调发展、融合发展”战略，把特色小镇的发展和乡村的发展作为一个有机的整体来考虑，打破二元结构，推动城乡一体化，各要素深度融合、协调发展，形成优势互补、利益整合、共存共荣、良性互动的局面。农村和牧区可以为城镇的发展提供有力支持，形成坚强后盾，城镇可以为农村和牧区的发展提供强大动力，从而全面拉动农村和牧区发展，形成规模效应，效益最大化，最终实现由“乡”到“城”的转变。

---

① 引自《社科研究参考》2017 年第 3 期刊载的青海民族大学贾伟教授和青海大学李臣玲教授撰写的《全面推动特色小镇建设探索新型城镇化发展模式》一文。

6. 运作模式上。特色小镇建设实施中，采取 PPP 模式。PPP 模式将部分政府责任以特许经营权方式转移给社会主体（企业），政府与社会主体建立起“利益共享、风险共担、全程合作”的共同体关系，以“双赢”或“多赢”为理念的相互合作形式，参与各方能够获得更为有利的结果，政府的社会主体的投资风险减小。

7. 科技力量上。以“互联网 +”作为特色小镇建设的倍增器，充分发挥互联网的优化集成作用，真正为特色小镇发展增质提效，将互联网的创新成果深度融于特色小城镇体系之中，推动特色小镇升级为城市“智”理，引领特色小镇向更高阶段发展。近几年来，青海省的信息化建设全面提速，西宁入选“宽带中国”示范城市，全国首个藏文搜索引擎“云藏”上线，这些为特色小镇的智能建设奠定了科技基础，成为青海特色小镇建设的倍增器。

6.8 “互联网 +”与社会治理模式创新

传统意义上的社会管理思维是“管”。不可否认，从改革开放到现在“管”的模式在一定阶段产生过一定积极效应。但随着社会经济发展，“管理”的思维体制越来越不适应社会整体发展。现实中，政府负责等同于政府包揽，从观念到制度都排斥社会组织和公民参与社会管理，其结果，一方面导致社会自治发展缓慢，公民的自我教育、自我管理、自我服务发展缓慢，另一方面导致了权力寻租和腐败现象的发生。而“互联网 +”背景下的社会治理思维则是“共享”。社会治理除了国家和政府之外还应强调社会组织、企业、公民个体等社会力量参与。社会需求是多样化的，不同类型的主体有不同的特点和不同的擅长领域，因此需要主体的多元化。要加快形成党委领导、政府负责、社会协同、公众参与、法治保障的社会治理格局，在转变政府职能的前提下，激发社会创造活力，为公众提供高质量、差异化的社会公共服务，实现从政府单一主体的单向度管理，走向多元主体的协同治理，推动社会治理从国家本位向社会本位转变，实现“互联网 +”与社会组织的多元参与模式。

伴随着互联网、移动互联网以及各种手机终端的普及，“大众创业、万众创新”时代已经到来。一方面，互联网时代创造了一种新的思维模式，让人与人之间的沟通和交流更加便捷，另一方面，也让更多兴趣和爱好相同的人连成了一个整体，形成了组织。

社会治理创新过程中重要的内容就是激发更多的社会组织参与到社会治理的过程中来，通过政府与社会组织形成的多元化的治理结构发挥好政府的指导和引导作用、社会组织的主导作用，真正可以鼓励民众积极、理性地参与到包括公民治理在内的各种社会治理的过程中，以表达自身利益诉求、监督政府行为、维护自身合法权益。同时，在互联网时代，通过网络的力量，充分发挥互联网在社会动员、正能量传播、社会问题解决、救援等方面的作用，让更多的大众参与到社会治理中来，真正形成线上线下的互助组织体系[①]。

6.9 和谐型城镇化模式

中国传统城镇化模式导致城乡区域间、城市内部不同群体之间的差距日益加大。一方面中国城镇化过程中的城市二元社会结构突出，如果不能及时解决，必然会导致更严重的城市社会问题，就像国外城市正在经历的城市贫民窟、儿童和青少年的社会化问题、城市暴力等（诺克斯、迈克卡西，2009）。与此同时，由于中国双重二元结构并存，除了城市社会问题之外，城镇化过程中还存在与农业人口转移并存的农村留守老人、妇女和儿童问题，以及城镇外延扩张过程中引起的征地拆迁矛盾和失地农民问题等。因此，针对以往城镇化过程中的不和谐因素，推进新型城镇化应当积极探索和谐型城镇化模式。

所谓和谐型城镇化，就是要坚持以人为本的理念，把关注人的需求、居民福祉和社会和谐作为推进城镇化的核心，着力解决城镇化过程中的各种不和谐因素。和谐型城镇化是“和谐社会”理念在城镇化中的实践，是走中国特色新型城镇化道路的必然选择。其本质就是以人为本，强调平等、和谐和共享。从以人为本和和谐社会的要求来看，和谐型城镇化的内涵特征主要包括城乡社会和谐（破解两大二元结构）、区域和谐以及人与自然和谐三个方面。城乡社会和谐主要是要破解现有的城乡二元结构和城市内部二元结构，积极推动形成城乡一体的和谐发展格局。具体包括三个方面，即城市社会和谐、农村社会和谐以及城乡和谐，实现不同群体间的公平、和谐、共享。城市社会和谐主要是针对城市二元结构而言，近期重点要通过有序推进农业转移人口市民化和加强城镇低收入群体保障力度，以基本公共服务常住人口全覆盖为基础，逐步缩小城

① 卜希霆，王青亦. 网罗城镇：未来城市的想象力［M］. 北京：知识产权出版社，2016: 15.

市内部不同群体之间的福祉差距，缩小收入差距、缓解城市贫困、改善现居棚户区和城中村居民的居住条件；与此同时要逐步培养市民人格，重点需要建立起市民自治的城市管理制度，确立市民的主体地位。农村社会和谐，指在城镇化推进过程中，充分挖掘农村的先进文化因素，以文化内容、文化形式与文化科技类的不断创新塑造文化的引领，并以评比先进、树立典型等形式塑造农民的社会认同感[①]。

① 魏后凯等 . 中国城镇化：和谐与繁荣之路［M］. 北京：社会科学文献出版社，2014: 219.

第 7 章　促进青海新型城镇化模式建设的对策建议

7.1 青海新型城镇化模式建设进程中的政府规制[①]

如何推进中国特色社会主义新型城镇化建设？十八大报告明确提出了“积极稳妥推进城镇化，着力提高城镇化质量”的工作要求，从一个新的高度来规划建设中国新型城镇化。中共中央为了促进我国未来城镇化建设的顺利推进，于2014年3月出台了《2014—2020年新型城镇化规划纲要》。《纲要》明确指出“新型城镇化是指坚持以人为中心，工业化为动力，统筹兼顾为原则，推动城镇现代化、生态化，全面提高城镇化质量和水平，走健康发展、集约经营、功能全面、友好和谐、城乡一体、大中小城市和谐发展的城镇化建设途径。”因此，各级政府需要严格按《纲要》来规划和构建科学的城镇体系。这就需要地方政府，一方面要在中央的统一部署下坚决执行中央的决定，另一方面要结合当地的实际情况，科学有效地推进新型城镇化的进程，实现新型城镇化的可持续发展。

在此背景下，本章研究着眼于青海省新型城镇化的建设，结合本省的实际情况，定位政府在新型城镇化建设中的角色，从政府行为选择与制度创新两个角度，论述在新型城镇化建设进程中政府如何进行有效规制的问题。

7.1.1 政府角色定位

1. 转变观念，构建服务型政府

新型城镇化的建设，需要服务型的政府，这就要求地方政府转变角色，要从管理型的政府转向服务型的政府。政府作为社会公共服务的提供者，其主要作用表现在：一是制定法律框架，确定市场规则；二是影响资源配置以提高经济效益；三是建立提高收入分配的计划；四是通过宏观经济政策稳定经济。

① 本章内容发表在《安徽行政学院学报》2015年第6期上，论文题目《青海推进新型城镇化建设进程中的政府规制》。

具体到青海省新型城镇化建设，需要地方政府转变思想观念，发挥以上四个方面的作用。而思想的转变，源于领导的重视和强化培训。所以省政府应该积极推进服务型政府相关知识的培训和理念的普及，在提高各级地方官员素质的同时，转变官员的思想观念，逐步向服务型政府转化，为本省新型城镇化建设提供政府服务平台和建设基础。

2. 完善基础设施建设，提供良好投资环境

在市场经济环境下，各种生产要素，如人才、资金、劳动力等，都倾向于流向基础设施比较完善的区域。而青海省基础设施存在严重的不足，尤其是农牧区和边缘地区，需要政府加大对基础公共实施的建设，创造良好的投资环境，来吸引投资者的目光，使得各种生产要素流向本省，加速本省特色资源的产业化进程，通过产业发展来加速本省新型城镇化建设的进程。

3. 强化城市规划，形成有序发展

城市健康快速的发展，离不开政府有效的城市规划。政府应站在一定的高度来谋划和指导城市的发展建设，并将城市规划、建设、布局与管理建立在较高的质量标准上，以期实现高质量的新型城镇化，通过智慧型城镇化建设来带动地方经济的快速发展。

4. 在资源配置中让市场起决定性作用，政府仅弥补市场机制不足

中共十八大会议指出，要让市场在资源配置中起决定性作用。这就要求政府减少对市场经济的行政干预，恰当地扮演好“守夜者”的角色，来弥补市场机制的不足。恰当的“守夜者”角色要求政府，一方面确保新型城镇化建设过程中公民的基本生存，另一方面是培养公民的发展与竞争能力。青海省在新型城镇化建设过程中需要充分发挥市场的调节作用，政府充当好“守夜人”的角色，而不是颁布计划性指令和强制执行，应该有选择性推进新型城镇化，因地制宜，凸显各地特色，建立民族特色鲜明的新型城镇化，避免“一刀切”和“统一”模式。对于牧区而言，适当发展依托民族文化旅游带动的“帐篷式”新型城镇化，为牧区新型城镇化建设注入产业发展动力，政府需要助推和加快优势资源的集聚和整合，为新型城镇化建设扫除制度障碍和体制障碍。

7.1.2 政府行为选择

1. 先构建城镇化建设的发展战略，再细化城市的发展规划

政府作为青海省新型城镇化的主导者，最为重要的是制定战略性规划。青

海省要立足自身的地理环境、资源条件、社会经济发展状况、产业结构及生产力布局等基础性条件，制定本地区的经济社会发展战略。这就需要政府明确以下几个方面的问题：一是在特定的时间内，要完成的城镇化目标；二是研究城市在地域空间的合理组合与分布；三是研究城市之间、城市与乡村之间的经济社会分工与协作关系；四是确定特定地域和时间内个体城市的功能与性质；五是确定城市发展的合理规模；六是确定城市经济和社会的基本结构和发展比例。

完成战略性规划后，需要政府将其具体化为城市化发展规划。城市规划就是根据城市的地理位置、发展历史、区域功能、自身特点和在国家未来经济社会发展中的地位与作用，对城市发展进行科学设计。这需要政府从以下几个方面来进行：一是在开发城市的规模与布局，二是新兴城市的规模与布局，三是城市的区域规划，四是区域内各城市的产业分工规划。

2. 提升公共服务水平

李克强总理曾多次强调："我国的新型城镇化是以人为核心的城镇化。"同时，"十二五"规划中也提出："政府要改善民生，建立健全基本公共服务体系，提高基本公共服务水平，逐步缩小城乡区域间基本公共服务差距。"这都要求政府在新型城镇化建设中，必须提升公共服务的水平，建设健康可持续发展的新型城镇。

为此，政府可从以下几个方面来提升公共服务水平。一是提供多元渠道让公民参与公共服务决策。二是将基本公共服务制度作为产品向全民提供。努力实现教育的公平化，建设城镇住房保障体系和健全公共就业服务等。三是构建新的完善的政府管理绩效评估指标体系。适时增加对政府的公共产品、服务能力、服务质量等指标的考核，建构科学的评价指标体系，综合全面地评价政府管理工作，引导政府机构加强公共服务的功能。四是完善青海省公共财政体制。五是通过加强培训，来提高青海省政府公务员队伍整体素质。六是改革行政管理方式，提高行政效率。对于经济发展和社会公共事务，采用事前指导与事后监督、间接管理和动态管理相结合的方式；对于政府管理工作，采用行政指导、行政合同和问责制相结合的方式，使其管理工作更加规范化。

3. 营造良好的制度环境

政府不仅要提供好的"硬环境"，还需提供优质的"软环境"。适时推进制度改革，出台相应的政策，使人口、资金、劳动力能够"进得来，留得住，发展得好"。为此，政府可从以下几个方面着手：一是深化户籍制度改革，加强人口城镇化的统一规划和宏观指导，引导人口合理流动，打破城乡二元结构。二是改革就业制度，实现城乡统一就业制度。提供畅通的就业平台，减少信息不对称，优化统一城乡就业体系。三是建立健全社会保障制度，实现城乡社保一体化。

4. 多元化筹集新型城镇化的建设资金

2013 年 12 月，中央城镇化工作会议明确提出："要完善地方税体系，逐步建立地方主体税种，建立财政转移支付同农业转移人口市民化挂钩机制。同时，在完善法律法规和健全地方政府性债务管理制度基础上，建立健全地方债券发行管理制度，推进政策性金融机构改革，发挥好现有政策性金融机构在城镇化中的重要作用，并研究建立城市基础设施、住宅政策性金融机构。"这说明了财税金融体制的改革是政府建设新型城镇化资金来源的保障。

为此，省政府可从以下几个方面来筹集新型城镇化建设资金：一是制定各项优惠政策以鼓励民间、个人与外商向城市投资，特别是要积极引导乡镇企业向城镇集中；二是强化政府财政资金的引导和示范作用；三是实施有效的财政补贴机制和税收调节机制。

5. 完善政府宏观调控，并适时开征生态资源税

政府作为本省经济和社会的综合管理组织，应积极的发挥其宏观调控的作用。一是政府要培养其宏观调控的行为，遵循市场经济规律，大胆进行体制、机制和政策创新。充分运用市场机制的作用，协调城镇化实施进程中物质利益分配和资源配置等各种矛盾。二是协调发展本省各等级的城镇规模。有效发挥大城市的带动功能和辐射作用，并在发展完善中小城市的过程中，有重点地培养一批优势小城镇。

青海省位处西部地区，生态环境脆弱，长期以来掠夺式的开采资源，只注重索取，却忽略了对生态的恢复和保护，造成现在生态环境更为脆弱的局面。因此，省政府在新型城镇化建设过程中，必须切实保护生态环境，应适时开征生态资源税，落实完善生态资源补偿机制。将所征的生态资源税，用于改善本省的生态环境，维护人们共同依赖的生态系统，防止生态环境进一步的恶化。

7.1.3 以制度创新促进青海省新型城镇化建设

1. 深化户籍制度改革，引导人口合理流动

青海省现行的户籍制度限制了本省城乡劳动力的合理流动，导致城乡二元

经济结构的分离，进而导致市场容量无法快速扩张，限制了青海省社会经济健康快速的发展。

在此背景下，深化户籍制度的改革，就成了推进本省城镇化建设的重要一环。为此政府可从以下两个方面着手：一方面是取消户籍背后的福利，逐步取消农业户口和非农业户口的登记制度和统计方法。实行城乡一体化的户口登记制度，从身份上彻底消除城乡差别，实现公民依法自由迁移的权利。最终实现户籍管理的两项职能，一是证明公民身份，以便于公民参与各类社会活动；二是为政府的行政管理工作，提供人口数据与相关的基础性资料。另一方面是分阶段、分层次地推进，对于新建镇的户籍管理，应彻底改革，实行居民自由登记；对于中小城镇的户籍管理，应逐步放宽，实行低门槛准入机制；对于大城市的户籍管理，应适当放宽，实行分层次有区别的准入机制。对不同类型的人才，采用差别化的户籍政策。进而逐步实现城乡户籍管理制度的一体化。

2. 完善农村土地流转机制，实现土地集约化利用

十七届三中全会在《中共中央关于推进农村改革发展若干重大问题的决定》中明确指出：“要毫不动摇地坚持以家庭承包经营为基础、充分结合的双层经营体制；赋予农民更加充分而有保障的承包经营权，并通过建立健全农村土地承包经营权流转市场，引导农民以转包、转让、股份合作等形式流转土地承包经营权，发展多种形式的适度规模经营。”这就表明，政府要健全农村土地承包经营权的流转市场，探索切实可行的农村建设用地使用权的流转模式，并严格控制建设用地规模。

基于此，青海省应因地制宜地来完善农村土地流转机制，实现土地集约化利用，以保障农民的权益。一是健全农村土地承包经营权流转市场，依法自愿为原则，对土地进行流转的转包、租赁、土地使用权入股、抵押等，使农村剩余劳动力的转移，与耕地的适度集中和规模化经营相结合，推进农业现代化的实现。二是探索切实可行的农村建设用地使用权流转模式，完善相关的土地征用补偿机制，始终将农民的合法权益放到第一位。三是严格控制建设用地规模，对城镇国有土地的规划使用必须公开化、透明化，真正建设集约型城镇。四是在土地流动形式中，农民可采用土地“入股”形式来流转土地，既降低农村人口向城镇迁移的成本，又能提高土地使用效率，保障了农民的利益。

3. 健全社会保障制度，实现城乡社保一体化

李克强总理指出：“我国的新型城镇化是以人为核心的城镇化。”新型城镇

化要以人为本，而让农民彻底脱离土地，实现生活方式的转变，必须有健全的社会保障体系来支撑。

健全社会保障制度，实现城乡社保一体化，政府可从以下几个方面来着手。一是在城乡对接方面，要将现行城镇居民享受的社会保障扩大到进城务工人员，并落实工伤、医疗、养老保障制度对农民工的全覆盖。实行城镇就业人员养老保险、失业保险和医疗保险的全覆盖。二是青海省应以市场化、社会化为方向，初步推进小城镇社会保障体系试点，进一步完善农村合作医疗保障机制，将城市居民社会保障制度延伸到农村，尽快建立健全以养老、失业和医疗保险为主体、社会统筹与个人账户相结合、覆盖城乡的统一的社会保障体系，以消除工农差别和城乡差别。

4. 改革就业制度，实现城乡统一就业制度

推进新型城镇化，农民必须能够真正进城，城镇也要提供稳定的非农就业岗位。但现存的城乡分割就业制度及存在的针对农民工经商的歧视性政策，使市场很难进行劳动力资源的优化配置。为此，政府在改革户籍制度的基础上，也必须改革现行的就业制度。

改革就业制度，政府可从以下几个方面着手：一是建立一个以市场导向为主的城乡平等的劳动力市场，畅通劳动力流通渠道。二是建立健全就业服务与培训体系，加强劳动力市场的信息系统建设，在企业用工和劳动力就业方面开展相关服务。三是以发展职业教育为依托，重点对有需求的农民工提供免费的就业培训，破除部门对就业服务市场的分割，形成劳动者可以自由参加劳动市场竞争的就业新格局。

5. 建立多元可持续的资金保障机制

新型城镇化发展寻求的是可持续发展，可持续发展的推进必须有资金来保障，为此政府在新型城镇化中就要根据城镇基础设施和公共服务性质的不同，建立多元、多渠道的融资方式，放宽市场准入，加大公益性基础设施投入，鼓励民间资金参与经营性基础设施建设，严格规范各种融资平台。

建立多元可持续的资金机制，政府可以通过以下几种方式来实现。一是信贷融资。自银行进入城镇融资领域以来，银行信贷已经成为城镇基础设施建设的主体资金来源，但因其发展起步较晚，使得信贷融资的运转处于低位。二是证券融资。因证券融资起步较晚，所以政府应进一步完善资本市场和治理结构，严格披露企业信息，充分利用其为城镇基础设施建设筹集资金。三是股权

融资。政府可以借鉴国外的相关经验，如采用 PPP 和特许经营等方式，综合选择各种组合筹资方式，以便更好地推进新型城镇化的发展。

7.1.4 提高城市建设水平

当前，在城市建设方面，青海省的城市硬件水平相对较低，主要存在的问题集中在三个方面（表 7–1）。

表 7–1　青海省城市硬件存在的主要问题

问题类型	形成原因	具体表现	针对措施
城市缺乏特色，千城一面	缺乏文化传承	破坏历史建筑和文化遗迹，地方特色大范围减少	加强文化传承和历史遗 迹保护
	规划设计水平低	模仿抄袭：建筑设计借鉴抄袭、仿古建筑、纺洋建筑	提高规划设计水平，遏制抄袭模仿
	建设攀比	攀比建设政府大楼，摩天大厦，大广场等	制止攀比之风，强调地方特色
建筑质量低、寿命短	建筑质量低	建筑偷工减料	实施全过程质量管理和监督
		传统建材比重大，资源能源消耗高	发展绿色建筑，住宅产业化
	规划变动导致被动拆迁	地方领导变，规划变、城市反复拆建	提高规划的科学性和连续性
建设重地上、轻地下	重视不足，理念落后	排水设施落后导致城市内涝频发	重视和加强地下管网建设

一是城市缺乏特色、千城一面。青海的城市在规划建设过程中，存在缺乏文化传承意识、规划设计水平低、建设攀比等问题，导致城市特有的文化标识、民族特色和地方风情缺失，逐渐形成“四个城区一个样”的城市面貌。二是建筑质量低、寿命短。由于建筑质量管理落后和城市规划变动频繁导致的被动拆迁，中国城市建筑质量低、寿命短的问题非常严重。有学者明确指出，青海省有悠久的历史，但却少有超过 50 年的城市建筑，住房使用寿命往往只有 25—30 年，远低于英国城市建筑的 132 年和美国的 74 年。三是建设重地上、轻地下。这是全国城市建设的一个通病，在高楼大厦、地面基础设施大面积铺开的同时，城市地下的排涝系统异常落后。西宁每年 8 月份进入雨季，造成城市的严重内涝。据不完全统计，在中国 500 多座城市中，有 300 多座城市发生过城市内涝。当前，中国城市建设问题究其根源主要在城市规划设计和建筑施工环节。在城市规划设计方面，由于缺乏对历史遗迹、文化资源保护的重视，一些地方片面追求短期的土地经济价值而破坏历史文化建筑，或者在建设过程

中破坏历史文化建筑与周围环境的协调性，降低文化价值，或者以旅游开发方式进行掠夺式开发。同时，城市规划设计模仿抄袭、一张图纸到处用的现象，以及低劣的仿古仿洋建筑，都对城市品质造成不良影响。在前一段时期，地方政府的攀比心理导致各地政府大楼、摩天大厦、大广场等建筑遍地开花。在追求这些形象工程、地面工程的同时，各地却忽略了地下基础设施建设，地下排水系统和防洪排涝标准偏低，设施严重落后。即使像广州这样的国家中心城市，中心城区现有排水管道只能达到一年一遇标准，达到两年一遇标准的仅有9%。此外，由于规划朝令夕改，一届领导、一次规划，领导变、规划变，城市建设缺乏持续性，造成一些新建建筑被动拆迁，影响了建筑寿命。比如，海南建造不足 10 年、高 131 米的“千年塔”，因城市规划更改被拆除。重庆市隆盛大厦（高层建筑），因为规划改变，从交房到被拆仅有 6 个月时间。在建筑施工方面，由于监管不力、偷工减料、施工质量低劣现象普遍存在，比较极端的房屋倒塌事件时有发生。

因此，青海省在未来推进城镇化的过程中，要针对城市建设存在的问题及其根源，采取多方面的综合措施，切实提高城市建设水平，突出城市特色和个性，着力提升城市品质。

第一，转变城市建设理念，注重城市的文化性和生态性。文化传承理念的缺失和对自然元素的机械式开发是千城一面的重要原因。在未来城市建设中，一方面，要注重城市建设的文化传承，既要融入现代元素，又要保护和弘扬传统优秀文化。要积极转变观念，把历史文化建筑的保护工作纳入政府的政绩考核体系中；严格按照“两法一条例”的要求，完善配套法规制度，形成完整的历史文化建筑、名城管理法规体系；对历史性建筑拆除应制定一票否决制度；积极推进人文城市建设，加快制定国家层面的人文城市建设规划和标准，推进人文示范城市建设。另一方面，城市建设要融入自然，提高城市生态性。加快绿色城市及生态型示范城市（区）建设；城市建设要依托现有山水脉络等独特风光，让城市融入大自然，让居民望得见山、看得见水、记得住乡愁；在尊重自然、保护自然的同时，还要尽可能引入乃至融入自然，让自然来为城市增辉添彩。

第二，提升规划设计和规划管理水平。城市规划问题是造成城市品质低和城市建筑寿命短的重要原因，为此要积极提升规划设计和管理水平。在规划设计方面，要把以人为本、尊重自然、传承历史、绿色理念融入城市规划全过

续表

城市名称	城市性质	城市特点	城市职能及优势
共和	小城市	第二类；第四类	全省主要畜产品生产基地，环青海湖地区的中心城市之一，以现代生态畜牧业、生态旅游业为主的生态旅游城市。
贵德	小城市	第三类；第四类	全省旅游综合开发示范区，以发展高原休闲旅游、生态观光农业、绿色食品加工为主的黄河上游风景园林城市。
西海（海晏）	小城市	第四类	省域旅游服务次中心城镇、环青海湖区域中心城市，最美草原新城。
门源	小城市	第二类；第三类；第四类	以旅游、商贸、农牧业为主的青海北部门户，是具有地域民族特色的高原生态旅游城市。
同仁	小城市	第四类	国家级热贡文化保护区，以热贡文化产业、高原文化旅游、高原生态旅游为主的国家历史文化名城。
玛沁	小城市	第二类；第四类	全省主要畜产品生产基地，三江源地区的中心城市之一，以中藏药、畜产品加工和旅游商贸为主的高原民族特色小城市。

资料来源：根据《青海省城镇体系规划（2014—2030 年）》整理。

7.2.2 “点轴面”立体布局的空间结构

1. 理论依据

德国城市地理学家克里斯塔勒（W.Christaller）和德国经济学家廖士（A.Lösch）分别于 1933 年和 1940 年提出“中心地理论”，它是关于一定区域内（国家）城市和城市职能、大小及其组成的空间结构的学说，即城市“等级—规模”学说或城市区位论，并用正六边形形象地概括区域城市等级与城市规模关系。1984 年，我国学者陆大道院士在长期研究工业区位因素和工业交通布局规律的基础上，根据中心区位论及“空间结构”理论的基本原理，提出了“点—轴系统”理论模型。通过分析不同社会经济发展阶段空间结构的基本特征和空间可达性、位置级差对区域发展的影响，逐步使这一理论基本上形成了一个体系。该理论认为，在国家和区域发展过程中，大部分社会经济要素在“点”上集聚，并由线状基础设施（交通、通讯干线和能源、水源通道）联系在一起而形成“轴”，在一定的方向上联结若干不同级别的中心城镇而形成的相对密集的人口和产业带。在实践中，“点—轴”开发可实现生产布局与线状基础设施之间最佳的空间结合，即可使各级范围内重点的交通干线、能源、水源建设线路与重点建设的城镇、工矿区取得必需的一致，即体现了其经济运行通道的功能，做到降低运输费用，形成有利的区位，又起到吸引各种生产要素和产业向轴线两侧集聚，形成不同等级的增长中心。要想把广大区域发展起来，必须把各级中心城市作为不同等级的开发重点，所以随着社会经济的进一步发展，发展轴线将进一步延伸，新的规模相对较小的积聚点和发展轴也将不断形成。随着区域内大小发展轴交错成网，由一系列不同职能分工、不同等级规模、空间分布有序的城镇将所组成的联系密切、相互依存的城镇群体，至此"点—轴—面"立体城镇体系形成（顾朝林，1992）。

"点—轴系统"反映了社会经济空间组织的客观规律，是最有效的国土开发和区域发展的空间结构模式。点—轴系统理论在我国众多省、市（区）、县级行政区国土开发和发展城镇、城镇体系、城市圈建设规划研究及规划编制实践等领域中得到广泛的应用，且成果极其丰富，在区域发展实践中产生了广泛的影响。

2. 青海省"点—轴—面"立体城镇体系构想

青海省城镇体系空间结构影响因素主要有全国城镇体系规划、国家重大基础设施布局、相邻省份城镇分布影响以及中原城市群发展战略等。我国提出的"一带一路"经济发展计划，对青海省的城镇发展影响，相邻的甘肃、新疆、西藏省份的空间结构发展调整、综合交通基础设施联系与对接、城镇发展轴线方向与延续、经济联系等，也都对青海省城镇体系空间布局产生重要影响。

根据《青海省城镇体系规划（2014—2030）》（见图 7-2 和图 7-3），结合"点—轴—面"立体城镇体系理论，青海省城镇体系空间布局形态为"四区两带"空间结构。"四区"即：东部地区、柴达木地区、环青海湖地区和三江源地区。"两带"即：兰青、青藏铁路沿线城镇发展带和黄河干流沿岸城镇带。

（1）"点"

1 个人口 100 万以上的中心城市，即西宁市；3 个 20 万—100 万人口和 1 个 10 万人组成的区域中心城市，即海东市、格尔木市、德令哈市和玉树市；8 个 5 万—20 万人口的小城市，即：民和、互助、同仁、门源、贵德、西海（含三角城镇）、共和、玛沁，110 个人口在 5 万人以下的功能、特色城镇小城镇。

（2）"轴"

①城之间交通为主要依托。渐次引导次级中心城市发展，形成双极核乃至多核心的点—轴发展模式。首先，形成以西宁为中心，以海东、格尔木、德令哈、玉树为次中心，形成连接兰州、民和、海东、西宁、湟源、德令哈、格尔

木等城镇为主线的兰青、青藏铁路沿线城镇发展轴的空间布局结构，打造国家西部战略通道，成为全省资源、人口、城镇、产业的核心集聚带，发展成为国家西部重要的城市经济带和国家一级战略轴线。

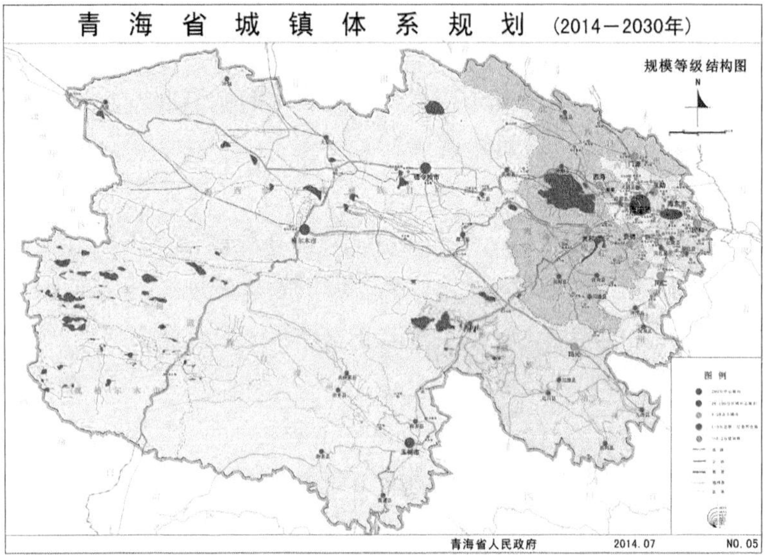

图 7-2　青海省新型城镇化体系规划等级结构图

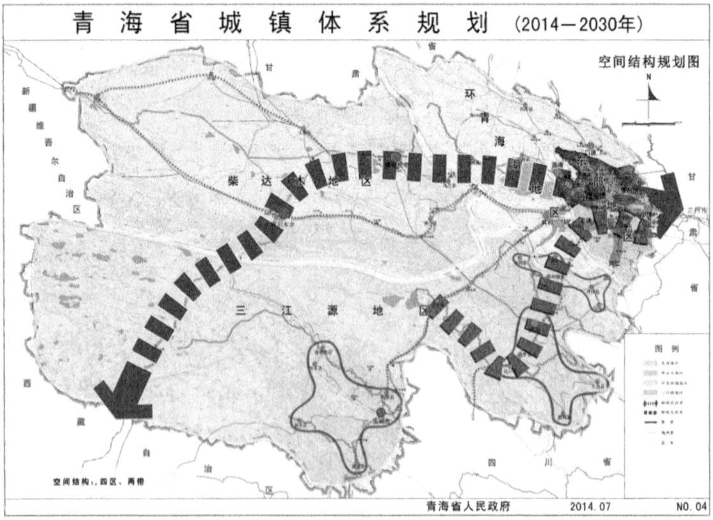

图 7-3　青海省新型城镇化体系规划空间结构规划图

②城市间黄河干流为主要依托的沿岸城镇发展轴，沿线水电、农业和旅游

资源丰富，发展成为黄河上游重要的水电开发走廊、生态旅游走廊和特色农牧业走廊，成为推动全省经济社会发展重要的特色经济带。

渐次引导次级中心城市发展，形成双极核乃至多核心的点轴发展模式。形成以西宁为中心、格尔木为次中心，形成连接兰州、民和、西宁、湟源、德令哈、格尔木等城镇为主线的城镇发展轴的空间布局结构。

（3）“面”

城镇连片，各特色城镇进行产业集群，或相关产业的大面积集合。根据两轴规划，将全省划分为四个城镇发展区，即东部城镇密集区、柴达木地区、环青海湖地区和三江源地区。

——东部地区。该区是省域核心发展地区，以西宁为中心的东部城市群为主体空间形态，是全省经济社会发展重要增长极，是兰西经济带和国家丝绸之路经济带的重要城市群和城市化地区。加快推进新型工业化和城市群与区域一体化进程，加强生态环境保护治理，完善基础设施网络，强化城市分工合作，优化空间结构，形成经济充满活力、生活品质优良、生态环境优美的新型城市群经济区。以强化西宁的中心地位为主，发展和完善西宁—民和轴，在西宁外围组织三个城镇圈。西宁–民和轴：抓住兰（州）—西（宁）高速公路建设的机遇，改善各小城镇的投资条件，以兰州和西宁为依托，接受辐射、提供服务，激发兰—西城镇轴的发展活力，完善东部地区城镇群，使其成为青海推进城镇化进程的生力军。三圈：第一圈层以湟中、大通、平安、互助、多巴为主构成；第二圈层以湟源、日月山、乐都、尖扎、化隆、贵德等城镇为主构成；第三圈层以海晏、共和、龙羊峡、同仁、过马营、门源、循化、民和等城镇为主构成。

——柴达木地区。该区矿产资源富集，是省域重点扶持地区。采用聚集型中心城市发展带动模式，健全产业体系，完善城市功能，实现集约发展建成全国区域循环经济发展示范区和全省统筹城乡一体化发展示范区。

——环青海湖地区。该区自然人文资源独特，是省域特色地区。依托青海湖国家风景名胜区，发展旅游休闲、自然观光、文化体验等特色产业，加强市政基础设施和公共服务设施建设，打造全省特色旅游城镇经济区。

——三江源地区。该区地处青藏高原腹地，为国家生态屏障核心地带，是省域保护地区。按照控制数量、提高质量、节约用地、体现特色的要求，推动生态文化旅游城镇经济区建设。

增长极理论对不发达地区城市与区域的发展有很强的现实意义。“点—轴”开发理论十分注重地区发展的区位条件，强调交通条件对经济增长的作用；“网络”开发理论强调增长极和整个区域之间生产要素交流的广度和密度，促进城乡一体化。总体来说，青海省地广人稀，其城镇空间发展应采用点轴发展和梯度推进相结合的非均衡的发展模式，需要通过以点为主、线面配合策略，以城镇发展分区和各主要城镇发展轴形成基本框架，建设集群化和网络化的城镇空间发展格局，使城乡融为一体，促进城市群区域交通同网、信息同享、市场同体、产业同布、环境同治，避免产业恶性竞争和基础设施重复，形成产业布局与分工合理、经济联系紧密、内部聚集效应与对外扩散效应明显的城市群，继续实施西部大开发政策，收缩战线，集中发展，抓住“一带一路”经济发展的机遇。

7.2.3 “特色小镇”型新型城镇化①

1. 以特色小镇为抓手促进县域经济创特色

挖掘产业特色、人文底蕴和生态禀赋，以乡村旅游示范带建设为抓手，培育休闲旅游、商贸物流、特色制造、民俗文化等特色小镇。大通县依托鹞子沟国家森林公园，打造东峡镇休闲旅游特色镇，借鉴南京江宁模式打造朔北鸾沟片区乡村旅游产业园；湟中县加快建设陈家滩特色文化产业园，打造鲁沙尔旅游风情小镇，围绕云谷川和西纳川打造卡阳乡趣生态旅游区；湟源县以丹噶尔古城保护开发为核心，打造历史文化名城，建设高原旅游名镇。

2. 激发县域经济内生动力，促进人口和产业聚集

大通县依托北川省级高新技术产业开发区加快打造铝镁合金等高新材料产业集群，延伸铝精深加工产业链。湟中县以多巴新城建设为重点，加快与主城一体步伐，推动行政区划调整，发挥鲁沙尔民族文化旅游产业园、甘河工业园带动优势，加快由经济大县向经济强县转变。湟源县发挥背靠大牧区、面向大市场的地缘优势，依托全省农畜产品资源，大力发展高原绿色食品加工业，加快建设青藏高原原产地特色产业聚集园。

3. 推动城乡基础设施互联互通

强化交通功能引领，开展市域国省干线公路、城市道路、县乡公路交通衔

① 张晓容．西宁市人民政府办公厅关于印发《政府工作报告》的通知（宁政办〔2017〕33 号）[EB/OL]．http：//www.xining.gov.cn/html/2459/369402.html. 2017-03-15/2017-05-23.

接布局研究与规划，优化“三环七射”高速公路网布局，协调推进 227 国道南北段、昆仑大道西延段、G6 高速北移、大湟平公路等建设。

4. 加快西宁卫城传统特色街区建设

努力打造具有现代人文气息，蕴含丰富文化底蕴的高原山水生态城市。严格执行城市建筑风貌导则，提高规划建设理念标准，塑造一批河湟精品建筑，彰显独特地域风貌。建设海绵试点城市，将低影响开发理念贯穿于各层次规划和各类开发建设活动，确保今年完成 70% 的建设任务。

5. 打好畅通西宁攻坚战

新开昆仑路地下通道、长江路拓宽改造等 22 个项目，年内实现 90% 以上外环内网项目开工，峡口连接线、湟水路高架桥等 18 项工程竣工。新增（优化）18 条公交线路，建成公交 9 路线公交专用道；开工城南等地区大型地下停车场，继续改扩建一批公共临时停车场，进一步规范停车收费；在行人过街需求集中部分路段建设人行天桥；基本完成智慧交通管理系统，提高信号控制、路况监控等智能化水平，提升道路交通秩序精细化治理能力。

7.2.4 推进农业转移人口市场化

将国发〔2016〕44 号《国务院关于实施支持农业转移人口市民化若干财政政策的通知》，与“十三五”规划中提出的“稳步推进农业转移人口转为城镇居民”相结合。

从广义来讲，农业转移人口有两方面的意思：第一是指从农村人口转移为城镇人口，第二是指从农业人口转移为非农产业人口，不再从事个体农业。二者之间含义不同，但又有紧密联系，因二者都以子女婚嫁、子女教育、争取更多就业、创业机会的人员为主体。从狭义来看，农业人口转移为城市人口，主要是指从事个体经营、务农的小农经济人员，进入城镇务工、经商从事非农业工作的人口。

农业转移人口市民化并不仅仅意味着将农业户口改为城镇户口，而是包含着多方面的丰富内涵。它是农业转移人口在取得城镇户籍的基础上，在政治权利、劳动就业、社会保障、公共服务等方面享受城镇居民（市民）同等待遇，并在思想观念、社会认同、生活方式等方面逐步融入城市的过程。因此，实现农业转移人口市民化将是一个漫长的历史过程。其主要标志如下：

一是社会身份的转变。目前，大量进城农业转移人口虽然被统计为城镇常住人口，但其户籍依然是农业户口，“农民”的身份并没有改变。即使他们已经在城镇就业甚至居住，但仍然被以“农民工”相称，这一称呼带有明显歧视性质。因此，实现农业转移人口市民化，必须加快户籍制度改革，让进城农业转移人口逐步在城镇落户，使其获得城镇永久居住身份，成为城镇居民中的一员。

二是政治权利的平等。长期以来，中国城乡居民的政治权利是与户籍紧密挂钩的。目前，大量进城农业转移人口在城镇地区基本上没有选举权、被选举权、社区管理等权利，其与城镇居民在政治权利上严重不平等。实现农业转移人口市民化，就必须赋予农业转移人口与城镇居民同等的政治参与权，包括选举权、被选举权、参政议政、工会组织以及社区管理等权利。

三是公共服务全覆盖。当前，中国的公共服务和社会保障政策基本上是与户籍挂钩、城乡区域分割的，导致进城农业转移人口往往不能享有平等的公共服务和社会保障权益。实现农业转移人口市民化，就是要确保进城农业转移人口与城镇居民享受均等的就业、子女教育、医疗卫生、社会保险、住房保障、社会救助等方面的公共服务和社会保障权益，促进基本公共服务向城镇常住人口全覆盖转变，消除对农业转移人口在公共服务方面的歧视。

四是经济生活条件改善。农业转移人口受工作能力、教育水平、资本积累等方面限制，收入水平、生活质量等往往较低，在经济生活条件方面与城镇居民差距较大。实现农业转移人口市民化，就必须不断提高农业转移人口的收入水平，帮助其改善居住和生活条件，逐步缩小与城镇居民之间的差距，促进其生活和消费方式由农民向市民转变。只有实现这种生活方式的转变，才能促使农业转移人口真正融入城市生活。

五是综合文化素质提高。农业转移人口受教育程度低，职业培训欠缺，综合文化素质不高，与现代市民的要求具有较大的差距。这种文化素质差距不仅影响农业转移人口的职业选择，加大收入差距，影响城市归属感，而且使部分城镇居民对农业转移人口产生偏见。为此，要实现农业转移人口的市民化，需要帮助农业转移人口提高工作技能、文化教育水平等方面的综合素质。

六是广泛的社会认同。要把农业转移人口转变为市民，使其真正融入城市社会，还必须获得广泛的社会认同。一方面，进城农业转移人口对城市要有归属感，在心理和观念上实现自我认同，并把自己看成城市居民的一部分；另一方面，社会对农业转移人口的心理歧视和偏见逐步消除，使其在全社会得到广泛的他人认同。只有同时实现这种自我认同和他人认同，进城农业转移人口才能与城市原居民融为一体[①]。

7.3 推进城镇化改革的实现方法和路径

7.3.1 要把改革攻坚和阻力较小的改革分头推进

在青海省城镇化进程中，针对改革难度较大的诸如涉及上亿人口的户改、土地出让制度改革和城镇行政管理体制改革等，可考虑分期分批制定长期目标，稳步有序解决。而矛盾较小的，例如已经在城镇长期定居就业、举家迁徙的外来人口，应该一次性放开解决。既可以减少城市户改的压力，也可以彻底解决长期积累的矛盾，获得这批人对改革政策的拥护。我认识的很多人，都已经是城市白领，甚至在重要的事业单位担任一定的领导职务，或者是中小企业家，由于没有户口，他们对社会怨气很大。他们已经对城市贡献很多，把他们尽快地一次性纳入城镇化进程，应该是现在难得的一次对社会群体利益释放的利好政策。据统计，在城镇举家迁徙的外来农村人口就有接近 4000 万。如果包括城镇间流动人口，可能还要增加几千万。西方国家对于外围移民还要定期实行大赦，我们的户籍制度僵化了 50 多年，应该有一次较大规模的赢得民心的户改动作。

7.3.2 要充分调配资源，解决人口的空间配置和整合

由于青海省高原环境较为脆弱，承载能力有限，随之而来的是西宁市人口膨胀的压力，西宁市常住人口有 233.37 万，其实其中有一部分人生活在周边的市辖区和建制镇内。这些市辖区和建制镇还有较强的吸纳能力。如何通过市场化的方式，给予这些实际作为独立城市的市辖区和建制镇更多的发展权，并通过轨道交通把这些城市与西宁的主城区连接起来，应该从规划上予以统筹。这种方式应该是高等级城市户籍改革的方向，而不能以主城区压力过大为借口，排斥整个行政区的外来人口。

7.3.3 降低各城市盲目追求政绩效果的发展预期

这里既涉及公共服务水准制定标准过高的问题，也涉及基础设施建设贪大

① 魏后凯．中国城镇化和谐与繁荣之路［M］．北京：社会科学文献出版社，2014: 91.

求洋的问题。也就是说，要降低城市的门槛，给外来人口提供与他们收入、教育水平相适应的生存空间。例如广东已经允许外来人口自办民办学校，仅东莞市，超过 70% 的农民工子女在民办学校就学。城镇化的改革要求以实事求是为准则，面对如此众多的农民进城落户，享受同等公共服务水平，很难一蹴而达标，还是应该有一个循序渐进的过程。

7.3.4 改革是城镇化的改革要突出重点

放开户籍管理体制，解决长期举家迁徙的外来人口入户是重点；提高农村征地补偿，逐步实现农村土地同权同价参与城镇开发也是重点；改革城市间的行政管理体制，降低设市标准也应该是重点。从现实来看，解决设市问题，有利于调动巾小城市加快户改进程的积极性。据统计，青海省镇区人口在 420 万人左右，如果实施户改制度，实行设市的改革，也算是在推进城镇化的城市行政管理体制改革中迈出实际的一步，而且也会得到这些城镇政府的强烈支持。

7.3.5 尊重地方在城镇化改革中的首创精神

要把顶层设计和地方实践相结合。近些年青海省各地在推进城镇化的进程中，多多少少都进行了不同程度的改革。有的是着重于长远目标，有的是受利益驱动，但实际效果可能对未来的改革经验的总结起到了良好的参照作用。在我们坚持了十几年的改革试点实践中，许多好的经验最终都转变成了国务院的有关政策。例如乡镇合并，取得了减少行政资源扩张的好作用。户改也是在多年的试点经验总结中才逐步出台。有的虽然曾经因各级政府的阻力而倒退，但经过多年又被地方政府重新实践。值得一提的是浙江开展的小城市试点，就是力图重新划分市镇的事权，为新兴的以建制镇为基础的中小城市发展提升活力。然而政策还是仅停留在地方层面，关键的设市问题仍然没有得到解决。

推进城镇化的改革涉及方方面面，实际上是一场全面深刻的社会变革。这里不仅仅是户籍管理制度改革、土地管理制度改革和城市间的行政管理体制改革，还要涉及中央和地方各级政府的事权划分，分税制改革如何深入到地、县、镇，城市基础设施的融资和运营的管理改革，如何提高服务业发展的有关政策措施，城市规划体制的变革等等，因篇幅有限，不能一一赘述。我们既不能把改革想得过于简单，同时还要坚定信心，坚持不懈地推进改革。前提是，要尊重国际和国内城镇化发展的普遍规律和特殊规律。在两者有机结合的基础上，寻找到好的改革方法和实现路径，才能达到青海省城镇化改革稳步有序推进的效果[①]。

7.4 县域经济城镇化的政策建议

7.4.1 将以县（市）为中心的城镇化道路上升为国家战略

长期以来，省会西宁的中心地位使其在全省范围内获得了多方面的资源，包括交通、教育和医疗等资源，以及经济发展的诸多优惠政策，从而在产业聚集和就业吸纳能力上远强于相对偏远的州（市）县，城镇化进程的速度远远快于后者，且城镇化的质量也高于后者。随着省会西宁的城市规模的扩张，其过度城市化带来的污染和拥堵问题也日益严重，以县（市）为中心的城镇化道路亟须上升为国家战略，从国家战略的高度统筹布局当前乃至未来的城镇化进程。这一战略要求在州（市）县经济的国民经济地位、州（市）县经济的规模和经济结构、县域经济公共服务提供的任务、州（市）县经济城镇化的特点和目标等方面，都要给予明确的界定和规划，并对相关政策和体制进行调整，鼓励州（市）县经济的发展，使州（市）县经济在发展农业经济甚至工业经济及吸纳劳动力等方面发挥越来越重要的作用，合理布局大中小城市，并最终提高农村剩余劳动力的本地城镇化率。

7.4.2 加大向州（市）县经济的财政转移力度

提高一般财政转移资金的比重当前依然采用的是分税制式的管理体制，在这种管理体制下，大部分的财政收入归集于省政府或省市政府，并由其将其中的一部分财政收入转移给所属的县（市）。随着这些州（市）县承担的城镇化任务变得越来越繁重，州（市）县财政收入已经远远不足以承担相应的成本费用。同时，州（市）县财政获得的上级财政转移收入，更多的是采取专项转移支付的形式，使其很难对这些财政收入进行统筹管理和支配，呈现“吃饭财政”特征，在推进城镇化进程方面显得力不从心。因此，为了充分发挥州（市）县经济在推进城镇化方面的积极作用，财政管理体制必须做出重大改变，不断提升州（市）县经济在财政总收入的比重。除了极少数财政资金采取专项

① 李铁．新型城镇化路径选择［M］．北京：中国发展出版社，2016: 174.

转移支付的方式外，更多的上级转移资金应采取一般财政转移支付的形式，增强州（市）县经济在财政支出方面的灵活性，提高地方财政支出的效率，发挥财政在促进城镇化方面的应有作用。

7.4.3 增强县镇规划的整体性，使州（市）县经济呈现适度集中、集散有序的空间布局

州（市）县经济不仅包括人口和产业相对集中的城区经济，还包括分布相对分散的乡镇经济和农村经济，这也是州（市）县经济区别于城市经济的一个突出特征。当前，中国县域经济过于分散和分割的特点非常突出，统筹规划严重滞后，制约了县域经济的健康发展。客观来说，这一问题的出现，一定程度上是由于县镇村之间的人员和产业交流不足，集聚和联通成本过大。解决这一问题不仅要有统一的县镇村布局规划，也需要有较大规模的基础设施投资及随后的运营维护费用，这是很多县级财政所难以承担的。但不管怎样，这种混乱的局面必须得到有效、及时的扭转，否则不仅将抑制州县的发展，而且对经济的发展影响较为深远①。

7.5 实施保障措施

7.5.1 科学制定规划

坚持科学规划、合理布局、城乡统筹、节约用地、因地制宜原则，进一步完善控制性详细规划和各类专项规划。省级重点示范镇及市级重点镇要按照建设城市社区和农民幸福家园标准，设计一镇一模块及新型农村社区标准化模块。文化旅游名镇及三江源地区小城镇要完成修建性详细规划及风貌引导设计的编制工作。将不同层级小城镇设施建设标准建制立章，各层级小城镇设施建设严格按照建设标准实施。

建立以全省新型城镇化发展规划为统领，由总体规划、专项规划、城镇规划组成的三级城镇化规划体系。各级各类城镇规划要落实好本规划的主要目标任务，确保形成规划合力。推进新兴城市和重点城镇按照经济社会发展规划、土地利用规划、城市建设规划“三规合一”的要求编制城镇总体规划（见表

① 参考《中国社会科学院财经战略研究院报告》，2015 年 8 月版。

7–3）。

表 7–3　青海省新型城镇化规划体系

序号	规划分类	规划名称	牵头单位
1	总体规划	新型城镇化规划	省发改委
		城镇体系规划	省住建厅
2	专项规划	城镇化土地利用规划	省国土厅
		城镇化水利保障规划	省水利厅
		城镇化综合交通规划	省交通厅
		城镇化能源建设规划	省能源局
		城镇化环境保护规划	省环保厅
		城镇化基本公共服务规划	省发改委
3	城镇规划	8 个新兴城市总体规划	县级政府
		80 个重点城镇总体规划	县级政府

资料来源：根据《青海省城镇体系规划（2014—2030 年）》整理。

7.5.2 健全工作机制

进一步健全“政府主导、社会协调、公众参与”的管理体制和运行机制。一是充分借鉴其他省市新型城镇化建设工作推进机制，明确目标，分解任务，加强组织领导，充分调动各级政府、部门的积极性，在全省上下形成逐级、逐层抓落实的良好工作局面，扎实推动新型城镇化顺利实施。二是落实年度目标责任考核，建立督导落实制度。各部门要按照职能分工定期开展对新型城镇化建设项目的督促落实，定期通报项目进度。三是根据新型城镇化建设要求，建立健全规划管理机构，完善管理职能。四是规范特色小城镇（村镇）建设行为，进一步完善特色小城镇（村镇）建设项目的服务和监督，加强管理队伍建设。

7.5.3 加强统筹协调

新型城镇化建设涉及面广，工作量大，应加强部门间的沟通协调，做好规划实施、项目整合、资金筹措、项目建设、考核督促等工作。一是加强部门间综合协调。充分利用和发挥好保障性住房、移民搬迁、三江源生态环境保护及治理（含国家公园建设）、农牧民进城、产业园区建设、文化保护、旅游发展等相关政策，形成相互促进、齐抓共管的工作合力。二是加强地区间协调合作。遵循平等协商、协调发展、互利共赢的原则，从产业发展、环境生态、社会公共事务等领域，促进相邻地区之间的协调。具有区域性影响项目的规划建设，应当征求地区的规划意见；倡导开展地区之间双边或多边合作，共同组织开展规划与建设工作，从整体发展角度考虑城际边界地区的资源配置。

建立部门间、地区间联动协调机制，统筹实施人口、土地、财税、金融、就业等政策，营造有利于城镇化发展的政策环境。充分发挥规划的先导作用，统筹规划城镇空间布局和功能分区，增强城镇发展的协同效应。建立有利于新型城镇化发展的资源要素配置和利益分享协调机制，促进各类要素自由流动和高效配置。完善跨区域重大基础设施建设、产业布局、新区建设、撤县建市等城镇化协调推进机制。研究探索民族地区新型城镇化重大问题，加强城镇化发展地方立法，完善城镇建设的法律法规体系，维护规划的科学性、严肃性和权威性。

7.5.4 保障建设用地

将新型特色小城镇规划范围内的工业园区、城镇基础设施建设项目和国家重点建设项目用地、生态用地和规划区范围内的建设用地纳入当地土地利用总体规划。规划推行城乡建设用地增减挂钩，优化城乡用地布局。稳步推进土地管理改革，坚持依法、自愿、有偿的原则，鼓励进城农民将土地承包经营权进行流转，探索建立进城农民承包经营权和宅基地使用权有偿退出机制。

7.5.5 加强资金保障

发挥财政资金的引导作用，建立新型特色小城镇建设以奖代补激励机制，激发各地加快小城镇建设积极性。对不同层次、不同类型的小城镇进行分类、有侧重的政策资金投入。积极组织策划包装各类项目，争取国家支持，同时整合各类项目和资金，优先向发展较为突出的小城镇进行倾斜。积极利用市场机制，改革投资体制，拓宽融资渠道，大力推进小城镇建设投资主体多元化。

同时，加强财政支持，保障各项规划、建设的资金需求。树立公共财政理念，根据经济发展和财力情况逐步增加投入，加大各级政府投入力度，建立以财政投入为主的多元投入机制。一是加大对区域生态环境建设的资金支持力度，解决开发地区与保护地区之间、受益地区与受损地区之间的利益补偿问题，并逐步将生态补偿纳入法制化轨道，提升各级保护区域绿地、改善区域生态环境的积极性。二是将新型农村社区建设与特色小城镇建设、移民搬迁、村庄治理、农村危房改造等工作有机衔接，将各部门涉农资金及项目集中捆绑，向新型农村社区倾斜。综合运用土地、信贷和规费减免等优惠政策，吸引房地产等企事业单位参与新型农村社区建设，形成以各级财政、村集体积累资金投入为主体，各级涉农资金、单位帮扶投入为辅助，社会各界捐助为补充的新型农村社区建设多元化投入机制。

深化税收体制改革，进一步理顺各级政府间财政分配关系，完善金融市场体系，创新投融资机制，建立多元化、可持续的新型城镇化资金保障机制，为城镇化发展奠定经济基础。具体需要做到：

1. 构建有利于城镇化发展的财税体制

在合理界定事权基础上，深化税收体制改革，进一步理顺各级政府间财政分配关系，建立有利于地方财政收入稳定增长的长效机制。完善财政转移支付制度，统筹考虑户籍人口，持有居住证人口总规模和基本公共服务投入等因素，建立财政转移支付同农牧业转移人口市民化挂钩机制，逐步实现城镇基本公共服务支出钱随人走、补贴到人。增强各级政府为农牧业转移人口和流动人口提供公共服务的财力保障，通过财政杠杆撬动中小城市、新兴城市和重点城镇的基础设施和公共服务设施建设，提高城镇对人口和经济的集聚能力。统筹推进土地和房地产税费改革，加快资源税、消费税、所得税等税费改革，推进环境保护费改税。取消和减免一批行政性、经营性收费。完善城镇垃圾污水处理收费制度，对垃圾污水处理设施运营费用给予补贴。支持民营经济发展，实行税费奖励优惠。

2. 完善金融市场体系

鼓励和支持金融机构开展组织模式、产品、服务、技术等创新，加快建立和完善金融市场体系和金融运行机制，拓宽金融服务领域。进一步增强政策性银行对城镇化的金融支持，积极引入外资银行、省外股份制银行、证券公司、期货公司、信托公司、基金公司、金融租赁公司、保险公司、产权投资机构等金融机构在青海省设立分支机构，拓宽城镇化发展投融资渠道。

3. 创新投融资模式

加快建立地方政府债务融资机制，通过积极利用地方政府债券、发行城投公司市政建设项目债券、政府信用平台贷款等多种方式，为城镇化发展提供长期、稳定、低成本的融资工具。建立城市政府资产负债表制度。积极探索基础设施项目建设与具有收益的项目周边物业开发特许经营挂钩的投资政策，鼓励社保基金、住房公积金等公共基金参与具有稳定收益的城市基础设施项目建设。完善城镇基础设施运营合理收费制度，扩大城镇基础设施市场化投资建设领域，采用 BOT、PPP 等投资运营模式，广泛聚集和吸引社会资金参与城市基础设施项目投资建设和运营，引进民营资本参与城镇连片集中开发建设，拓宽城镇建设投融资渠道。

7.5.6 深化户籍改革

全面贯彻落实省委省政府支持特色小城镇发展的相关政策，全面放开小城镇的落户限制，放开外来人口进入小城镇的条件，鼓励有条件的农牧民就地就近向小城镇转移，同时扩大住房、就业、教育、基本医疗、工伤、养老等保障覆盖面。

7.5.7 强化监督考核

加强新型城镇化统计工作，顺应新型城镇化发展态势，建立健全统计指标体系，规范统计口径、统计标准和统计制度方法。加快制定新型城镇化发展监测评估体系，实施动态监测与跟踪分析，开展规划中期评估和专项监测。建立有利于新型城镇化健康发展的规划建设绩效评价考核制度，把新型城镇化发展的目标、任务列入各级政府和部门年度绩效考核，推动规划顺利实施。

建立完善目标考核督查机制，将新型城镇化建设考评工作纳入省上对各级政府的目标考核内容，加大对各类重点、特色小城镇的督查力度，做好党政主要领导和挂职干部的考核工作，对综合考评优秀的优先考察使用。每年评出 10 个重点示范镇建设先进镇、10 个文化旅游名镇（街区）建设先进镇和 3—5 个建设成效显著的市级重点镇，给予表彰鼓励，带动和促进全省新型特色小城镇全面发展。

7.5.8 促进规划体系的转变创新

经济社会发展规划与土地利用规划应从极化思维转向均衡思维，努力缩小城乡发展差距，积极关注城镇化过程中的弱势群体，维护社会稳定与和谐发展。城乡规划着力推进就业导向的城乡发展策略，将对政府、大型企业与开发商等强势主体的关注转向对普通民众的关注。重视公共服务和社会保障体系在城乡规划用，合理配置教育、医疗、文化及环境卫生等各项公共服务设施，保障公众获得相对均等的公共服务。加强城乡规划中的环境与生态策略，营造优质宜居的城乡人居环境。

1. 建立稳定的投入保障机制

积极改革城镇投融资体制，创新运营管理和建设模式，积极吸引和引导外资与民间资本进入供水、供气、垃圾与污水处理等城镇基础设施和保障性住房建设等民生领域，变一方投资为多方聚资，变政府包建为全民共建。加快推进地方公共财政体制改革，继续调整优化支出结构，不断完善财政转移支付体系，以推进全省基本公共服务均等化为重点，大幅提高社会福利和公共服务的供给水平，保障广大人民共享改革发展成果。

2. 深化户籍管理制度改革

实行城乡统一登记管理制度，调整完善现行教育、医疗、社保、就业、住房等方面制度和政策，推动城市教育、住房、医疗、就业等资源向农民工开放，逐步实现流动人口基本公共服务均等化，消除制约农村人口市民化的体制性障碍。制定引导人口有序转移的政策措施，把符合条件的农民工在城镇就业和落户作为推进城镇化的重要任务。充分尊重农民在进城或留乡问题上的自主选择权，切实保护农民承包地、宅基地等合法权益。

3. 促进社会管理创新

必须全方位解决农民工和失地农民问题，切实保障农民工合法权益，给进城农民工以“市民待遇”；深化城镇就业制度改革，实行城乡统筹的就业制度；构建补偿、就业、社会保障“三位一体”的失地农民利益保障体系，建立失地农民分享工业化、城镇化和现代化成果的长效运行机制。着力强化社会组织管理体系，着力加强社会治安综合治理体系，着力完善社会突发公共事件应急处置体系；大力发展科教文卫事业，提升城镇的凝聚力、城镇发展的和谐度、城镇文化的影响力，增强城镇的文化底蕴；大力推进制度创新，加强规划、规范和引导作用，基于民生导向对城镇化实施必要的宏观调控，构建良好的经济与社会发展秩序[①]。

7.5.9 为进城农民放弃农地做出制度保障

进城农民放弃农地，可以加快农业规模经营的步伐。可以消解“不完全城

① 周義，梁桂全. 科学发展 幸福广东［M］. 北京：当代世界出版社，2012: 73.

市化”的阻力，促使进城农民完成永久性迁移；进城农民完成永久性迁移，可以减少、化解“候鸟”式迁移带来的诸如公共设施城乡重复建设、季节性交通拥堵、进城农民在城市的边缘化等社会问题。解决这一问题必须城乡统筹。

1. 科学设计以放弃农地置换城市商品房制度。进城农民在城市居有定所，并拥有自己的房产，才能实现永久性迁移。一般认为，当一个国家人均 GDP 超过 1000 美元、农业产值在三大产业中的比重下降到 20% 以下，就意味着农业进入了受扶助阶段，政府必须适时提供大量的补贴扶持农业经济的可持续发展。目前，青海省进入“精准扶贫阶段”的两项指标均已达到。政府应该并可以在放弃农地置换商品房的制度中投入部分资金，用以补助放弃农地的农民购买城镇商品房（投入的数额，应从农民意愿和政府财力两方面进行详细调查论证）。这种投入就是从城乡统筹的角度，既扶助了农业、农村，又推动了城镇化进程。

2. 进城农民如果没有用放弃农地置换商品房，应该对他们做出与市民同等享受城市低保的制度安排，以增加城市“拉力”（纳入低保体系内，并不是进城农民都要享受低保，他们中的绝大多数都能在城镇就业，纳入低保体系只是为他们解除后顾之忧。对可能享受低保的人数、比例及资金，应作专题调研），这同样是城市反哺农村一举而数得的举措。

3. 实行永久性迁移不可能一步到位，“候鸟”式迁移还会存在一段时间，甚至是较长的一段时间。在这段时间内，有些公用设施就会出现农村闲置、城市缺乏的现象。如进城农民子女的教育资源问题就是这样。应该站在城镇化的高度，城乡统筹解决这一问题。以进城农民子女教育为例，应该根据城镇化人口增长的速度，科学测算不同时段进城农民子女人数，投放资金，增设学校网点。解决了进城农民子女的教育问题，既可解除进城农民的一大后顾之忧，又可促使农村教育资源优化配置，促进农村教育质量的提升[①]。

4. 妥善安置因城镇化征地而失地的农民。“十三五”期间，青海城镇化将以年均 1.6% 的速度递增，每年进入城市的人口有 10 万左右，按 1 平方千米 1 万人来规划，每年要开发 60 平方千米，五年下来，城镇化开发用地至少在 300 平方千米，因城镇化开发而失去土地的农户将以万计。对因城镇化征地而失去土地的农民必须妥善安置。一是提高土地补偿标准，不能因征地的用途不同而使

① 姚木根，傅修延. 2006 年：江西经济形势分析与预测（经济蓝皮书）[M]. 南昌：江西人民出版社，2006: 386.

用不同的补偿标准，必须统一补偿标准。二是对不同年龄段的失地农民做出不同的制度安排。如 50 岁以上的可用补偿费置换养老保险，16—50 岁的可用补偿金置换城市商品房或享受城市低保。16 岁以下的享受市民子女同等的受教育权利，等等①。

① 姚木根，傅修延. 2006 年：江西经济形势分析与预测（经济蓝皮书）[M]. 南昌：江西人民出版社，2006: 386.

第 8 章　研究总结与展望

青海新型城镇化是典型的在政府主导下的城镇化，受国家方针和政策影响巨大。政府掌握着各种资源的支配权，对城镇化的方向、重点和速度具有重要调控作用。本章主要对全文研究做一小结，总结了主要研究结论和下一步需要进一步深入研究的问题。

8.1 研究总结

本课题研究青海省新型城镇化模式建设，全文主要围绕青海省新型城镇化建设的背景和青海省新型城镇化建设的对策及战略构想展开研究。青海省新型城镇化建设的背景包括青海建设城镇化的基础条件、青海省新型城镇化建设的发展历史和青海新型城镇化建设的现实分析。青海省新型城镇化建设的战略构想与对策主要包括青海新型城镇化模式建设的战略构想、青海新型城镇化建设进程中的政府规制、建设青海新型特色城镇化的模式、青海新型特色城镇模式体系构建等。

1. 青海省新型城镇化建设的背景

本课题研究青海省新型城镇化模式建设，关于青海省新型城镇化建设的背景的研究结论，通过三个方面来阐述，分别是青海建设城镇化的基础条件、青海省新型城镇化建设的发展历史和青海新型城镇化建设的现实分析。

其一，青海省新型城镇化建设的基础条件，表现在自然条件优劣共存和人文环境错综复杂。自然条件优劣共存，全省地形复杂，山脉纵横，峰峦重叠，湖泊众多，峡谷、盆地遍布；生态环境脆弱，如水土流失、荒漠化、沙化面积扩大、湿地萎缩，草场退化等问题突出，生态系统较为脆弱。同时，全省自然资源较为丰富，如矿产资源、水利资源、土地资源、水产资源、植物资源。人文环境错综复杂，如汉羌文化、汉藏文化、鲜卑文化、农耕文化、游牧文化、移民文化、河湟文化、环湖文化、柴达木文化、三江源文化等，多元文化相互交融。

其二，青海城镇化发展历史分为三个阶段，分别是发展徘徊不前时期、新中国成立后发展跌宕起伏时期和改革开放后发展步入正轨时期，城镇化建设历史特征表现在政府主导明显。

其三，青海新型城镇化建设的现实分析，发展中存在的主要问题有城镇化发展水平低，城镇化发展不平衡，镇化发展过程中经济结构矛盾突出，城镇规模结构不合理，以及城镇集聚功能不强。城镇化发展过程中的制约因素有生态环境脆弱，水资源分布不均，经济实力弱，人口素质低，政策与制度障碍，以及地理空间格局不经济。而新时期下城镇化建设的发展机遇表现在，政府扶持与政策倾斜；比较利益驱使城镇化建设加速；信息化为城镇化建设提供软件支持；制度创新为城镇化建设提供政策保障。

2. 青海省新型城镇化建设的战略构想及对策

本课题研究青海省新型城镇化模式建设，在对青海省新型城镇化建设背景进行剖析的基础上，提出了青海省新型城镇化建设的对策与战略构想，主要包括四个部分，分别是青海新型城镇化建设进程中的政府规制、建设青海新型特色城镇化的模式、青海新型特色城镇模式体系构建和青海新型城镇化模式建设的战略构想。

其一，青海新型城镇化模式建设的战略构想，包括总体发展思路、战略原则、战略目标与重点、发展道路与重点及实施保障措施。青海新型城镇化建设的总体发展思路是走多元化道路和进行局部跨越发展。四大战略原则主要是生态保护为首，城乡一体化，城市化与经济发展相适应，兼顾地区差异。三大战略目标与重点分别是关注城镇化协调发展、优势特色经济的培养与发展和社会保障、保险服务体系进一步完善。八大发展道路与重点分别是严肃规划意识，推动新城镇化建设档次；加快新农村建设，促进城镇人口集聚和资源共享；坚持典型示范，带动加快城镇建设步伐；强化产业支撑，为城镇建设提供有力支撑；不断完善城镇社会保障体制，为新型城镇化建设保驾护航；关注制度建设与创新，推进公众对新型城镇化建设的支持与理解；加强中心城镇的发展，实现区域间可持续发展；资源节约与环境保护相结合，以生态文明理念推进新型城镇化。七大实施保障措施是科学制定规划、健全工作机制、加强统筹协调、保障建设用地、加强资金保障、深化户籍改革、强化监督考核。

其二，青海新型城镇化建设进程中的政府规制，包括政府角色定位和行为选择，并采用制度创新促进青海省新型城镇化的建设。政府角色定位主要通过四个方面进行，一是转变观念，构建服务型政府；二是完善基础设施建设，提供良好投资环境；三是强化城市规划，形成有序发展；四是在资源配置中让市场起决定性作用，政府仅弥补市场机制不足。政府行为选择从五个方面着手，一是先构建城镇化建设的发展战略，再细化城市的发展规划；二是提升公共服务水平；三是营造良好的制度环境；四是多元化筹资新型城镇化的建设资金；五是完善政府宏观调控，并适时开征生态资源税。以制度创新促进青海省新型城镇化建设主要包括五方面：一是深化户籍制度改革，引导人口合理流动；二是完善农村土地流转机制，实现土地集约化利用；三是健全社会保障制度，实现城乡社保一体化；四是改革就业制度，实现城乡统一就业制度；五是建立多元可持续的资金保障机制。

其三，建设青海新型特色城镇化的模式，主要有五种模式，分别是依托资源优势发展资源型城镇模式、生态移民与城镇化结合模式、依托交通干线和黄河干流建设城镇带模式、因地制宜发展旅游型城镇模式以及发展特色产业集群推进城镇化建设模式。

其四，青海新型特色城镇模式体系构建，分三步构建，一是确立各等级城镇合理均衡的规模结构，根据城市发展、定位理论进行各大城镇的具体定位，并建立青海省各等级城镇的发展原则和发展模式。二是建立分工合理的城镇职能结构，依据城市职能定位理论，定位各城镇主要职能方向，进行青海省城、镇、村职能界定，最终确立“金字塔”三级重点城镇职能发展定位。三是全面确立“点—轴—面”立体布局的城镇空间结构。

8.2 研究展望

本课题研究青海省新型城镇化模式建设的相关结论，对青海省新型城镇化建设具有一定的理论价值和现实指导意义。全文对青海省新型城镇化建设的基础条件，发展历史和现状进行了分析，提出了新型城镇化建设进程中的政府规制的建议，青海新型特色城镇化的模式及体系构建，最终形成了青海新型城镇化模式建设的战略构想。

本研究鉴于时间、经费、作者能力等方面的原因，也存在着相应的不足之处，希望有关专家和学者能在本课题的基础上进行更加深入、细致的研究，未来相关研究可从以下方面着手。

其一，本课题研究青海省新型城镇化模式，其涉及的面较广，但本研究仅从青海省基础条件，发展历史和现实条件进行分析，未能对青海全面的情况进行把握，故后续研究可以从自然、生态、民族、经济、社会、历史发展过程、人口、资源现状分析、生态承载力及未来发展趋势等方面进行全面把握，进一步深入研究青海省新型城镇化的建设。

其二，本课题仅是研究青海新型城镇化发展模式，研究结论对于西部民族地区新型城镇化有一定的借鉴意义，但是否具有普适性，还需要结合实证研究进行大范围的调查和建模，进行数量分析，还需要综合其他民族地区进行比较分析。后续研究可进行其他民族地区和欠发达地区的比较分析和计量模型分析，提高研究结论的信度、效度和普适性。

附录：专题研究报告

关于西宁市推进新型城镇化综合试点相关问题的思考①

青海省委党校课题组

一、引言

加快推进城镇化是加快转方式、调结构的必然要求；是扩内需、促就业，积极适应并引领经济新常态，保持经济平稳较快发展的重大举措；是改善城乡面貌，缩小城乡差别，促进社会和谐，回应人民群众新期待的内在需要。近年来，我国在经济社会发展上取得了巨大的成就，但是经济发展不平衡，城乡二元结构凸显、贫富差距扩大、生态环境恶化等因素严重制约了我国的综合发展质量，可持续发展动力不足。在这样的状况下，响应国家新政策，追踪国际前沿城市发展理念，积极探索我国新型城镇化发展的理论和实践，意义重大。

走新型城镇化道路就是要在城镇化进程中处理好经济建设、人口增长、资源利用、环境保护的关系。资源环境问题与经济发展是密切相关的，当经济增长适应资源环境的承受能力时，经济就会顺利发展，反之，就会阻碍经济的发展。在节约资源、保护环境的前提下快速发展经济，促进人与自然的和谐相处，提高人民生活水平和生活质量。科学发展观是以人为本，要高度重视城镇化进程中的城乡居民就业、失地农民利益补偿、健全公共服务、提高教育医疗水平等与人的全面发展密切相关的问题。

当前，西宁已经是国家确定的新型城镇化试点地区。作为青海的省会城市，近年来以大美青海为依托，经济发展有了很大提升。但是，西宁市的总体实力仍较为薄弱，新型城镇化发展水平仍然较低。青海省十三五时期的131总

① 本专题研究报告为孙凌宇教授主持的委托课题《关于推进新型城镇化综合试点相关问题的思考》研究内容。研究项目由青海省委党校课题组共同完成。

体要求和西宁市 12315 战略目标为推进新型城镇化搭建了全新的发展平台和载体。同时，青海正在集中力量建设高原特色经济，产业聚集区和生态文明先行区；积极推进东部城市群建设和融入丝绸之路经济带建设，这为西宁加快推进城镇化提供了强大推力和难得契机。因此，如何在新时期抓住机遇，走上发展的快车道，是西宁不懈努力的重点目标。加快城镇化进程，是西宁又好又快发展的一条必由之路。快速推进西宁新型城镇化进程，是解决经济社会发展突出矛盾的重要举措，是改善城镇居民生活环境与条件、加快城乡一体化的必然选择，是实现跨越式快速发展的基本途径。立足西宁新型城镇化现状，分析不足，发掘优势，放眼新时期国家总体战略，探索和构建符合西宁实际的新型城镇化战略，从根本上解决城镇化低、慢、缓的问题，对西宁社会经济的发展具有重要意义。

二、研究现状综述

近年来，随着城镇化特别是国家新型城镇化战略的实施，新型城镇化成为学术界的研究热点，不同的学科对新型城镇化进行了探讨，形成了许多颇有价值的研究成果。学者们主要从以下五个方面对城镇化特别是新型城镇化进行了探讨。

一是关于城镇化特别是新型城镇化内涵的界定。学者们认为，城镇化是一个综合的概念，各门学科都有自己的理解，体现着这门学科研究视角的独特性。从经济学视角来看，城镇化就是“农村自然经济转变成为城市工业经济，实行社会化大生产的过程”，表现为生产要素向城市的集中以及传统的农业社会向现代工业社会的“自然过渡”，而工业化则是推进城镇化的不竭动力；人口学侧重于人口迁移与人口变迁，将城镇化解读为农村人口向城市地区的转移与集中、致使“城市人口占总人口的比重上升的过程”，埃尔德里奇甚至将人口的集中看成“城市化的全部含义”，它是在技术和体制创新大大提高了人们的疾病控制能力与食品安全的情况下，受人口变动而驱动的全球化历史进程；地理学认为，城镇化是生活空间分布的转换与调整，它伴随着生产力的发展而引发“人口、产业、生活与居住方式在时空中的演变”；社会学十分关注城镇化建设，把城镇化当成人口迁移、产业转型、社会结构变迁、社会组织建设以及生活共同体塑造的过程，费孝通等认为，城镇化是由“临时聚会举行贸易的集市”逐步演变为“一个人口较为众多的以商业为主、较为永久性的社区”过程，在此过程中它不仅包括人口流动与土地利用，还包含以基础设施为代表的“硬件投入”和以教育、文化等为代表的“软件建设”。按照马克思的观点，城镇化理论上应该是人的城镇化，是一种建立在物质丰富基础之上的人的思想、观念、行为、生活环境及生活方式的城镇化。

二是新型城镇化内涵的争论。伴随着“国家新型城镇化规划”的实施，学术界围绕“新型城镇化内涵”进行了探索。有学者从目标导向入手探索何为新型城镇化，强调新型城镇化就是要以人为本来实现经济与社会的发展。任远认为，新型城镇化就是重视“迁移或流动人口的市民化和社会融合”，追求“人民的福利和幸福”的“人的城镇化”，它将“城镇化的动力、目标和发展过程回归到人本身，将人的权利、人的发展能力、人的福利和幸福作为城镇化的核心”。林闽钢、张文明等人认为，人是新型城镇化的主体，离开了人就“无从谈起”新型城镇化，新型城镇化就是“人的现代性”。王素斋提出，新型城镇化按照“统筹城乡、布局合理、节约土地、功能完善、以大带小”原则，是一种“资源节约、环境友好、经济高效、社会和谐、城乡一体的集约、智慧、低碳、绿色”城镇化。谢天成认为，新型城镇化是工业、农业和信息等要素向城镇聚集与整合，使得“产业结构与产业布局不断优化，产业竞争力持续提升，进城人口逐渐享受到与城市居民一样公共服务和幸福感”的过程。这表明，资源与要素的集中构成了新型城镇化发展道路的重要方面，新型城镇化是那种试图将各种要素重新整合为一个有机整体的城镇化。

马克思认为，城市化以及人的现代化源于社会分工，社会分工导致乡村内部生产关系的分离，出现了农业与非农业之间的分工，一些地区慢慢地从农村转变为城市，这是“物质劳动与精神劳动最大的一次分工”，城乡生产关系一旦因分工而发生改变，“整个社会也跟着改变”，形成社会关系的分离。马克思这样写道：“大工业企业需要许多工人在一个建筑物里面共同劳动，这些工人必须住在近处，甚至在不大的工厂的近旁，他们也会形成一个完整的村镇。他们都有一定的需要，为了满足这些需要，还有其他工人。于是，手工业者、裁缝、鞋匠、面包师、泥瓦匠、木匠都搬到这里来……当第一个工厂很自然地已经不能保证一切希望工作的人都有工作的时候，工资就下降，结果就是新的厂主搬到这个地方，于是村镇就变成了城市，而小城市又变成了大城市。”其后，“商业依赖于城市的发展，而城市的发展也要以商业为条件”。这里，马克思以社会分工为起点，以工业化为原动力，深刻地揭示了城镇化的本质内涵，为新型城镇化提供了思想指南。

三是关于新型城镇化模式与道路的探讨。模式是一种指引，它是人们对日常生活的抽象、概括与总结，在新型城镇化道路形成中具有方法论意义。由于我国人口众多、经济发展很不平衡，工业化、现代化建设任务较重，城镇化特别是新型城镇化的道路模式应该是多元的，凡是适合当地实际、适应人们生活需要的城镇化模式都值得肯定。有学者认为，我国新型城镇化模式主要有三种类型，那就“以京、沪、穗为中心的三大都市群、以省会城市为中心的次级区域性城市群、以县城为中心的就地城镇化”，这三种模式次第同步推进，成为新型城镇化建设的主要特色。费孝通从中国特殊的人口规模与经济发展水平出发，主张“限制大城市，适当发展中等城市和大力发展小城镇”。这不同于王小鲁等基于城市规模收益考量而提出的应以大城市为重点的发展模式。辜胜阻等人从经济要素流动角度出发，认为我国城镇化模式表现为“东部发达地区的人口城市化（异地转移）和中西部城市群产业基础薄弱地区的农村城镇化（就地转移）双重城镇化方向”。这与厉以宁关于“应当实现农民‘就地城镇化’，采取‘老城区 + 新城区 + 新社区’模式”基本一致。李强等人基于城镇化建设所产生的空间扩展，将城镇化划分为“建立开发区、建设新区和新城、城市扩展、旧城改造、建设中央商务区、乡镇产业化和村庄产业化”等七种模式。还有的学者从动力机制角度将中国城镇化推进模式划分为“计划经济体制下自上而下的城镇化与经济体制改革中自下而上的城镇化”“以财富生产为导向的政府主导型以及以财富分享和共同富裕为导向的农民自主型城市化”等模式。

四是新型城镇化道路的实质与动力机制。辜胜阻等人从经济决定论角度出发，指出城镇化本质上是“各种经济要素向城市集聚的过程”，其实质是“经济结构、社会结构和空间结构的变迁”。因此，经济在城镇化道路中发挥着重要作用，甚至被誉为城镇化道路的核心。其实，经济是人的经济，伴随着新型城镇化战略的提出，“人的城镇化”也就是人的生产与生活的城镇化将成为实质与关键所在，它构成了“新型城镇化的本质”，也是新型城镇化道路的难点。英格尔斯早就说过，现代化的实质就是“人的现代化”。马克思认为：“历史什么事情也没有做，它并不拥有任何无穷无尽的丰富性”，“创造这一切、拥有这一切并为这一切而斗争的，不是历史而是人，现实的、活生生的人”。“历史不过是追求着自己目的的人的活动而已”。在马克思的语境下，包括新型城镇化道路等一切社会历史活动，根本目的应当是实现“每个人自由而全面地发展”。

五是新型城镇化建设的质量评估。新型城镇化建设水平的高低受到许多因素的影响，如科技创新、经济发展、生活水平以及环境问题等。一些学者从“工作机会”“城市分布”“内陆地区发展”及“社会空间不平等”等指标对新型城镇化建设水平加以评估，甚至热衷于用“城镇化率”来评估新型城镇化的建设水平及建设质量。一些学者按照“系统性、科学性、可比性和可操作性、动态性”原则，从反映城镇化“发展水平、集约性、内部均等性及可持续性”角度出发，将城镇化建设质量分解为“人口就业、经济发展、公共安全、居民生活、资源环境和城乡一体化”等指标，发现“我国城镇化质量低于城镇化率，城镇化率较高的地区，其城镇化质量水平也相对较高，而城镇化率较低地区则相反”。魏后凯、李楠等人则从“城市自身的发展质量、城镇化推进效率和城乡协调程度”等方面构建了“经济发展质量、社会发展质量、空间发展质量、经济社会效率、生态效率、收入协调和公共服务协调”等指标来评价城镇化的质量。依据他们的测量指标，中国城镇化“并没有与城镇化水平同步提高”，中国的城镇化“速度与质量不匹配”，“城镇化进程滞后于工业发展水平、土地城镇化快于人口城镇化、半城镇化以及城市病问题日益凸显”。因此，走中国特色的新型城镇化道路，就要更加重视“质量研究”，通过解决制约城镇化进程中土地、劳动、就业、生活等涉及人的生活质量方面的问题提升新型城镇化的发展质量，这是马克思主义者的全面发展理论的逻辑必然与应有之义。国内的一些代表性学术观点见下表。

表 1　中国城镇化发展的一些主要观点

观点	重要阐述	来源
大城市发展观	人口向大城市集中是经济社会发展的规律，中小城市的发展还是要依赖于大城市的带动。	张正河等，1998
	在资金回报、政府负担、节约土地方面，大城市的集约效应、聚集效应和规模效应远胜小城镇。	王小鲁等
	与大中城市相比，小城镇的综合经济效益很差，片面强调发展小城镇将造成土地、资源等的浪费与更大的环境问题。	季建林，2001
中等城市发展观	针对“大城市病”，提出中等城市数量较大，在联系农村和大小城市之间承上启下，社会问题相对少，可塑性大。	《经济动态》，1986
	还有学者提出“新型科技中等城市中心论”，以新型科技为主导，缓解大城市压力。	宋书伟，1992

续表

观点	重要阐述	来源
小城镇发展观	“小城镇大问题”，农村城镇化是解决中国城市化滞后的根本出路，小城镇可以避免大城市过度城市化问题，发展乡村城镇化，有利于社会整体的稳定和发展。	费孝通，1984
	小城镇可将城乡两个市场较好地连接，促进农村二、三产业发展，在吸纳农利剩余劳动力和缓解大中小城市人口压力方面效果明显。	温铁军，2000
大中小协调发展观	城镇体系永远有大中小城镇组成，城镇化模式不必局限大小之争，大中小城市和小城镇协调发展将是我国城镇化发展的方向。	周一星，1992
	单纯强调发展大小都不实际，中国巨大的农业人口需要大中小城市和小城镇共同分流。	朱铁臻，2000
	不人为地限制也不认为地鼓励某类城市，城市化应该是大中小城市共同发展的过程。	蔡宇平，2000
	大中小城市和小城镇协调的体系城市发展战略应是中国的选择。	魏杰，2005

三、西宁市新型城镇化试点工作开展情况

（一）农业转移人口市民化工作进展顺利

2016 年末，全市常住人口城镇化率达到 68.6%，户籍人口城镇化率达到 61.4%，高于全国和全省平均水平。建立了以政府为主导、企业为主体、农业转移人口个人为辅助的成本分担机制。制定了主要目标任务和具体实施路径，明确任务落实到位，确保各项任务有序推进。不断调整户口迁移政策，有序推进转移人口市民化。2016 年先后两次调整放宽西宁市户口迁入政策，共 66859 名外来人口落户；实行统一户口登记制度，取消了农业和非农业户口之分以及由此衍生的蓝印户口。创建村集体经济组织成员证制度，有效保障了本市乡村人口向城市聚集。将农民身份的认定形式从户籍管理中剥离出来，保留了进城农民在集体经济组织中的权益和农民现有的利益不受损害，消除农民进城购房落户的后顾之忧。从保障民生入手，不断满足群众的新期待、新要求。全市各级部门密切配合，为 1675 位无户口人员解决历史遗留户口问题。全面启动户籍人口居民身份证异地办理和挂失申报工作，开通网上办理渠道，利用微信平台为群众办理身份证。强化户口整顿，不断健全完善人口信息管理制度。将公民身份证号码作为唯一标识，与劳动、教育、社保、房产、卫计、民政、民宗等部门进一步完善了相关信息系统。搭建全市常住人口信息共享平台，为管理服务提供信息核查。完善居住证制度，有效保障公共服务。继续加大投入，在

全市登记的 36 万流动人口中，共办理居住证 330448 个（2016 年共办理居住证 29053 个），确保居住证持有人享受到了与本市居民同等的公共服务。

（二）创新投融资机制工作扎实有效

西宁市制定了城镇化投融资管理联席会议制度，以西宁城市投资管理公司为融资主体，落实工作要点，明确任务目标，确保城镇化投融资工作取得实效。加快推进政府和社会资本合作（PPP）项目工作。积极争取国家及省级示范项目，将湟中县多巴新城热电联产集中供热项目、城北区瑞景河畔家园全民健身中心建设项目列入全国第三批 PPP 示范项目和青海省第一批 PPP 示范项目。积极开展重点项目前期工作，西宁双寨国际物流园、西宁市第六污水处理厂等重点 PPP 项目已完成对咨询机构的采购，计划于 2016 年年底完成项目“两评一方案”工作。优化投资结构，构建多元化投融资机制。进一步加大对新型城镇化建设的倾斜力度，截至 2016 年，累计安排共六项专项建设基金 195.76 亿元，支持轨道交通、保障性住房等新型城镇化建设项目。

扩大社会融资规模，进一步拓展融资渠道，累计争取地方新增债券 33 亿元，推动城乡道路建设、“畅通西宁”交通、污水处理、垃圾处理、环境治理等一批重点民生项目的建设。完善金融市场体系，大力发展地方金融。积极创新金融产品和服务模式，推动银行业金融机构不断创新融资工具，为城镇化建设提供长期稳定资金。加快金控集团和信保集团组建工作。推进西宁城投公司加快组建市属金融控股集团和市级信用担保集团，有效缓解企业融资难、融资贵问题。积极搭建政银企融资对接平台，共享融资信息，促进达成融资协议。

（三）切实助推开发区转型升级

西宁市坚持绿色循环低碳发展，以转型升级和提质增效为核心，认真谋划项目，积极推进国家级循环化改造示范试点建设。以培育新兴产业为核心，坚持以集群化、高新化、品牌化为导向，加快改造提升传统装备制造、藏毯绒纺、食品加工、化工、有色冶金等传统优势产业，推动传统产业“普转特”“低转高”，促使其走高质化、品牌化、专精特的发展道路，提升产业核心竞争力，推动产业转型升级。实施《甘河工业园区循环化改造示范试点园区实施方案》《甘河工业园区低碳工业园区试点实施方案》和《东川工业园区循环改造示范试点实施方案》，加快推进循环经济发展项目，积极申报南川园区循环化改造示范试点并获得国家批准。

引导企业创新和使用节能减排新技术、新工艺、新设备，积极开展电解铝、铁合金、水泥行业专项对标活动，促进传统产业低碳化改造。加快园区工业污水处理厂、中水回用设施、废渣堆场及循环利用等公共环境基础设施建设，积极落实甘河园区重金属污染防治项目规划方案，园区“减量化、资源化、再利用”的循环经济发展模式正在逐步形成。

以重点项目建设为抓手，全力推进重点工业项目建设，截至10月底，园区重点工业项目开复工268项，开复工率达90%，工业投资达到269亿元。加快实施“百项创新攻坚工程”“百项改造提升工程”项目，重点产业提升和扩能技改项目建设加快推进，有力促进了园区产业链延伸和产业转型升级。以谋划重大招商项目为重点，积极适应新常态下招商引资的新变化，进一步创新招商引资思路、方式和对策。成功引进了比亚迪10GWH动力电池及配套项目、华泰年产15万辆新能源汽车及锂电材料、锂电池配套项目，青海诺德新材料年产4万吨高档电解铜箔等26个科技含量高、投资规模大、产业链延伸项目，为打造园区千亿锂电产业奠定了坚实基础。以驱动创新为动力，加快推进技术创新、产品创新。加快集聚各类创新资源，构建以企业为主体、市场为导向、政产学研用相结合的园区创新体系。截至目前，入驻高新技术企业达53户，占全省的51.5%，高新技术企业完成工业产值171.6亿元，同比增长27.7%，占比较上年同期提高2个百分点，高新技术产业规模进一步壮大。

引导企业以市场为导向，推进产品结构调整和适应性调整，加快实施品牌战略，支持企业争创驰名商标、著名商标和青海省名牌。目前，开发区拥有驰名商标24个、著名商标55个、省级名牌产品22个。鼓励和支持企业在国内外建立营销网络，开展名优特新产品大型促销活动，推进园区“电子商务进企业”，充分利用电子商务平台开拓国内外市场。帮助和引导企业树立现代企业经营管理理念，优化企业组织结构，完善管理流程，在亚洲硅业、青海电子材料等企业推行“5S”“6S”等国内外先进管理模式，推动企业从“经验管理”向“科学管理”转变。

（四）提升产城融合发展水平

西宁市推动园区产业与城市一体规划、功能融合、空间整合，实现以城聚产、以产兴城、产城联动、融合发展，推进“五化”协调发展。实行稳增措施，力保产业支撑。包片联点深入县区、园区、企业，协调落实省委省政府稳增长措施，开展“千干帮千企”活动，“一地一策”“一企一策”，狠抓联企帮扶，1–10月规模以上工业同比增长9.34%，高于全省1.74个百分点，总体保持平稳运行。瞄准前沿科技，聚焦补短板补链条和强创新提效益，滚动实施108项改造提升工程和130项创新攻坚工程项目，不断提升产业层次和高技术产业比重，构建生态文明引领、资源高效利用、产业相互融合的循环型工业体系，截至10月底，高技术产业增加值增长15.78%，占规模以上工业增加值5.51%，较上年提高0.38个百分点。优化市域空间功能布局。根据“一芯双城、环状组团发展”的总体结构，结合“十三五”总目标，强化各功能组团定位、功能和空间布局的研究，已编制完成了《多巴新区战略规划》《西宁市南川“一带一路”国际会展集聚区城市设计》《西宁西堡生态森林公园总体规划》。

加快推进现代服务业集聚区建设。根据西宁市城市定位、产业基础和区位优势，加快推进建设商务服务、现代物流等13个服务业集聚区。其中，建国综合商务区内新千国际广场引进海宁皮草城、土耳其商城、华润万家等知名企业商户150余家，已营业运行；丝路风情街正在抓紧招商工作。水井巷中央商务区佳和广场主体工程已完工，正在进行内外装饰，同时加大招商力度，与ZARA、城市奥莱等品牌进行洽谈。高新技术服务产业园内生科技术研发大楼、食品保健品基地主体建筑已封顶。朝阳现代生活资料物流园内朝阳城市快速消费品仓储分拨中心项目进入主体施工阶段。鲁沙尔文化旅游融合区内莲花湖景区环湖道路、环湖栈道、观景设施等已完工。城北汽车交易服务中心土地平整已完成，城西金融大厦正在进行拆迁工作。丝绸之路国际商务会展中心规划方案已报市委审批。加强县域经济发展，市委市政府认真落实《西宁市加快县域经济发展的若干措施》和《关于〈贯彻落实骆惠宁书记重要批示、调研西宁工作时的重要批示和县域经济座谈会的精神重点工作分工方案〉的通知》（宁办发〔2016〕21号）安排部署。加大县域经济财政支持力度，在市本级财政预算中安排专项资金支持大通、湟中和湟源三县产业发展，拓展融资渠道。

统筹引导市区物流、建材、牲畜屠宰等市场向三县适合区域转移，促进城区与县域文化、旅游、商贸、房地产、金融等联动融合发展。助推三县县域产业发展，三县年内完成新增产业项目投资38亿元，园区基础设施建设得到改善，三县的就业压力得到了缓解，顺利完成了当年县域工业发展目标任务。加大融资平台建设项目实施，三县融资平台2016年实收资本金达到15057.11万元，资产总额为51009.93万元，提高了企业贷款授信及融资额度，缓解了企业融资难的问题。优先保障重点基础设施和产业政策鼓励发展的建设用地需要，促进行业协调和产业结构优化，截至目前，三县共使用新增建设用地计划77.0757公顷，新增建设用地占用农用地计划76.7140公顷（占用耕地74.8518公顷），新增建设用地占用未利用地计划0.3617公顷。结合新农村建设的部署，支持农村交通、水利、义务教育、医疗保障等方面的基础设施建设，统筹城乡发展。

加强对三县人才智力支持，推动培训和人才工作经费向三县倾斜，研究制定《西宁市引进人才智力实施办法》，从加大资金投入、开通引进人才落户、女子入学“绿色通道”、完善保障措施等方面强化人才引进培养内在动力，有力保障了三县县域经济发展人才支撑。大力发展三县都市现代农业。今年全市农作物播种面积122086.66公顷，投入省市资金9499.3万元。湟源现代农业示范区核心区基本建成，湟中县和大通县建设2千—3千亩现代农业产业示范园区建设已着手实施，大通景园农业观光园项目开始实施，湟中县、城北区休闲观光农业和乡村旅游与示范点开展创建工作。加快产业承接，推动产城融合发展。注重要素资源的有效供给，重点围绕锂电、光伏、建材、电解铝、化工等行业开展上下游产业对接活动，不断激发产业链条的活力，1–10月，全市上下游产业完成对接金额210亿元。注重承接产业转移推动转型升级的质量，积极落实《西宁市创新方式开展专题招商工作方案》，1–10月全市招商引资到位资金778.4亿元，签约的青海大学科技园、动力电池用高档电解铜箔等重大项目进展顺利。充分发挥规划引领作用，对南川、生物园区规划进行了修编，进一步优化了园区生产、生活、生态建设用地空间布局。生物园区三期用地规划获得国家批准，为园区发展增添了新的空间。加快推进园区基础配套设施建设，全面推进生物园区三期、南川园区新征区域、甘河园区西区道路、供排水、供电、燃气等“七通一平”配套建设，启动了青海大学科技园核心区建设，协调落实了甘河园区盘道水库向南川园区供水的相关事宜。1–10月开复工重点基础设施项目26项，完成投资9.8亿元。完善征地拆迁和搬迁农民安置措施，妥善解决了征地拆迁遗留问题，加快推进甘河园区前窑村、上中沟村，东川园区杨沟湾、上十里铺村，南川园区清水河等村庄搬迁安置工作，水岸小城、清水锦苑、康川新城二期等搬迁安置小区进展顺利。坚持集约节约、高效开发利用园区土地的原则，进一步规范园区建设用地管理，制定了开发区土地集约利用管理办法，提升新建项目的容积率和投资强度，加大对闲置和低效用地整合处置力度，盘活存量土地 580 亩。

（五）绿色、智慧、人文城市建设有序开展

西宁市把生态文明建设放在突出位置来抓，尊重自然、顺应自然、保护自然，筑牢国家生态安全屏障，实现经济效益、社会效益、生态效益相统一。推进绿色发展样板城市建设。坚持生态建设与城市建设同步推进，积极推动“一心二屏三廊道”的城市新型生态布局。制定并落实《推动林业改革加快林业产业发展行动方案》《西宁市林业产业发展规划》，着手编制《西宁市森林旅游发展规划》。全力推进园林博览园建设、城市生态绿芯工程、城区绿化景观提升、居住区单位庭院绿化达标升级等工作。实施绿化生态建设，持续推进南北山三期绿化、北山美丽园景区、湟水湿地公园等重大生态工程建设。加快“三河六岸”景观建设，实施湟水河城区段水利功能和景观提升工程。继续加大力度实施“一园多景区”的环城国家生态公园建设，西宁环城国家生态公园试点已获审批。切实提高城乡建筑节能发展水平，打造实施老旧城区以既有建筑节能改造为主，新城区以发展绿色建筑为重点，逐步推进绿色建筑从单体绿色建筑向成片的绿色住区、绿色生态示范区的规模化发展。

完成《西宁市推进绿色建筑发展实施意见》编制，努力将西宁建设成为绿色发展样板城市。加快智慧城市建设。充分借鉴外地智慧城市建设实践经验，修改形成《西宁市智慧城市规划方案》。贯彻实施“宽带中国”战略和“互联网 +”行动计划，启动“智慧西宁”建设，新接入和升级改造光纤贫困村、行政村 81 个，截至 10 月底全市 930 个行政村已通光缆 787 个，行政村光缆率达 84.6%。落实公共交通优先发展战略，加快“公交都市”示范城市创建工作，提升了城市交通智能信息化管理和服务水平，推进了绿色交通城市的创建工作。积极开展人文合作交流。通过举办“夏都国际论坛”，开展西宁与一带一路国家城市艺术交流，宣传推介“世界凉爽城市——Cool City 西宁”国际品牌等一系列国际交流活动，加强了丝绸之路经济带沿线国家城市之间的经贸和文化交流，西宁市共缔结友好城市和友好交流城市达到 25 个。加快青海东部城市群建设。启动了东部城市群西宁都市区战略规划修编工作。明确发展重点，强化共建共享，进一步为西宁海东一体化发展提供依据和指导。先后实施了西宁市“畅通西宁”三年攻坚行动计划、城市道路“外环内网”建设、“公交都市”

建设、智能交通建设、城市公共停车场建设、城市绿道网络系统建设、文明交通建设等六大专项方案，取得了阶段性成效。南环高速、中心广场北扩，火车站综改，北川河综合治理等政府性投资项目加快推进。

（六）农村产权制度和土地流转工作成果较好

西宁市采取整县推进的方式，在大通县、湟中县先行开展农村土地承包经营权确权登记颁证工作，2016 年扩大到四区和湟源县。截至目前大通县完成 272 个行政村土地承包经营权第一轮审核公示，完成率 94%，完成 77 个村二轮审核公示，完成率 27%。湟中县完成 321 个村土地承包经营权第一轮审核公示，完成率 82%，完成 134 个村二轮审核公示，完成率 34%。湟源县和四区土地确权技术方案通过省级评审，正在按程序有序推进。到 2017 年，将全面完成 227 万亩承包耕地确权登记颁证工作。稳妥试点农村集体资产确权到户和股份合作制改革。湟中县被农业部确定为全省唯一的农村集体资产确权到户和股份合作制改革试点县，2015 年至 2017 年，利用 3 年时间完成“保障集体成员权利，发展农民股份合作、赋予农民对集体资产股份占有权和收益权、赋予农民对集体资产股份有偿退出权和继承权”三项试点任务。先后制定出台了《湟中县积极发展农民股份合作赋予农民对集体资产股份权能改革工作方案》《湟中县农村集体资产股份权能改革工作操作规程（试行）》《湟中县关于进一步确认集体经济组织成员身份的指导意见》等指导性文件和相关制度办法。2016 年底，可全面完成全县村集体经济组织成员身份界定和村集体资产评估量化及股权设置工作。2017 年，将全面完成试点任务，形成改革成果。2017 年，将全面完成试点任务，形成改革成果。

（七）培育小城镇建设有了新突破

西宁市认真落实《住房城乡建设部、国家发改委、财政部关于开展特色小镇培育工作的通知》和《国家发改委关于加快美丽特色小（城）镇建设的指导意见》安排部署，在市委、市政府的高度重视和坚强领导下，小城镇建设按照规划引领、重点突破、以点带面的原则扎实推进。目前，全市有县城建制镇 3 个，非县城建制镇 24 个，其中大通县有建制镇 9 个，湟中县 10 个，湟源县 2 个，城北区 2 个，城西区 1 个，城东区 2 个，城中区 1 个。随着我市互联网的普及和南北高速路、城市“外环内网”道路框架的逐步形成，市域周边的小城镇在具有优越山水条件和便捷交通条件、特色化产业基础、独特的地域文化特色和旅游资源的新优势下迎来新机遇。

“十三五”期间，西宁市要全面落实西宁城市总体规划和东部城市群发展总体规划，要按照功能互补、错位发展、环境优美、集约高效的原则，形成空间、规模、产业结构相匹配，生产、生活、生态布局相协调的发展格局。要重点打造“一核两极八个特色镇”的城镇空间格局。即以西宁主城—湟中县城鲁沙尔镇—甘河工业园区—多巴新城形成环状发展核心，以大通县城桥头镇、湟源县城城关镇为两个发展极，以大通县城关镇、塔尔镇、东峡镇和湟中县上新庄镇、拦隆口镇及湟源县巴燕乡、和平乡、日月乡共八个重点特色镇为框架，加快发展县域城镇化发展。发挥西宁及周边城镇的互补优势，从完善和提升“一核两极八个特色镇”区域性功能的角度出发，突破行政界线的束缚，将西宁与周边的大通、湟中、湟源等重点城镇统筹考虑，共同构建“大西宁”都市圈，强化新型城镇化核心城市区域功能、扩大西宁辐射带动力的重要空间战略，构建“一芯双城、环状组团发展”的生态山水城市，加快实施“中疏”战略，大力推进“双增双减”，稳步推进城市有机更新，实现生产空间集约高效、生活空间宜居适度、生态空间山清水秀，打造绿色发展样板城市。其中：大通县，要以桥头镇为全县城镇体系组织的核心，以长宁镇、黄家寨镇为主的工业聚集区，以新庄镇、塔尔镇为主的现代农业园区，以东峡镇为主的旅游聚集区，以宝库乡为主生态涵养区，形成相互协调的城镇空间结构，逐步形成土地向规模经营集中，工业向园区集中，人口向城镇集中的发展趋势，构筑科学合理的“中心县区—中心城镇—重点城镇—集镇—中心村”的区域村镇体系。湟源县，要把推进特色集镇建设作为城乡一体化、新型城镇化的重要支点和补充，加快大华镇、东峡乡、日月藏族乡、和平乡、波航乡、申中乡、巴燕乡、寺寨乡等重要节点性中心镇建设，实现县城与集镇、集镇与乡村的互动互补，使小集镇成为三次产业发展的服务中心、农产品集散地和承接农民转移、新农村建设的重要平台。积极推动和平、巴燕、日月乡撤乡建镇，打造农贸旅游特色镇。湟中县，要以大湟平环城道路为轴线，着力构建以多巴新城、鲁沙尔镇为核心，以上新庄镇、拦隆口镇、李家山镇为重点，以上五庄镇、甘河滩镇、田家寨镇为节点的城镇体系新格局，形成以点带轴、以轴促面的城镇集群发展模式，力争将上新庄镇打造成民族文化旅游和新型工业服务型美丽城镇，将拦隆口、李家山、共和镇打造成现代农业服务型美丽城镇，将西堡镇打造成生态绿色服务型美丽城镇，将上五庄镇打造成具有民族区域特色的综合服务型美丽城镇，将田家寨镇打造成辐射小南川地区的生态牧场服务型美丽城镇。

四、西宁市在新型城镇化试点中的亮点工作

（一）建立“一簿两证”制度

西宁市将 2015 年 7 月 1 日前市域内户口性质为城镇居民户口和农村居民户口，全部统一登记为居民户口。为确保农民进城后继续享有村集体中的各项经济利益，开始建立村集体经济组织成员证制度。制度规定，农村涉及的村集体成员和村集体有关事项要通过村规民约形式予以确认，《村集体经济组织成员证》由西宁市人民政府统一印制，村委会予以核发，各乡（镇）政府做好日常监督检查工作。同时，开发了村集体经济组织成员证应用系统和转户表填写软件，为今后村务管理提供了便利。自 2016 年 1 月 1 日起全面推行居住证制度，对农业转移人口享受基本公共服务提供了制度保障。

（二）建立县、镇、村三级规划体系

西宁市的县、镇（乡）、村三级规划体系延伸至村级，已超过国内东中部地区的农村。以县域乡村建设规划为依据和指导的镇、乡、村庄规划编制体系初步建立，县级总体规划、城镇规划、村庄规划三级规划体系进一步完善。目前西宁市编制了《2030 年西宁都市区战略规划》《西宁市 2030 年城市空间总体发展规划》《西宁市城市综合交通规划》《西宁新区规划》《西宁市县域经济发展意见》，三县已完成 10 个镇（乡）《总体规划》和 658 个《村庄规划》的编制，累计编制完成 6 个《美丽城镇规划》和 203 个《美丽乡村建设规划》，基本形成了覆盖城乡的规划体系，绘就了城镇化建设和发展蓝图。

（三）率先实施农村集体资产股份权能改革

按照中央和省上统一部署，本着分期推进、稳步实施的原则，2015 年在湟中县、大通县，2016 年在湟源县和四区整县（区）推进农村土地承包经营权确权登记颁证工作，依法赋予农民更加充分而有保障的土地承包经营权，农村土地承包经营权确权登记走在全省前列。根据农业部等三部委工作部署，2015—2017 年在我市湟中县率先开展农村集体资产股份权能改革试点工作，在西堡

镇新平村、拦隆口镇下鲁尔村先行试点集体资产股份权能改革，各项工作顺利有序推进。我市印发《关于引导农村土地经营权有序流转发展农业适度规模经营的实施方案》，2014—2015 年，在三县实施了农村土地承包经营权规范流转试点工作，制定了一整套土地流转规范程序，形成了“村有信息员、镇有服务窗口、县有流转服务指导站”的流转管理服务体系，实现了农村土地流转制度化、规范化、信息化管理。农村土地承包经营权流转规模不断扩大，土地利用率和产出率不断提高，农村土地经营权规范流转试点成效显著。

（四）成为全国落户门槛最低省会城市

2015 年 7 月西宁市制定了《关于进一步推进户籍改革实施方案》，2016 年 5 月出台《关于西宁市户口迁入政策实施细则》。进一步调整放宽西宁市户口迁入政策，率先以合法稳定住所和稳定职业为基本条件，全面放开放宽农民工、高校毕业生、技术工人等重点群体落户限制，并将政府公租房和单位公租、公寓房纳入租赁房屋落户范围，积极推进转移人口市民化。为全面推进国务院《推动 1 亿非户籍人口在城市落户方案》，西宁市持续简政放权、优化政府服务，建立健全与新型户口登记制度相适应的人口统计制度和公共服务制度。在放宽人口落户条件的同时，加强人口管理等措施，提高了基本公共服务均等化程度。目前，西宁市属于全国落户门槛最低的省会城市，体现了西宁发展的包容性、彰显了西宁城市的亲和力。

西宁市供给侧结构性改革成果显现、孕育增势，成为新型城镇化发展新动能；产城融合发展取得突破，海湖新区成为新型城镇化建设的示范城区；文明幸福城市建设提升形象、彰显品质，这也是西宁市多年来坚持发展的成果由人民共享，不懈努力的成果；另外，绿色发展样板城市引领转型、促进升级，是西宁市践行五大发展新理念的最新成果，也是发展的新目标。

五、新型城镇化试点开展过程中面临的问题

西宁市新型城镇化是在发展滞后、生态环境脆弱、区域城乡发展差异大和全国城镇化转型发展的背景下推进的，存在的问题与制约因素仍然不少。

（一）城镇人口和空间分布不均衡，功能依然偏弱区

2015年年底全市常住人口共231.92万人（数据为1%抽样调查的结果），城镇人口达到159.26万人，按常住人口计算的城镇化率为68.9%，与全国56.1%的城镇化水平相比，高出12.8个百分点。其中，四个城区人口占54.85%，三个辖县人口占45.15%。四区的城镇化率较高（城东区、城中区、城西区、城北区城镇化率分别为98.66%、95.5、99.79%、91.24%），而三县城镇化率较低（大通县、湟中县、湟源县城镇化率分别为42.6%、38%和42%）。西宁市全域人口密度302人/平方千米，其中：市区人口密度为2659人/平方千米，县域人口密度只有145人/平方千米，城镇人口的增加主要在四区。建制镇规模小，平均人口较少，建成区面积普遍不大，集聚要素能力弱，农牧民就地就近城镇化难度较大。

而且，中心城市职能较弱，辖射带动能力不足，其他城镇职能单一，未形成有序的职能体系。在城镇体系中，西宁市中心城市发育不足，单中心向外扩展的城市空间是城市空间矛盾的根源。西宁市首位度极高，周边缺乏次中心城市与之呼应，城市辐射力难以扩散到小城镇，三县城镇化进程明显滞后于全市平均水平。尚未充分发挥带动全省经济发展增长极的作用，形成典型的“小马拉大车”格局。同时其他城镇以行政和居住生活职能为主，第二产业职能不突出，产业结构雷同严重，内部竞争激烈，尚未形成分工协作的发展格局，平均土地产出效率低，空间资源未得到有效的利用，从而影响整个经济的协调发展。

（二）城镇化质量较低，城镇公共服务覆盖率有待提高

城市基础设施和公共服务设施缺口仍然较大，仅从四区三县的建成区质量来看，西宁市整体的市政公用基础设施和公共服务设施建设缺口较大，除中心城区的部分人均指标相对略高，三县和市郊的市政公用基础设施和公共服务设施建设滞后严重，大多数城镇建成区面积较小、承载能力较弱、城镇化质量较差，农村转移人口就业、养老、医疗、教育等为重点的社会保障体系仍不健全，公共服务水平较低。部分居住在城镇的农牧业转移人口尚未在教育、就业、医疗、养老、保障性住房等方面全面享受城镇居民的基本公共服务，大部分农业转移人口由于涉及当地村集体经济组织权益保障问题，仍然没有和户籍相分离，进城落户积极性不高，存在逆城镇化现象。

（三）产业发展难以满足新型城镇化的要求

一方面，县域经济缺少具有支撑性的特色优势产业，难以有效支撑城镇发展。城镇风貌缺乏历史记忆、文化内涵，产业同构、千城同面、百城同貌问题突出。

另一方面，城镇化与工业化的协调发展度较低，产业支撑力较弱。西宁市作为省会城市，是全省人口最集中、产业最集聚的区域，以占全省1%的国土面积，承载着全省39.27%的常住人口、服务着全省50%以上的人口，创造了全省46.81%的GDP。2015年西宁市工业化率39.16%，城镇化率68.9%，第三产业占比48.66%，城镇化率远高于工业化率和第三产业比重，暴露出部分人口城镇化滞后于就业城镇化的问题，也说明西宁市城镇化、工业化协调发展度较低。

（四）协调发展滞后，城镇化发展动力不足

一是与东部城市群总体协调水平较低。西宁市人口、经济、资源等方面首位度进一步提高，海东刚刚撤地建市，城市功能和承载力仍然偏弱，城市群协调发展缺乏有效的一体化协同推进机制，分工合作、错位发展的格局尚未形成，特别是重大基础设施、产业布局等关键方面缺乏规划、建设等方面的协同，制约了城市群的整体推进。

二是县城和小城镇建设步伐滞后。西宁所辖三县县城和小城镇建设中，县城镇规模小，功能不完善，城镇综合开发率较低，县域和小城镇定位不够明确，缺乏进一步加快发展的产业支撑。经济结构主要建立在以高消耗、低效率、低附加值为特征的传统产业，企业规模小、产业链不配套、低水平同质竞争突出，创新驱动力严重不足。同时，县城和小城镇公共服务供给严重不足，覆盖面有限，分布不均，尤其在教育、医疗、住房、养老方面已成为城镇居民面临的四项最大、最现实、最紧迫的压力。乡镇结构不尽合理，效率不高，城镇之间横向联系薄弱，交通、通讯、物流、人才、资金、信息不够畅通。

（五）“城市病”问题不断显现

西宁市的自然地理和资源禀赋空间差异带来了城镇空间分布不均衡，决定了城镇的选址和人口的布局，城镇主要沿着交通线方向开展，出现了空间狭

小、人流密集、交通拥堵等状况。水土资源、生态环境和公共服务等综合承载力面临压力增加，加之城市管理仍较粗放，交通拥堵、环境污染、空气质量等“城市病”不断显现。

城市问题的产生，使得生态安全体系尚未形成。近年来西宁市围绕建设“全国生态文明先行区”战略，下大力气做好治水、治山、治气和减排工作，着力推进绿色发展、循环发展、低碳发展，生态现状趋于好转，但受城镇建设发展和经济社会发展较快的因素影响，城乡接合部和“城中村”仍存在较为严重的生态环境问题，打造绿色发展样板城市任务艰巨。

六、西宁市完善新型城镇化试点工作的任务举措

（一）总体发展思路

按照“十三五”时期青海省新型城镇化建设“着力提升规划层次、着力提升建设水平、着力提升管理能力、着力提升生态内涵、着力提升人的素质”的总要求，全面贯彻落实《国务院关于深入推进新型城镇化建设的若干意见》和青海省的实施意见，全力促进西宁市城镇化向结构更优、模式更新、活力更足方向发展。一是促进以人为本的新型城镇化，加快推进西宁市三县的人口由发展困难、生态脆弱的地区向资源环境承载能力较强、人居适应性较好、基础条件较为完善、发展和就业机会较多的城镇地区转移进程，以利于促进生态保护和修复，提高迁出区域各族群众生活水平。二是努力解决好当前城镇化建设中存在的农牧业转移人口市民化进展比较缓慢，城镇综合承载力不够高，城市数量不足、功能不够完善，城市病日益显现等突出问题，进一步提升城镇化质量。三是创新城镇化发展模式，推进新型城市建设、特色小镇发展，把完善东部城市群协调推进机制、促进西宁海东一体化作为引领全省城镇化转型升级的重点，明确基础设施、产业布局等方面具体措施，确保一体化目标实现。四是注重以生态文明理念推进新型城镇化，牢牢守住发展和生态两条底线，根据资源环境承载力调节城市规模，建设海绵城市等新型城市，推动城镇绿色发展、循环发展、低碳发展。

（二）全力融入兰西城市群规划建设

立足西宁市现实基础和未来发展趋势，着眼于重点领域面临的突出问题，争取国家对兰西城市群更多的政策支持，积极融入国家战略，进一步提升在区域发展中的层次和水平。

1. 拓展支撑发展的战略性新空间

力争西宁新区升格为国家级新区，有效发挥好西宁市在兰西城市群中的重要作用，促进西宁与兰州加快形成一体化发展态势，打造兰西城市群的兰州—西宁核心圈。积极争取国家加快西宁市行政区划调整，规划建设国家级西宁新区，打造多巴城市副中心，形成西宁主城和多巴新城组成的“双城联动、双十字结构”空间格局。进一步强化新区基础设施建设，加快完善服务功能，构建集公共服务、生态居住、文体旅游、商贸物流等功能为一体的综合性城市副中心，建设丝绸之路（国际）物流城、中国丝路自驾车服务基地等对外开放平台，着力构建全省新型城镇化样板区和融入“一带一路”建设新增长极。

2. 加快推进兰西城市群跨区域重大基础设施建设

一是在交通建设方面。积极争取国家加快推进西宁城市轨道交通建设，支持尽快开工和投运，同时，从促进西宁兰州一体化的需要出发，明确立足现有轨道交通系统的规划建设，延伸形成西宁新区—西宁火车站—曹家堡机场—海东乐都区—兰州火车站—兰州新区的快速轨道交通系统，并尽早列入国家相关专项规划中。将曹家堡机场提升为国际机场，以兰州—西宁快速通道为主干，构建铁路、公路、民航为一体的全覆盖综合交通运输网，打造面向中亚、连接东南、辐射高原的丝路支撑性枢纽机场。

二是在水利建设方面。积极争取将兰西城市群内急需建设的中小型水库、饮水安全巩固提升、新建中小型灌区、水源地保护等点多面广的民生水利项目纳入国家规划，争取中央资金支持。在推进湟水河流域南北山绿化工程的基础上，研究湟水河全流域生态综合治理方案，按照生态保护与环境治理模式，实施湟水河全流域河道生态修复与综合治理工程，恢复和重建湟水流域生态系统，从根本上改善兰西城市群生态环境。

三是在信息建设方面。协调推进兰西地区信息通信基础设施建设，扩大信息通信网络覆盖范围，提升区域内信息通信服务水平，进一步提高农村宽带带宽、农村宽带用户数、行政村通宽带比例等指标。持续推进宽带青海建设，实施光网城市、宽带无线城市、宽带农牧区、畅通网络等工程建设，重点支持三大运营商数据中心、灾备中心建设，提供电子政务、社会管理、民生服务等方面的大数据、灾备等服务。加快推进三网融合工作，逐步推广广电、电信业务双向进入，推进广播电视有线网络数字化、光纤化、双向化改造工程，全面实施广播电视节目无线数字化覆盖工程。通过加快高速宽带网络建设、开展宽带普及、推进骨干网优化、强化应用基础、网络安全提升、电信企业降低网费、加强电信市场监管、提升公共服务水平等措施，降低信息通信服务资费，促进信息消费。

四是在物流建设方面。依托西宁双寨铁路货运中心和甘河工业园区陆港物流需求，搭建信息网络、综合保税、国际贸易、物流配送等平台，打造青藏高原与国际接轨的现代化综合物流基地。围绕藏毯、绒纺等特色产业，发展藏毯、绒纺产品运输、仓储、流通加工、配送为一体的物流服务体系，打造世界羊毛地毯展销交易中心、出口创汇产业高地。

3. 打造兰西城市群产业发展新高地

兰西城市群涉及我省的区域经济发展活力相对较强、基础条件较好，应依据资源、市场等条件，理顺产业发展链条，建立区域间产业合理分布和上下游联动机制，采取梯度转移、互为补链、错位发展等多种方式，促进城市群产业协同发展，形成定位清晰、特色突出、各有侧重、集中布局的产业格局。

一是培育新动能促进转型升级。在继续实施“百项创新攻坚工程”、推进科技“小巨人”计划的同时，建设并发挥好国家级科技创新平台的引领带动作用，着力在构建新能源、新材料、先进制造等八大绿色产业及技术体系上下功夫，重点推进重点实验室等创新平台建设，力争进入国家级行列。持续开展“双创”活动，全力建设众创空间和科技孵化器，加快推动“互联网＋”专项行动计划。

二是加快工业结构调整升级。通过解决一批可再生能源综合利用、新材料产业发展、高端装备制造等关键共性技术，形成一批在全国有较大影响力的创新型特色产业集群。积极改造传统产业，通过技术升级、产业链延长、资源综合利用、提高附加值等举措，全面提高有色冶金、能源化工、特色轻工、建筑材料等传统产业的产品技术、工艺装备、能效环保水平。着力培育新能源、新材料、信息技术、生物医药、现代服务业等环境友好型特色新兴产业。

三是强化旅游业对现代服务业的带动作用。推进“智慧旅游”建设，推动旅游业全域化、全季化、多元化融合发展。找准绿色发展金字招牌和旅游业转型升级的结合点，规范提升塔尔寺景区品质和档次。加大重点景区旅游基础设施建设，抓好全域旅游示范省建设，继续打造环西宁 2 小时旅游圈，把西宁建成具有知名度和影响力的绿色开放宜居城市，推进文体旅游融合发展。

四是推动信息产业实现跨越发展。高起点布局开放型云计算“大平台”，依托信息产业园，集聚一批大数据智能终端设备部件配套生产企业，实现终端产品制造与大数据应用服务互动发展，支持全国首个藏区应用级灾备中心升级扩容，将西宁打造成面向西北地区乃至全国的数据和灾备中心。推动西宁云计算数据中心建设，为发展大数据产业提供运算能力方面的支撑。

4. 强化城市群发展的重大政策保障

一是积极争取国家层面设立“兰西城市群投资基金”。国家对青海省的相关财政转移支付资金和青海省本级安排的各类资金，应优先用于支持兰西城市群建设。在符合土地整治规划和项目资金使用范围的基础上，争取国家按有关资金使用管理规定优先支持城市群的土地整治项目和基础设施建设项目，允许省级政府统筹安排省级分成新增建设用地土地有偿使用费和土地出让收入予以支持。

二是加强城市群土地利用政策倾斜力度。西宁市主城区的国土开发强度已接近或者超出警戒线，其余地区国土开发强度不足 2%，尚有较大潜力。因此，适当增加兰西城市群涉及西宁市规划期末的建设用地总规模，在执行政策要求范围内，全省土地利用指标优先保障西宁市合理用地需求，对重大建设项目的建设用地需求实行单列，西宁市的耕地占补平衡在全省范围内统筹平衡。实行耕地数量质量全面管护，鼓励开展土地综合开发利用，允许西宁市在土地整理和利用等方面先行先试。支持探索开展工业用地“先租后让”试点、城乡建设用地增减挂钩试点和工矿废弃地复垦利用试点。

三是争取国家在兰西城市群先行完善地方税体系改革试点。以国家财税制度改革为契机，在县级财政先行探索开展试点工作，健全税种合理配置、收入调节功能互相协同的税种，进一步培育地方支柱税源，加大地方安排使用收入的自主性、编制预算的完整性，待取得经验后再向城市群市级财政扩展。

四是争取从国家层面协调建立发达地区对兰西城市群对口支援机制。从国家层面协调东部沿海省份的国家级高新区和开发区对口支援西宁经济技术开发区，采取园中园、专业园等形式，建设“飞地经济”。协调央企对口支援西宁，有计划地布局重大项目。

（三）加快推进东部城市群一体化建设

积极对接国家丝绸之路经济带建设和兰西城市群建设两大战略，以一体化推进和产业错位发展为主攻方向，建成西宁至周边 1 小时产业圈、物流圈、旅游圈、生态圈、交通圈，构建大产业、大生态、大民生、大交通、大信息、大物流、大旅游协同发展新格局，实现东部城市群扩围、提速、升级、增活力。

1. 进一步提升发展定位

未来东部城市群建设必须深度对接国家重大战略部署，向东依托兰西经济区建设，成为兰西城市群的核心区和连通东中部地区的重要门户，确保兰西城市群与成渝城市群、关中城市群成鼎足之势，打造我国西部大开发大发展的“西三角”；向南以西成铁路为主，打造连接“一路一带”的重要通道，建成面向西南及南亚市场的先进装备制造业、轻工业和新能源新材料三个产品出口创汇基地；向西向北以青藏铁路、兰新铁路为主，辐射带动青新藏经济圈，打通进入中亚及欧洲通道，成为连通内外的商贸物流大枢纽、产业深层对接大平台、人文合作交流大舞台。通过五年不懈努力，将东部城市群打造为带动全省经济社会发展的火车头、“四化同步”的主引擎、“一体化”发展的先行区、产城融合的示范区、改革开放的桥头堡、参与国内外竞争的主战场和青藏高原融入“一带一路”的核心区。

2. 进一步优化空间布局

优化城市布局，西宁市构建“一芯双城、环状组团发展”的生态山水城市，重点建设“两个新区、四个组团发展”，即多巴新区和东部新区，并以西宁主城区为中心东南西北分别组团式发展，将其打造成为丝绸之路经济带重要节点城市、兰西经济区次中心、全省科技创新和金融服务中心、全省公共服务基地；海东市构建“一核一副三心、两轴三带多点”的城镇总体布局，将其打造成为我省副中心城市、兰西经济区重要支点和新型产业基地、具有河湟文化特色的高原生态旅游宜居城市、青藏高原商贸物流中心。

3. 建立完善东部城市群一体化保障机制

引导商业金融机构在海东设立分支机构，加快县域法人农信社改革步伐，推动设立村镇银行。大力扶持创新创业投资、天使基金、风险投资、产业投资、科技担保等各类投资和金融服务机构发展，鼓励银行业金融机构创新金融工具，为发展建设提供金融支持。继续通过争取中央专项、统筹省级财力支持西宁、海东两市通过政府购买服务等形式推进东部城市群建设。通过资本金等方式依法支持融资平台公司转型后的市场化融资，发挥财政资金的放大撬动作用。建立城镇污水、生活垃圾处理设施运行经费财政补贴机制，政府按照绩效付费。全面落实国家“营改增”、取消或降低行政事业性收费，以及小微企业、高新技术企业、西部大开发、企业兼并重组等国家税收优惠政策，符合条件的困难企业依法依规享受税收“减、免、缓”政策。积极探索重要交通线路、站场、生态景观及城市综合体周边土地开发模式和路径，带动区域土地增值。

4. 强化产业支持政策

按照“布局集中、用地集约、产业集聚”要求，加大对重点产业园区配套基础设施建设支持力度，研究出台支持园区企业统一打捆直购电、直购水、直购气以及增量或超出基数部分价格优惠政策，整合资源、优化存量、集约发展。进一步促进上下游产业对接，实施投资品供给提升工程，促进投资品消费。建立完善产业发展帮扶机制，支持城市群行业间、园区间、企业间协调联动、上下游对接。对产业链接、协同合作效果明显的企业，在节能环保项目申报、政府投资补助、贷款贴息等方面给予优先或奖励。支持企业技术研发中心、重点实验室等技术创新平台建设，中小企业集中区和创业创新基地向东部城市群倾斜。大力支持县域经济发展，安排专项资金对县域园区的基础设施、产业发展给予倾斜。支持文化旅游产业融合发展，努力壮大文化旅游产业。

5. 全面提升城市群综合竞争力

进一步提升原有西宁主城区极核的发展能级，加快构建“一芯双城、环状组团发展”新格局，进一步扩大影响力和辐射范围，沿东西南北四个川道，加快推进差异化、组团化发展，促进东部城市群“一体化”发展。东部组团以东川工业园、临空经济区、乐都区、平安区、互助县为主体，大力发展太阳能光伏制造、轻金属合金材料等为主的新能源、新材料等先进制造业，以及生态旅游、健康养老等新业态，提升发展物流集散、保税、公铁航联运、仓储等现代物流业，依托物流和综合交通枢纽，打造“一体化”发展先行区；南部组团以南川工业园、沈家寨、鲁沙尔镇、上新庄为主，重点发展锂电、新能源汽车、藏毯绒纺等特色轻工、商务会展、文化旅游等主导产业，高起点高标准建设鲁沙尔、上新庄重点特色城镇，把鲁沙尔建设成为国家级文化旅游产业示范区，形成功能互补、组团发展的城镇发展格局，打造产城融合示范区；西部组团以海湖新区和多巴新区、湟源县大华工业园区为依托，发挥多巴作为丝绸之路经济带上对外开放的新平台、国家新型城镇化的实验区、青海省现代服务业的新高地、西宁市的城市副中心的作用，西川、多巴、甘河相互连接，大力发展有色金属深加工、青藏高原农畜产品精深加工、配套锂电产业，强化行政服务、商贸金融、宜居宜业、康体旅游、职教基地等城市功能，打造组团发展、后发崛起的增长极；北部组团以青海高新技术产业开发区、大学城、大通县、双新公路沿线现代农业聚集区为主，搬迁退出铁合金、建材、化工等企业，以及35万千瓦以下火电装机，重点发展生物健康、高新技术研发和建设、现代设施农业发展、旅游休闲等产业，加快创新平台建设、知识产权保护、科技成果转化、人才引进和培养，打造全省高科技产业主导区、现代休闲农业聚集区和全省重要的“双创”基地。

（四）积极推进农牧业转移人口市民化

1. 继续深化户籍制度改革

一是健全农牧业转移人口落户制度。按城镇规模和综合承载能力，以居住年限或就业年限为基准，分类制定实施农牧业转移人口落户城镇的标准，在充分尊重农牧业转移人口意愿的基础上，重点解决一批已进城就业定居农牧业转移人口落户问题，成建制转化一批城镇棚户区和城中村居民。合理放宽西宁市落户条件，以合法稳定住所和稳定就业为基本条件，按国家规定参加城镇社会保险满3年的农牧业转移人口均可落户。

二是全面实行居住证制度。综合考虑连续居住年限等因素，建立居住证梯度赋权机制。根据本地区资源环境承载能力，逐步扩大为居住证持有人提供公共服务范围，提高服务标准，防止基本公共服务与居住证制度脱钩。建立健全公共就业服务提供机制，保障城镇常住人口享有与本地户籍人口同等的劳动就业权利，并提供就业政策法规咨询、职业指导、职业介绍等基本公共就业服务。推动居住证持有人享有与当地户籍人口同等的住房保障权利，将符合条件的农牧业转移人口纳入当地住房保障范围。

2. 建立健全农牧民市民化配套政策

一是加大对农业转移人口市民化的财政支持力度并建立动态调整机制。进一步调整完善县级基本财力保障机制奖补办法，将转移支付分配与农牧业转移人口市民化挂钩，推动城镇基本公共服务向常住人口全覆盖。建立健全农牧业转移人口动态管理和信息共享机制，加强农牧业转移人口统计和市民化政策梳理，改进教育、基本公共卫生、扶贫等转移支付分配办法，实现相关经费可携带性，进一步提出增加对吸纳农牧业转移人口较多且财力薄弱县的转移支付相关措施。

二是建立农业转移人口市民化奖励机制。统筹中央下达的农业转移人口市民化奖励资金和省财政预算安排资金，根据各地农业转移人口实际进城落户人数及提供基本服务等情况，并适当考虑农业转移人口流动、城市规模、小城镇建设等因素给予奖励，重点向吸纳农业转移人口较多的县（市、区）倾斜。

三是积极实施中央预算内投资申报和省级预算内基本建设资金统筹安排向吸纳农牧业转移人口落户较多城镇倾斜的政策。加快吸纳农牧业转移人口较多城镇基础设施和公共服务设施建设。研究提出我省建立财政性建设资金对吸纳农业转移人口较多城市基础设施投资补助机制的配套政策。

四是探索实行城镇建设用地规模增加与吸纳农牧业转移人口落户数量挂钩政策。探索建立“同地、同权、同价”的城乡统一建设用地模式。实施差别化的区域土地利用政策，进行占补平衡调配，推进城镇建设用地指标向城镇化重点区域倾斜。

五是积极探索多元化化安置补偿政策。采取留资本或留地安置措施，加强被征地农牧民后续发展能力，拓宽补偿渠道；充分聚合现有支农惠农政策，在扶持产业发展、劳动就业、保留物业管理及合理留取商业产权方面给予优惠政策。规范土地出让收入使用范围，留取一定比例的土地出让收入专款用于被征地农牧民社会养老保险支出。

3. 继续提升城镇公共服务水平

一是完善公共就业创业服务体系。优化就业创业环境，免费为农牧业转移人口提供职业介绍、就业信息和政策咨询等服务，促进农牧业转移人口就业。加大农牧业转移人口创业政策扶持力度，允许以农村宅基地、房屋和承包地使用权为抵押以及政府提供贷款担保等方式，为农牧业转移人口自主创业提供信贷支持。健全劳动权益保护机制，采取提供免费法律援助、薪资洽谈援助等方式，保护农牧业转移人口的劳动权益。

二是保障随迁子女平等享有受教育权利。将农牧业转移人口随迁子女和流动人口的学生义务教育纳入省市县教育发展规划和财政保障范畴，合理规划学校布局，科学核定教师编制，足额拨付教育经费，健全全省中小学生学籍信息管理系统，确保随迁子女就近平等接受各级教育。

三是拓宽住房保障渠道。深化城镇住房制度改革，加快保障性住房建设，打通商品房和保障房通道，将符合条件的农牧业转移人口和城镇中低收入住房困难家庭全部纳入保障范围。

四是改善基本医疗卫生条件。根据常住人口配置城镇基本医疗卫生服务资源，将农牧业转移人口纳入当地医疗保障、服务和救助体系，完善覆盖城乡居民的基本医疗卫生、医疗保障、计划生育、药品监管服务，推进大病医疗保险、医疗救助制度、疾病应急救助制度改革。

4. 继续推进城乡要素协调发展

一是推动基础设施和公共服务向农村延伸。强化城乡水电路等基础设施连接，实现城乡基础设施联网共享。坚持城镇与乡村环境治理并重，广泛开展“家园美化行动”。在湟水河沿岸、县城周边部分村庄建设生活污水处理设施；着力推进农牧区垃圾处理设施建设，实现所有乡镇和绝大多数村庄垃圾得到有效集中处理。促进城镇教育、医疗卫生、文化体育等优质公共服务向农牧区延伸。

二是带动农村牧区一二三产业融合发展。推进农牧业与旅游、商贸流通业、文化、健康养老等产业深度融合。带动农村电子商务发展，完善县、乡、村三级物流配送体系。做好共和、湟中、互助、祁连等县电子商务进农村综合示范县试点工作。

三是加大力度建设美丽乡村。科学规划村镇体系和布局，进一步强化《县域村庄体系规划》和《村庄建设规划》的实施。以住房建设、基础设施和公共服务设施配套建设、环境综合整治为主要内容，完成1500个美丽乡村建设，打造一批田园美、村庄美、生活美的美丽乡村。

四是推进易地扶贫搬迁与农牧民市民化相结合。通过行政村内就近安置、建设新村集中安置等方式，推进转移就业贫困人口在城镇落户。安排扶贫资金，重点扶持安置区群众发展后续产业，妥善解决搬迁群众的居住、看病、上学等问题，确保搬迁群众生活有改善、发展有前景。

5. 全面提升城市和城镇品质

一是扩大城镇生态空间和环境容量。结合城镇景观水系、隔离林带建设，全力推进城镇公园、城镇绿地、城乡林带、荒山绿化等“四大工程”，提高城镇防洪能力和城镇空气净化能力，提升城镇品位，形成以城镇绿肺、绿心、绿岛为主体的绿地系统，构筑起环城绿圈，为城镇可持续发展提供良好的生态支撑。

二是推动信息技术与城市发展全面深度融合。以空间地理信息系统为基础平台，加快摄像、红外、激光等传感设备的普及应用，逐步健全和完善城市智能管理信息基础数据库，积极推进交通、物流、医疗、城市管理、公共安全、工农业和生态环保等领域物联网建设，提高城市信息化、智能化水平。继续稳步实施西宁市智慧城市建设工作，积极推进格尔木市、贵德县及共和县国家智慧城市试点建设工作。加快建设城市光纤宽带网络，构建新一代宽带无线移动通信网。

三是加强历史文化名城名镇名村、历史文化街区、民族风情小镇等文化资源的挖掘和文化生态的整体保护。挖掘文化内涵，彰显乡愁特色，建设有历史记忆、文化脉络、地域风貌、民族特点的城镇人文魅力空间。推动传统文化元素融入现代城市建设，促进传统文化与现代文化、本土文化与外来文化的融合，形成多元、开放、包容的现代城市文化，推动文化与科技、金融、旅游等相关产业的深度融合，规划建设一批文化产业基地，引导和促进新兴文化业态集群化发展。

（五）加快培育新兴城市

紧抓国家将加快启动设市工作的政策机遇，密切关注国家政策动向，逐条对照国务院关于撤县建市的一系列标准，查找问题、补足短板，夯实撤县建市的基础，通过有序推进人口集中、产业集聚、功能集成、要素集约，努力培育成为空间布局合理、服务功能完备、生态环境优美的小城市。

1. 加强新兴城市规划建设

完善城市规划，绘制“撤县设市”科学蓝图，加快编制城市建设用地控制性详细规划。超前统筹生产区、生活区、商业区等功能区的规划建设，大力发展特色产业园区，推动单一生产功能向城市综合功能转型，拓展发展空间，加速人口、要素和产业集聚，将新兴城市打造成为支撑本区、引领周边新的经济增长核。

2. 加快推进西宁市行政区划组合

将湟中县鲁沙尔镇、多巴镇、甘河滩镇、汉东乡、海子沟乡、拦隆口镇、李家山镇、田家寨镇、上新庄镇和大通县景阳镇、长宁镇部分用地纳入西宁主城区范围。加快实施湟中撤县设区，设湟中区，加快湟中行政中心迁往多巴，建设多巴新区。将湟中县部分农牧业乡镇就近划入湟源县。

（六）积极打造特色小（城）镇

立足产业“特而强”、功能“聚而合”、形态“小而美”、机制“新而活”，选择一批综合条件较好的城镇，以区域优势和文化特色为基础，以改造完善城镇基础设施和公共服务设施为支撑，以发展城镇特色产业为重点，以旧城改造和城镇保障房为抓手，挖掘城镇特色、做强特色产业，建设一批自然条件好、区位优势突出、交通便利、富有活力和魅力的特色小（城）镇，统筹大中小城市和小城镇协调发展，有机对接美丽乡村建设，促进城乡发展一体化。

1. 引导小城镇差异化发展

城市周边的城镇，加强与城市发展的统筹规划与功能配套，促进互联互通，打造集交通、商业、休闲等为一体的开放式小城镇。具有特色资源、区位优势的小城镇，通过规划引导、市场运作，培育成为休闲旅游、商贸物流、智能制造、科技教育、民俗文化传承的专业特色镇。远离中心城市的小城镇，完善基础设施和公共服务，发展成为服务农村、带动周边的综合性小城镇。集中打造大通县城关镇、湟中县李家山镇等宜居宜业、各具特色的美丽城镇。同时，学习借鉴浙江等地特色小镇发展模式，升级“高原特色小镇”计划，加快培育一批休闲旅游、商贸物流、智能制造、科技教育、民俗文化传承的特色镇，促进城市和小城镇协调发展。

2. 打造特色鲜明的产业形态

坚持产业、文化、旅游“三位一体”，生产、生活、生态融合发展，推动“一镇一貌、一镇一业”，实现特色产业立镇、强镇、富镇。聚焦青稞酒、中藏药、石雕石刻、唐卡、民族用品、清真食品、牛羊肉、牦牛奶、藏式饰品等历史经典产业，加快壮大和培育一批知名度高的品牌，扶持一批龙头企业，打造新标杆。依托重大产业基地和央企、省企，借力发展、联动发展，发展专业化配套和劳动密集型产业。深挖多民族宗教文化、红色文化、唐蕃古道、河湟文化、原生态山水文化等文化旅游资源，积极发展文化旅游业，统筹发展关联产业。

3. 提升重点镇基础设施水平

按照适度超前、综合配套、集约利用的原则，加强小城镇道路、供水、供电、通信、污水垃圾处理、物流等基础设施建设。建设高速通畅、质优价廉、服务便捷的宽带网络基础设施和服务设施，加强小城镇信息基础设施建设，加速光纤入户进程，建设智慧小镇，以人为本推动信息惠民。以小城镇为重点，推动公共服务从按行政等级配置向按常住人口规模配置转变，根据城镇常住人口增长趋势和空间分布，统筹布局建设公共服务设施，使群众在特色小（城）镇能够享受更有质量的教育、医疗等公共服务。

4. 统筹小城镇发展的要素保障

结合土地利用总体规划调整完善工作，将特色小镇建设用地纳入城镇建设用地扩展边界内。特色小镇建设按照节约集约用地的要求，充分利用低丘缓坡、滩涂资源和存量建设用地。加快组建村镇银行，加速构建重点县域非公经济服务平台，逐步实现与省级、市级窗口平台互联互通。通过加大转移支付、专项资金支持、以奖代补等方式，引导和支持重点县设立产业发展基金，重点支持县域特色优势产业项目贷款贴息、产业园区基础设施建设。

参考文献

［1］叶裕民．中国城市化之路［M］．北京：商务印书馆，2005.

［2］朱林兴．中国社会主义城市经济学［M］．上海：上海社会科学院出版社，1996.

［3］谢文惠，邓卫．城市经济学［M］．北京：清华大学出版社，1996.

［4］侯蕊玲．城市化的历史回顾与未来发展［J］．云南社会科学，1999（2）：78-84.

［5］李琳．大中城市：西部城市化发展的战略选择［J］．财经理论与实践，2000，21（108）：91-93.

［6］吴尚民．关于中国特色城镇化道路的若干思考［EB/OL］．人民网，http://www.people.com.cn/GB/jingji/1046/2091507.html.

［7］黄海，李炎谛．西部地区城镇化模式选择［J］．商场现代化，2005（453）：213.

［8］聂华林，王宇辉．西部地区农村城镇化道路的思考［J］．社科纵横，2005，20（5）：1-2.

［9］张仁开，张洛锋，邓立丽．从城市发展新趋势看西部地区城市化的战略选择［J］．中国城市化网，2007-01-27.

［10］颜如春．中国西部多元城镇化道路探析［J］．中国行政管理，2004，231（9）：70-74.

［11］刘福垣．推进城市化战略的主要切入点［N］．光明日报，2000-12-05.

［12］朱铁臻．城市化是新世纪中国经济高增长的强大动力［J］．经济观察，2000（1）.

［13］牛风瑞，宋迎昌，盛广耀等．西部大开发聚焦在城镇［M］．北京：社会科学文献出版社，2002.

［14］夏显力．陕西关中城镇体系协调发展研究［M］．北京：中国农业出版社，2005.

［15］申振东，周其华．城镇化透析［M］．北京：中国经济出版社，2004.

［16］宋建钢．宁夏现代城市化研究［M］．银川：宁夏人民出版社，2006.

［17］陈利丹．21 世纪广西城镇化论析［M］．北京：中国经济出版社，2005.

［18］李涛．走出香巴拉：西藏“一江两河”流域乡村城镇化研究［M］．拉萨：西藏人民出版社，1999.

［19］王旭．美国城市化的历史解读［M］．长沙：岳麓出版社，2003.

［20］林广．成功与代价：中外城市化比较新论［M］．南京：东南大学出版社，2001.

［21］Gould W T S. Rural-urban Interaction in the Third World［M］.University of Liverpool, mimeo，1985：23-46.

［22］李瑞林，李正升．巴西城市化模式的分析及启示［J］．城市问题，2006，132（4）93-98.

[23] Ronald Inglehart. R. Modernization and Post modernization: Cultural, Economic, and Political Change in 43 Societies [M]: Princeton University Press, 1997.
[24] 李昌新. 论美国西部点轴开发及其对中国西部开发的启示 [J]. 江西师范大学学报（哲学社会科版），2002，35（1）：38–43.
[25] The Ministry of Economic Affairs of Holland White Paper on Spatial Economic Policy in the Netherland [A]. Dynamics and Networks [R], 2000.
[26] 张明霞. 甘肃省城镇化道路的正确选择分析 [J]. 甘肃省经济管理干部学院学报，2006.（3）.
[26] Paul A. Samunlson & William D. Nordhaus: Microeconomics (fourteenth Edition) [M]. Transaction Publishers, 1992.
[27] 官永彬，陈培芳. 城镇化中政府行为的方式、困境及优化分析 [J]. 特区经济，2006（7）：143–144.
[28] 邹彦林. 我国城市发展宏观思考 [J]. 江淮论坛，1999（2）：6–11.
[29] European Union. Europe's cities [M].Office For Official Publications of Communities, 1998.
[30] 徐璋勇，朱选功. 试论中国城市化进程中的政府行为 [J]. 洛阳工学院学报（社会科学版），1999，17（4）：39–43.
[31] 刘增录. 城市宏观经济与管理新论 [M]. 北京：中国经济出版社，1991.
[32] 李克强. 新型城镇化的核心是人 [EB/OL]. http: //finance. sina. com. cn/ china/2013 0317/115514858375.shtml.
[33] 国家“十二五”规划纲要 [M]. 北京：人民出版社，2011：57.
[34] 中央城镇化工作会议.http: //news.xinhuanet.com/video/2013–12/ 14/c_125859839.htm, 2013–12–14.
[35] 张建英. 论我国民族地区城镇化发展中的政府行为 [J]. 青海师专学报（教育科学），2006（6）：32–34.
[36] 刘定胜. 关于结合生态移民促进西部城镇化的思考 [J]. 甘肃农业，2006，241（8）：22.
[37] 中国社会科学院环境与发展研究中心. 中国环境与发展评论（第二卷）[M]. 北京：社会科学文献出版社，2004.
[38] 杨天兵. 城镇化加速推进中的制度创新思考 [J]. 黑龙江社会科学，2003，78（3）：28–32.
[39] 周干峙. 中国特色新型城镇化发展战略研究 [M]. 北京：中国建筑工业出版社，2013：16.
[40] 十七大以来重要文献选编（上）[M]. 北京：中央文献出版社，2009：736.
[41] 李克强. 新型城镇化的核心是人 [EB/OL]. http: //finance.sina.com.cn/ china/ 20130317/ 115514858375.shtml.
[42] 吴志澄. 福建省城镇化与政府行为研究 [J]. 福建论坛（经济社会版），2002（11）：72–75.

[43] 岳文海. 中国新型城镇化发展研究 [D]. 武汉大学博士学位论文，2013.
[44] 侯衍鹏. 青岛市小城镇建设机制研究 [D]. 中国海洋大学硕士学位论文，2010.
[45] 陈风雷. 牡丹江地区小城镇建设对县域经济推动研究 [D]. 吉林大学硕士学位论文，2012.
[46] 王伦强. 四川省城市化与产业协调发展研究 [D]. 西南财经大学硕士学位论文，2008.
[47] 郑昊. 我国西部地区生态移民小城镇化问题研究 [D]. 西南财经大学硕士学位论文，2014.
[48] 刘硕. 小城镇生态环境建设及可持续发展研究 [D]. 成都理工大学硕士学位论文，2013.
[49] 张杰. 新疆特色城镇化动力机制研究 [D]. 新疆石河子大学博士学位论文，2011.
[50] 吴江. 重庆新型城镇化推进路径研究 [D]. 西南大学硕士学位论文，2010.
[51] 李昌明，张向东，李丽杰. 河北省新型城镇化建设的路径选择 [J]. 产业科技，2013 (12).
[52] 王慧. 国内城镇化建设与旅游产业融合研究综述 [J]. 郑州航空工业管理学院学报，2015 (10).
[53] 青海省发展和改革委员会规划处. 青海省新型城镇化规划 (2014–2030) [EB/OL]. 西宁房地产信息网，http://www.qhfgw.gov.cn/ghjh/zxgh/201507/t20150724_618817.shtml.
[54] 李毅，孙爱存. 青海省城乡居民收入差距问题研究 [M]. 北京：经济日报出版社，2016：1–30，113–137.
[55] 翟岁显. 青藏高原资源环境约束下区域工业发展研究 [M]. 西宁：青海民族出版社，2014：1–30，233–270.
[56] 马克思，恩格斯. 马克思恩格斯全集 (中译本) [M]. 北京：人民出版社，1980.
[57] 王本兵. 我国城镇化发展的制度创新研究 [D]. 中国海洋大学博士学位论文，2011.
[58] 中国 (海南) 改革发展研究院. 人的城镇化 [M]. 北京：中国经济出版社，2013：10.
[59] 周干峙. 中国特色新型城镇化发展战略研究 [M]. 北京：中国建筑工业出版社，2013：16.
[60] 吴晓勤 等. 浙江省推进新型城市化发展的启示 [J]. 安徽建筑，2009 (21)：1–4.
[61] 孙东辉，周鑫. 山东全力推动新型城镇化发展 [N]. 中国经济时报，2009-11-09.
[62] 杨重光. 新型城镇化是必由之路 [J]. 中国城市经济，2009 (11)：38–43.
[63] 张占仓. 河南省新型城镇化战略研究 [J]. 经济地理，2010 (9)：1463–1467.
[64] 张占仓. 河南省建设中原经济区战略研究 [J]. 河南工业大学学报，2010 (4).
[65] 耿明斋. 对新型城镇化引领“三化”协调发展的几点认识 [J]. 河南工业大学学报，2011 (4).
[66] 张占仓等. 河南省新型城镇化实践与对策研究综述 [J]. 管理学刊，2012 (4).
[67] 倪鹏飞. 新型城镇化的基本模式、具体路径与推进对策 [J]. 江淮学刊，2013 (1)：87–94.
[68] 张占仓. 河南省新型城镇化战略研究 [J]. 经济地理，2010 (9)：1463–1467.
[69] 中国 (海南) 改革发展研究院. 人的城镇化 [M]. 北京：中国经济出版社，2013：15.

[70] 马德君. 西部地区城镇化协调发展研究 [M]. 北京：经济日报出版社，2016：109.
[71] 陕西省住房和城乡建设厅. 陕西省新型城镇化发展研究与实践 [M]. 北京：中国建筑工业出版社，2014：106.
[72] 赵英. 青海民族团结进步先行区建设论析 [J]. 青海师范大学学报，2014（5）：40–44.
[73] 赵宗福，鄂崇荣. 青海多民族文化和美共荣发展与创建民族团结进步先进区研究 [J]. 青海社会科学，2015（1）：63–69.
[73] 李兵弟. 依靠科技进步推动小城镇绿色发展 [EB/OL]. http：//www.rmzxb. com.cn/jjsh/cjzx/t20110504_386702.htm.
[74] 周干峙. 中国特色新型城镇化发展战略研究 [M]. 北京：中国建筑工业出版社，2013：104–105.
[75] 岳文海. 中国新型城镇化发展研究 [D]. 武汉大学博士学位论文，2013.
[76] 侯衍鹏. 青岛市小城镇建设机制研究 [D]. 中国海洋大学硕士学位论文，2010.
[77] 马玉英，马维胜. 青藏高原城市化模式研究 [M]. 北京：北京大学出版社，2013：83–104.
[78] 厉以宁. 中国道路与新型城镇化 [M]. 北京：商务印书馆，2013：83–104.
[79] 贺雪峰. 城市化的中国道路 [M]. 北京：东方出版社，2014：83–104.
[80] 国务院发展研究中心课题组. 中国新型城镇化道路、模式和政策 [M]. 北京：中国发展出版社，2014：2–104.
[81] 童大焕. 中国城市的死与生：走出费孝通陷阱 [M]. 北京：东方出版社，2014：3–104.
[82] 新玉言. 新型城镇化理论发展与前景透析 [M]. 北京：国家行政学院出版社，2013：83–148.
[84] 新玉言. 国外城镇化比较研究与经验启示 [M]. 北京：国家行政学院出版社，2013：141–248.
[85] 新玉言. 新型城镇化格局规划与资源配置 [M]. 北京：国家行政学院出版社，2013：3–248.
[86] 新玉言. 新型城镇化模式分析与实践路径 [M]. 北京：国家行政学院出版社，2013：169–199.
[87] 黄毅，韩琳玉. 新型城镇化视角下民族地区反贫困问题研究 [J]. 农村经济，2015（6）.
[88] 胡浩，魏后凯，晏世琦. 中国西部城镇化的空间格局优化研究 [J]. 开发研究，2015（5）.
[89] 李秋秋，王传胜. 西藏城镇化及其环境效应研究 [J]. 中国软科学，2014（12）.
[90] 何绍田. 制度创新推动中国珠三角新型城镇化研究 [D]. 武汉大学博士学位论文，2014.
[91] 袁建新，郭彩琴. 新型城镇化：内涵、本质及其认识价值——十八大报告解读 [J]. 苏州科技大学学报（社会科学版），2013（3）.
[92] 杨新华. 新型城镇化的本质及其动力机制研究——基于市场自组织与政府他组织的视角 [J]. 中国软科学，2015（4）.
[93] 吴殿廷，赵林，高文姬. 新型城镇化的本质特征及其评价 [J]. 北华大学学报（社会科

学版），2013（6）.
［94］徐选国. 人本视角下的新型城镇化建设：本质、特征及其可能路径［J］. 南京农业大学学报（社会科学版），2014（2）.
［95］任远. 人的城镇化：新型城镇化的本质研究［J］. 复旦学报（社会科学版），2014（4）.
［96］高宏伟. 城镇化理论溯源与我国新型城镇化的本质［J］. 当代经济研究，2015（5）.
［97］马先标，杨善民，张翠萍. 区域新型城镇化稳健快速发展的几个关键问题——以山东省为例［J］. 河北经贸大学学报，2015（5）.
［98］马先标. 按城镇化三阶段稳步推进户籍制度改革［N］. 经济参考报，2013-9-23（008）.
［99］王平. 民族地区新型城镇化建设进程中民族文化产业发展的原则及路径探析［J］. 青海民族大学学报，2015（2）.
［100］王平. 民族地区新型城镇化的路径与模式探——甘肃省临夏回族自治州临夏市为个案［J］. 民族研究，2014（1）.
［101］刘海平. 新型城镇化内涵探析［J］. 决策探索，2012（7）.
［102］刘海平. 新型城镇化内涵探析［J］. 决策探索，2012（7）.
［103］中国（海南）改革发展研究院. 人的城镇化：40 余位经济学家把脉新型城镇化［M］. 北京：中国经济出版社，2013：63-69.
［104］倪鹏飞. 新型城镇化的基本模式与具体路径［J］. 理论参考，2013（5）.
［105］新玉言. 新型城镇化：理论发展与前景透析［M］. 北京：国家行政学院出版社，2013.
［106］沈清基. 论基于生态文明的新型城镇化［J］. 城市规划学刊，2013（1）.
［107］王志云. 加快首都西南区域新型城镇化发展思路与对策［J］. 科技创新与生产力，2011（9）.
［108］钟海燕. 中国少数民族地区构建新型城镇化战略格局的研究［M］. 北京：中国经济出版社，2013.
［109］孟航. 文化实践与民族地区的新塑城镇化道路［J］. 中国民族，2013（6）.
［110］李优树，苗书迪，陈丹，谢弈林. 藏区新型城镇化的发展路径探讨——以康定县为例［J］. 经济地理，2013（5）.
［111］居来提・热合买提，李文君，月尔妮莎・喀斯木. 南疆三地州新型城镇译建设的模式选择［J］. 喀什师范学院学报，2012（5）.
［112］龙兴昌. 湘西自治州新型城镇化建设的问题与对策思考［J］. 三峡论坛，2011（4）.
［113］新型城镇化的六个新特点［EB/OL］. 贵阳日报，2014-2-10. http：//news.dichan.sina.com.cn/ 2014/02/10/10296 25.html#.
［114］杜志弘. 建设城镇化的重大意义［EB/OL］. http：//www.pincai.com/group/ 683444. htm，2016-01-29.
［115］李铁. 新型城镇化路径选择［M］. 北京：中国发展出版社，2016.
［116］魏后凯等. 中国城镇化：和谐与繁荣之路［M］. 北京：社会科学文献出版社，2014：219.
［117］卜希霆，王青亦等. 网罗城镇：未来城市的想象力［M］. 北京：知识产权出版社，

2016：78.
［118］刘险峰．西部特色城镇化问题研究［M］．济南：山东人民出版社，2014：109.
［119］刘锋，杨晓东，黄斌．旅游驱动新型城镇化［M］．北京：中国工人出版社，2014：131-161.
［120］潘维康，杨晓东，刘传玉．商贸物流驱动新型城镇化［M］．北京：中国工人出版社，2014.
［121］童星，张鸿雁．公共管理高层论坛（第二辑）［M］．南京：南京大学出版社，2005：5
［122］张昇平，曾刚，熊竞．科技驱动新型城镇化［M］．北京：中国工人出版社，2014.
［123］张珍花，查奇芬，王瑛．江苏省人才吸引力探讨［J］．江苏大学学报（社会科学版），2002（4）：126-129.
［124］刘锋，杨晓东，黄斌．旅游驱动新型城镇化［M］．北京：中国工人出版社，2014.
［125］芈一之．青海地方史略［M］．中共青海省委统战部民族处，1978：67-69.
［126］童星，张鸿雁．公共管理高层论坛（第二辑）［M］．南京：南京大学出版社，2005：5.
［127］卜希霆，王青亦．网罗城镇：未来城市的想象力［M］．北京：知识产权出版社，2016：10.
［128］李兵弟．依靠科技进步推动小城镇绿色发展［EB/OL］．http：//www.rmzxb.com.cn/ jjsh/cjzx/t20110504_386702.htm.
［129］刘险峰．西部特色城镇化问题研究［M］．济南：山东人民出版社，2014：109.
［130］岳文海．中国新型城镇化发展研究［D］．武汉大学博士学位论文，2013.
［131］侯衍鹏．青岛市小城镇建设机制研究［D］．中国海洋大学硕士学位论文，2010.
［132］杨殿廷，杨春志，钱宏胜．中国新型城镇化战略及其推进策略［M］．南京：南京大学出版社，2014：182.
［133］多金荣，夏田．城镇绿色产业经济研究［M］．长春：吉林出版集团，2016：149.
［134］周義，梁桂全．科学发展 幸福广东［M］．北京：当代世界出版社，2012：73.
［135］姚木根，傅修延．2006年：江西经济形势分析与预测（经济蓝皮书）［M］．南昌：江西人民出版社，2006：386.
［136］倪鹏飞．新型城镇化的基本模式、具体路径与推进对策［J］．江淮学刊，2013（1）：87-94.
［137］李铁．新型城镇化路径选择［M］．北京：中国发展出版社，2016：174.
［138］贾伟，李臣玲．全面推动特色小镇建设探索新型城镇化发展模式［J］．社科研究参考，2017（3）.

后 记

本书是在教育部春晖计划项目《青海新型城镇化模式研究》（编号：S2015038）和青海省社科规划项目《青海省新型城镇化建设模式研究》（编号：14005）课题的研究报告的基础上修改完成的。本书出版前结合课题结项时评审专家意见，进行了修订。

2015 年 7 月课题申请获批后，由于课题组成员中 2 名研究生硕士论文开题无暇顾及课题研究，我们及时申请调整了课题组成员。在新的课题组成员（李毅、冯琳琳、孙爱存、李燕、强莹、孟小良、夏红梅、梅中谋）共同努力下，我们顺利按时完成了课题研究。值得欣慰的是，课题以优异成绩顺利结项！这一功劳归于新课题组全体成员，没有大家的共同努力，就不可能取得如此好的成绩。

课题由李毅全面负责框架设计和调查设计、组织调研、向专家咨询、研究报告撰写和终稿修改等工作，冯琳琳、孙爱存、夏红梅、李燕、强莹、梅中谋负责完成了数据收集、模型构建等工作并撰写了部分章节，孟小良在课题完成后提出了中肯的修改建议。

书稿在修改过程中得到了中共重庆市委党校孙凌宇教授的鼎力支持和帮助，他对全文提出了系统修订意见，提出了许多中肯的建设性修改建议。附录中专题研究报告为孙凌宇教授主持的委托项目《关于推进新型城镇化综合试点相关问题的思考》研究内容。在修改过程中，为了确保研究的准确性和科学性，他与课题组反复磋商相关内容。在此对孙凌宇教授的辛勤付出和严谨的学术作风致以衷心感谢！

在课题研究过程中，我们大量接触青海实际，并于 2015 年 7 月底至 2016 年 9 月初对西宁市、海东市、海南州、海西州和果洛州进行了重点调研，收集了大量宝贵素材、数据和资料。在此对西宁市、海东市、海南州、海西州和果洛州相关领导的大力支持和无私的帮助表示衷心感谢!

在本研究报告完成之际，要感谢教育部春晖计划和青海省哲学社科规划办的资助；感谢青海民族大学科技处的大力支持；还要感谢在调研中给予我们无私帮助的人们!

此外，要特别感谢匿名评审专家所提的中肯建议，为我们下一步的研究指明了方向。

最后，衷心感谢经济日报出版社的鼎力支持，尤其是要感谢编辑老师，没有她的精心安排和中肯的修改建议，本著作不可能这么顺利和快捷出版。

本研究报告参考了很多国内外文章和著作，在此向研究报告中所列参考文献以及由于研究者疏漏未能列示文献的作者致以衷心感谢。由于时间和水平有限，书中难免有不足之处，敬请专家和读者批评指正（电子邮箱：hubli@163.com）。

勤能补拙，为了明天，继续努力。

李 毅

2018 年 3 月 27 日

修订于西宁西城御景名邸